Jimi Hendrix

Série Biografias **L&PM** POCKET:

Albert Einstein – Laurent Seksik
Andy Warhol – Mériam Korichi
Átila – Éric Deschodt / Prêmio "Coup de coeur en poche" 2006 (França)
Balzac – François Taillandier
Baudelaire – Jean-Baptiste Baronian
Beethoven – Bernard Fauconnier
Billie Holiday – Sylvia Fol
Buda – Sophie Royer
Cézanne – Bernard Fauconnier / Prêmio de biografia da cidade de Hossegor 2007 (França)
Che Guevara – Alain Foix
Freud – René Major e Chantal Talagrand
Gandhi – Christine Jordis / Prêmio do livro de história da cidade de Courbevoie 2008 (França)
Jesus – Christiane Rancé
Jimi Hendrix – Franck Médioni
Júlio César – Joël Schmidt
Kafka – Gérard-Georges Lemaire
Kerouac – Yves Buin
Leonardo da Vinci – Sophie Chauveau
Lou Andreas-Salomé – Dorian Astor
Luís XVI – Bernard Vincent
Marilyn Monroe – Anne Plantagenet
Martin Luther King – Alain Foix
Michelangelo – Nadine Sautel
Modigliani – Christian Parisot
Napoleão Bonaparte – Pascale Fautrier
Nietzsche – Dorian Astor
Oscar Wilde – Daniel Salvatore Schiffer
Pasolini – René de Ceccatty
Picasso – Gilles Plazy
Rimbaud – Jean-Baptiste Baronian
Shakespeare – Claude Mourthé
Van Gogh – David Haziot / Prêmio da Academia Francesa 2008
Virginia Woolf – Alexandra Lemasson

Franck Médioni

Jimi Hendrix

Tradução de Julia da Rosa Simões

www.lpm.com.br

L&PM POCKET

Coleção **L&PM** POCKET, vol. 1230
Série Biografias/32

Texto de acordo com a nova ortografia.
Título original: *Jimi Hendrix*

Primeira edição na Coleção **L&PM** POCKET: agosto de 2016
Esta reimpressão: dezembro de 2017

Tradução: Julia da Rosa Simões
Capa e projeto gráfico: Editora Gallimard
Preparação: Marianne Scholze
Revisão: Lia Cremonese

CIP-Brasil. Catalogação na publicação
Sindicato Nacional dos Editores de Livros, RJ

M441j

Médioni, Franck, 1970-
    Jimi Hendrix / Franck Médioni; tradução Julia da Rosa Simões. –
Porto Alegre, RS: L&PM, 2017.
    304 p. ; 18 cm.

    Tradução de: *Jimi Hendrix*
    ISBN 978-85-254-3434-0

    1. Hendrix, Jimi, 1942-1970 - Crítica e interpretação. 2. Músicos de rock - Estados Unidos - Biografia. 3. Rock - História e crítica. I. Título.

16-34633   CDD: 927.8166
                           CDU: 929:78.067.26

© Éditions Gallimard 2012

Todos os direitos desta edição reservados a L&PM Editores
Rua Comendador Coruja, 314, loja 9 – Floresta – 90.220-180
Porto Alegre – RS – Brasil / Fone: 51.3225.5777 – Fax: 51.3221.5380

Pedidos & Depto. comercial: vendas@lpm.com.br
Fale conosco: info@lpm.com.br
www.lpm.com.br

Impresso no Brasil
Primavera de 2017

Sumário

Introdução / 9
Seattle / 15
Nashville / 44
Nova York / 58
Londres / 81
San Francisco / 124
Monterey / 141
Toronto / 201
Woodstock / 213
Ilha de Wight / 235
Seattle / 252

Anexos
Cronologia / 275
Referências / 277
Notas / 280
Agradecimentos / 300
Sobre o autor / 301

Para Thomas

Olhe para nós! Não estamos ofegantes... Nosso coração não demonstra a menor fadiga! Pois se alimentou de fogo, ódio e velocidade!... Isso o surpreende? É porque não se lembra nem mesmo de ter vivido! De pé no topo do mundo, lançamos mais uma vez o desafio às estrelas!

Filippo Tommaso Marinetti[1]*

Restava apenas erigir as grandes leis que animam a Natureza, animar a dança dos mundos, das almas e dos humores, tocar a música dos corpos ritmados pelo eterno tambor da vida.

Conto ojibwé[2]

---

* As notas bibliográficas foram reunidas ao fim do livro, p. 280. (N.E.)

Introdução

Uma cena incrível, *estonteante*. Em Paris, logo após um show no Olympia, em 9 de outubro de 1967, Jimi Hendrix e seus dois parceiros de Experience, Mitch Mitchell e Noel Redding, passeiam pelas lojas da rue Daguerre, como loucos. Eles enchem os espaços por onde passam com seus gestos amplos e suas gargalhadas.

Fitamos com curiosidade aqueles três jovens girando e pulando pelas ruas de Paris. Assistimos, maravilhados, à corrida desenfreada e alegre daqueles três caras de apenas vintes anos que exalam liberdade na enrijecida França, em preto e branco, dos anos 1960. Numa voz em off, Jimi Hendrix canta "Burning of the Midnight Lamp".

Observamos, fascinados, a reação dos passantes. Ao atordoamento inicial sucede-se o assombro total. Todos ficam espantados, hipnotizados pelo comportamento e pelas roupas daqueles três jovens amalucados. Os três membros da The Jimi Hendrix Experience estão siderados, cheios de ímpeto, liberdade, transbordante felicidade.

Quatro meses antes, o público do festival de Monterey, que assistiu ao primeiro show da Jimi Hendrix Experience em solo americano, também foi pego de surpresa pelo guitarrista, por seu carisma, sua imensa energia; pela música apresentada, som único que mesclava blues e rock. Ao jovem público dos anos 1960 em busca de novidade e liberdade, Hendrix ofereceu naquela noite uma música intensa, ousada, transcendente, vertiginosa e exalando liberdade, frescor, brilho.

Com Hendrix surge uma luz tempestuosa, um raio cintilante no acanhado céu da música. Jimi Hendrix é um terremoto sônico. No amplo espectro sonoro mundial, ocupa um lugar à parte. Contemporâneo dos Beatles, de Bob Dylan e de John Coltrane, ele é o epicentro da trilha sonora dos Sixties. Esses anos correspondem a uma reviravolta. É o período das utopias e dos sonhos perdidos que transformaram profundamente o mundo, as mentes (liberdade individual, sexual, igualdade de sexos, emancipação política, espírito de maio de 1968, movimento dos direitos cívicos, aurora das independências). À sua maneira, Hendrix encarna uma outra América, dilacerada pela guerra do Vietnã, que tentou sair do pesadelo por meio de uma música de atitude, o rock.

A revolução musical esteve no centro desse fenômeno. O rock foi o som de uma geração em busca de identidade, a ponto de criar uma cultura rock, com seus referenciais, seus códigos sociais, seus modos de vestir, seus costumes (álcool, maconha). "Sempre se fala em Hendrix como um gênio da guitarra, mas ele também foi um *songwriter* excepcional e um símbolo político e cultural de sua época"[1], explica o guitarrista Nguyên Lê.

Mais de quarenta anos depois de sua morte, ocorrida em Londres no dia 18 de setembro de 1970, Jimi Hendrix figura como uma lenda da música do século XX. Woodstock, o festival da Ilha de Wight, os anos 1960, a eletricidade musical, o blues, o jazz, o espírito de transgressão, a contestação política e social – o guitarrista, cantor e compositor Jimi Hendrix (1942-1970) foi a encarnação de uma época. Mais do que isso, até. Talvez mais do que qualquer outro músico, Hendrix foi a encarnação do rock que, naquele momento, questiona os limites e alimenta desejos impossíveis. Com energia, solidez, profusão, alegria, obstinação e audácia, essa música explica o mundo de maneira infinitamente melhor do que as que se curvam a ele.

"Hendrix é um dos personagens mais revolucionários da cultura pop, musical e sociologicamente falando", declarou Frank Zappa, o guitarrista líder do The Mothers of Invention. "O público feminino acha Hendrix bonito (talvez um pouco assustador), mas de todo modo muito sexy. O público masculino o considera um guitarrista e um cantor fenomenal. Os caras parecem apreciar o fato de suas garotas se sentirem sexualmente atraídas por Hendrix. Pouquíssimos se ressentem de seu charme ou o invejam. Eles desistem, ou então compram uma Fender Stratocaster, um pedal wah-wah e quatro amplificadores Marshall."[2]

Sim, Hendrix personifica o rock, sua fantasmagoria, sua (des)mesura. Sua vida sob alta tensão se esfacelou de encontro aos recifes do show business. Sua morte prematura aos 27 anos ampliou sua lenda e transformou-o num verdadeiro ícone. Ele continua sendo o músico da juventude eterna, o *guitar hero* com o qual todo adolescente amante das seis cordas se identifica.

"Acho que ele mudou a face do rock muito mais do que os Beatles", explica Pete Townshend, guitarrista do The Who. "Eles trouxeram a composição. Jimi, por sua vez, revolucionou o som da guitarra". Foi "uma força revolucionária que alterou sozinha toda a história da guitarra", segundo o guitarrista John McLaughlin.[3] No ranking dos cem melhores guitarristas de todos os tempos, de 2003, a revista americana *Rolling Stone* conferiu a este autodidata das seis cordas o primeiro lugar.

Jimi Hendrix. Nome que ecoa no âmbito do rock, mas também para muito além dele. Além de sua influência estritamente guitarrística e sua marca musical continuarem vivas, ele também carrega muitos significados, todos positivos. Entre eles engajamento, força, radicalismo, suavidade e explosão vital, não violência, expressividade, modéstia, sensibilidade extrema, desinteresse. Beleza, enfim. Uma beleza luminosa, resplandecente, imediata, partilhável por todos, porque finalmente separada do próprio som, de sua ordenação.

Mais de quarenta anos depois de sua morte, a figura de Hendrix se impõe com força; sua supremacia é evidente. E, à sua maneira, ele sintetiza uma ampla paleta musical, que forma o tronco comum da música negra americana: blues, rhythm'n'blues, jazz, soul, funk.

A imagem de Hendrix, para sempre lendária, também é a do homem que pôs fogo na guitarra no palco de Monterey, na Califórnia, em 18 de junho de 1967. A de um grande príncipe negro de amplo sorriso que usa golas de renda, jaqueta militar e longas calças de veludo. Jimi tem ares de senhor extravagante com sua cabeleira afro arrepiada, seu bigode à la Fu Manchu, suas roupas coloridas e suas camisas psicodélicas.

A essência de sua trajetória se concentra em quatro anos, entre setembro de 1966 e setembro de 1970. Gravou apenas quatro álbuns em vida: *Are You Experienced*, *Axis: Bold As Love*, *Electric Ladyland* e *Band of Gypsys*. Mas entre álbuns oficiais, discos póstumos a partir das inúmeras sessões em estúdio (seiscentas horas de gravação, segundo Alan Douglas), jam sessions e gravações de shows, a discografia oficial e pirata de Hendrix conta com quinhentos ou seiscentos álbuns.

Na estrada. Jimi passava na estrada, constantemente. Fugindo, como cantou em "Burning of The Midnight Lamp". Uma fuga para frente. Uma corrida desenfreada ("Sou livre porque nunca parei de correr", ele disse[4]).

Se precisássemos reduzir Hendrix a apenas duas palavras, elas seriam "errância" e "liberdade". Hendrix estava sempre na estrada. Em busca. Perambulando. Sem destino. Rumo a outros espaços? Outros planetas? Cogitou seriamente a possibilidade de visitar Netuno e relatou sua viagem a Atlântida. Jimi aspirava à independência absoluta, queria ser um músico livre (o tema da liberdade esteve no centro de várias músicas: "Freedom", "Stone Free",

"Highway Chile", "Ezy Rider" etc.). Quando alguém lhe pedia um autógrafo, ele em geral escrevia "Stay Free" antes de assinar seu nome.

Esta biografia pretende ser um livro para contar a história de um músico fora do comum, mas também da música, do rock, da ampla sonoridade mundial dos anos 1960, das comunidades e da estrada. Em uma palavra, da marginalidade de um passado mitológico.

Seguiremos Hendrix passo a passo em seu processo criativo, suas gravações, seus shows, seus itinerários, suas errâncias. De Seattle, onde nasceu, a Seattle... onde seu corpo foi enterrado, passando por Nashville, Nova York, Londres, Monterey, Toronto, Woodstock e a Ilha de Wight, ponto culminante de uma carreira tão curta quanto fulgurante.

Isidore Ducasse, mais conhecido como conde de Lautréamont, morreu aos 24 anos. Jimi Hendrix foi colhido pela morte muito cedo, aos 27 anos. Uma morte absurda sob circunstâncias dramáticas. Ele integra a lista dos roqueiros mortos em plena juventude: Tim Buckley, 28 anos; seu filho, Jeff Buckley, 30 anos; Kurt Cobain, 27 anos; Brian Jones, 26 anos; Jim Morrison, 27 anos; Janis Joplin, 27 anos, exatamente um mês depois da morte de Jimi Hendrix, ocorrida em setembro de 1970. Jimi, Jim e Janis, os três J, resumem a música dos Sixties.

Hendrix viveu uma vida como a de qualquer outro, com paixões, arrebatamentos, ódios, triunfos, rompimentos, flutuações nas amizades e inimizades, neuroses, sexo, entusiasmos e decepções amorosas... Mas mais do que ninguém, talvez, teve uma vida cheia de música. Viveu *por* e *para* a música. "A música e a vida estão intimamente ligadas. A música possui uma multiplicidade de sentidos", disse ele a um jornalista. "Não necessariamente as notas físicas que ouvimos, mas notas que percebemos por meio do pensamento, da sensibilidade, da emoção."[5]

Uma vida trágica e luminosa, atravessada por lampejos de genialidade, fulgurâncias, uma vida que irradiava de seu blues iluminado.

Maurice Blanchot, discernindo no ato literário o puro movimento da criação, escreveu: "Na obra, o homem fala, mas a obra dá voz, no homem, ao que não fala".[6] O mesmo pode ser dito sobre o ato musical, sobretudo o de Hendrix. Escutemos sua voz, suas ressonâncias, seus silêncios, e tiremos o pulso da época em que viveu.

Seattle

Numa de suas últimas músicas, um belo blues acústico, "Belly Button Window", que encerra o álbum póstumo *The Cry of Love*, lançado em março de 1971, Jimi Hendrix se imaginou no ventre da mãe, às portas da vida.

A primeira estrofe é como uma confissão. O mundo exterior parecia tão pouco acolhedor que ele hesitava em sair do protetor espaço intrauterino materno. A sensação de nunca estar no lugar certo e na hora certa sempre acompanharia Jimi Hendrix. Sua incapacidade de se acomodar ao real, sua inaptidão para criar laços de amizade, amorosos ou profissionais seriam decorrência disso. Daí a errância sem fim, os múltiplos encontros, as inúmeras viagens, os shows incessantes, as experiências psicodélicas e outras viagens. Seu lar caloroso e seguro foi a música.

A infância de Hendrix foi infeliz. Teve uma família incomum. A mãe, ausente, morreu em 1959, quando ele tinha dezesseis anos. Jimi sempre esteve em busca de uma família, uma comunidade de sangue, de espírito. Foi um homem à procura, que, como bem disse o jornalista inglês Charles Shaar Murray no livro que escreveu a respeito dele, buscava "o pertencimento a uma comunidade".[1] Como Rimbaud com a poesia, Hendrix buscou na música a autoestima que não lhe havia sido ensinada; e, como não tinha mãe, tentou ao menos pensar que um órfão podia ser o objeto universal do amor.

Também devemos buscar nos arcanos da infância as feridas subterrâneas, o impulso criativo de Hendrix. As coisas mais importantes na vida de um homem, porque o estruturam, são a infância e o amor, bem sabemos. Muitos chegam a dizer que todo criador teve uma infância infeliz.

Na origem de toda criação haveria aquilo que Gide chamava de "espinho na carne".

Johnny Allen Hendrix nasceu após uma noite de tempestade, na manhã seguinte ao Dia de Ação de Graças, em 27 de novembro de 1942, às 10h15, no hospital King County de Seattle. A cidade do estado de Washington foi assim batizada em homenagem ao chefe ameríndio Sealth, ou Seattle, da tribo dos Duwamish, conhecido por um discurso de impressionante beleza dirigido ao governador Isaac M. Stevens, em 1854: "Como se pode comprar ou vender o céu, o calor da terra? Essa ideia nos parece estranha. Se não possuímos o frescor do ar e o brilho da água, como é possível comprá-los? Cada pedaço dessa terra é sagrado para o meu povo".[2]

Seattle contava então com uma população de 375 mil habitantes; era uma das cidades portuárias mais importantes da costa do Pacífico, que se desenvolvia consideravelmente ao longo da guerra. Os estaleiros fabricavam navios para a marinha, enquanto a Boeing produzia em série bombardeiros B-17 que permitiriam a vitória dos Aliados. Em 1942, ano de nascimento de Jimi Hendrix, as fábricas funcionavam a todo vapor. Inúmeros operários vindos do Sul pobre se instalavam em Seattle, dentre os quais muitos negros americanos.

O bebê gozava de boa saúde, pesava quase quatro quilos. "Era o bebê mais lindo com que se poderia sonhar, um amor"[3], recorda sua tia Delores Hall. Naquela noite, ela lhe deu o apelido de "Buster". Por que esse nome? Não por "garoto" ("thanks buster" significa "obrigado, garoto"), mas em referência a Buster Brown, um personagem de desenho animado criado por Richard Outcault. O apelido seria adotado por toda a família, bem como pelos amigos de Seattle. Mais tarde, outra explicação viria contradizer ou complementar a primeira: Jimi teria recebido o apelido de "Buster" em referência a Larry "Buster" Crabbe, o ator que fazia o papel de Flash Gordon, série de que ele gostava muito. Essa foi a versão que Hendrix sempre contou, apesar de ser chamado de "Buster" antes de ter idade para ver Flash Gordon.

A tia Delores enviou um telegrama ao pai do menino, Al, para anunciar-lhe o acontecimento: "A situação está muito melhor do que antes".[4] Para os Hendrix, como para um bom número de afro-americanos, a situação era difícil havia muito tempo. E continuaria sendo. Jimi e sua família carregavam a memória de dois genocídios. Seu triplo pertencimento cultural (branco, negro, índio; Nora, sua avó paterna, era cherokee) e suas origens faziam dele uma síntese da América do século XX; tanto um símbolo do *melting pot* americano quanto, em pleno período de segregação racial, o objeto de todos os ódios. O pertencimento a minorias provocaria um profundo sentimento de exclusão, fonte de um individualismo excessivo.

Al Hendrix, o pai, 23 anos, não estava lá quando do parto de Lucille. Os Estados Unidos haviam entrado na guerra em dezembro de 1941. Al se alistara, era soldado de segunda classe no exército americano, em Fort Rucker, Alabama. Pedira a seu comandante autorização para ir a Seattle acompanhar o nascimento do filho, mas a permissão lhe fora negada. Seus superiores, convencidos de que ele se ausentaria sem autorização para assistir ao nascimento do primeiro filho, o colocaram na prisão. Al se queixaria do fato de que os soldados brancos haviam obtido permissão quando suas mulheres deram à luz. Ele não veria Jimi antes que este completasse três anos.

Al e Lucille se conheceram numa noite de novembro de 1941, durante um show do pianista Fats Waller. A música e a dança os uniram. Al Hendrix era um negro pequeno e elegante, que nascera com seis dedos em cada mão – mau presságio, segundo sua mãe. Era uma curiosidade, que serviria para assustar os amigos dos filhos.

Sucessivamente engraxate, barbeiro e boxeador amador, Al Hendrix (em 1912, o pai de Al sintetizara o nome de família Hendricks para Hendrix) havia vencido vários concursos de charleston e jitterbug. De passagem por Seattle, Louis Armstrong, impressionado com seu talento de dançarino, um dia chegou inclusive a convidá-lo a se juntar à sua orquestra. Lucille Jeter era uma jovem de dezessete anos, de pele clara. Era vivaz, muito bonita. "Ela tinha longos cabelos pretos e lisos, e um sorriso magnífico"[5], recorda Loreen Lockett, sua melhor amiga no colégio. Ela adorava música. Sabia cantar, havia participado de concursos de amadores e vencido um deles. Sua grande alegria era a dança. Ficou encantada, portanto, quando o jovem sedutor Al, excelente dançarino vindo do Canadá para visitar uma amiga de escola, convidou-a para a pista de dança do Washington Hall de Seattle.

Como Al, Lucille nascera num meio extremamente pobre (seu pai trabalhara como mineiro e sua avó, de Richmond, Virginia, havia sido escrava). Descobriu que estava grávida na semana em que Al foi recrutado. Lucille vivia então na casa de uma amiga da família, Dorothy Harding. Al e Lucille se casaram em 31 de março de 1942, no tribunal King Century. Viveram como marido e mulher por apenas três dias, pois Al precisou partir para o quartel.

Quando saiu do hospital, Lucille se instalou com o bebê na casa dos pais. Viveu numa "velha garagem construída ao lado de uma pequena cabana, onde fazia muito frio"[6], contou Freddie Mae Gautie, cujos pais empregavam a mãe de Lucille para fazer a limpeza. Lucille foi garçonete por certo tempo num clube da Jackson Street, a rua das danceterias de Seattle, onde se reuniam noctívagos, apostadores, traficantes e prostitutas. Lucille gostava daquele ambiente noturno de festa. Às vezes, dançava. Também cantava. "Quando cantava", recorda Delores Hall, "os homens lhe davam gorjetas, pois era realmente uma boa cantora".[7]

Lucille era incapaz de cuidar do bebê. "No início, ela não sabia nem trocar uma fralda", diria Dorothy Harding. A família se preocupava com a saúde do menino. Certo dia de inverno, ele foi encontrado "frio como o gelo", "e suas perninhas estavam azuis".[8] Cada vez mais Delores, Dorothy e a avó Clarice se ocupavam de Jimi. E logo teve início, para Lucille e Jimi, uma longa errância. Eles passavam de casa em casa: da casa de Dorothy Harding à da tia Delores, e novamente à de Dorothy Harding.

No final de 1945, de volta do exército, três anos depois do nascimento do filho, Al se mudou com ele para a casa da cunhada Delores, em Seattle, no Yesler Terrace, dentro do primeiro plano de moradias dos Estados Unidos destinadas às minorias étnicas. "Ela tinha três filhas e tudo ia bem com Jimi", conta Al. "Eu procurava emprego, mas não havia muito a fazer. Minha mulher e eu nos separamos, e nos reconciliamos quando Leon nasceu, em 1948".[9] Ele logo começaria uma formação de eletricista.

Uma foto de 1945 mostra Al e Jimi aos três anos, belo garoto de cabelos crespos e todo sorrisos. Do pai, Al, Jimi Hendrix se lembrava como um homem correto, muito severo, muitas vezes violento:

> Lembro de quando eu era pequeno o suficiente para entrar num cesto de roupa, sabe, esses cestos de palha que temos na América. Eu devia ter três anos. Meu pai era muito correto e muito religioso. Era muito severo e me ensinou que eu sempre devia respeitar os mais velhos.
> [...]
> Meu pai era muito severo. Dava grande importância ao respeito aos mais velhos. Em grupo, me proibia de falar, a menos que um adulto me dirigisse a palavra. Tenho a lembrança de sempre ter sido muito calmo, sempre ter estado na posição de observador. Isso me permitiu aprender um monte de coisas e também evitar conflitos. Em casa, o melhor que um garoto podia fazer era fechar o bico.[10]

Al logo decidiu rebatizar legalmente o filho, pois não havia sido consultado na escolha do nome. O nome John, ou Johnny, apesar de em voga nos anos 1940, era o mesmo de John Page, um estivador que alugava um quarto na casa de Dorothy Harding quando Lucille vivia com ela.

Dorothy Harding negou o fato de que Lucille tivesse tido alguma relação com Page antes do nascimento do menino. Em dado momento, porém, houve algo entre os dois. Antes ou depois do nascimento de Jimi? A história não esclarece esse ponto. "Acho que ela fez o melhor que pôde para esperar por Al", avaliou Delores. "Ele ficou ausente por um bom tempo."[11] "Penso que Lucille aguentou firme por bastante tempo", escreveu Al Hendrix no livro *My Son Jimi*, "antes de começar a sair com as amigas e com outros homens."[12]

Por mais que Jimi se parecesse com ele, por muito tempo Al alimentaria dúvidas a respeito de sua paternidade. Ele não suportava que o filho tivesse aquele nome. Sobretudo porque não havia nenhum Johnny na família de Lucille ou na sua. Em 11 de setembro de 1946, Johnny Allen Hendrix se tornou James Marshall Hendrix. Al escolheu James como primeiro nome porque era o seu, e Marshall como segundo porque era o de seu irmão já falecido. Mudança de identidade antes de uma longa série de mudanças de lares: Jimi era arrastado para todos os lados.

No livro *Jimi Hendrix: Electric Gypsy*, Harry Shapiro e Caesar Glebbeck falam de uma "*pinball existence*"[13], uma vida de bolinha de fliperama. Jimi conheceu a instabilidade das mudanças repetidas, da errância forçada: Vancouver, depois Seattle. Al e Lucille reataram por certo tempo. O processo de divórcio foi abandonado. "Você não quer dar uma chance para nós dois?", perguntou Lucille a Al. "Talvez seja a melhor coisa a fazer"[14], ele respondeu. Apesar das brigas conjugais que se sucediam, eles sempre acabavam nos braços um do outro.

Os Hendrix viveram por alguns anos as alegrias simples da vida familiar. Aquele foi, segundo Hendrix, o período mais feliz de sua vida. Al encontrou emprego num abatedouro. Seu salário lhe permitia viver num hotel para viajantes no bairro chamado Jackson Street. O modesto quarto alugado tinha apenas uma cama, que os três dividiam. Al e Lucille saíam, frequentavam Jackson Street, o bairro das danceterias de Seattle. "Eles se divertiam e bebiam, e eu criava as crianças"[15], recorda Delores. Mas as brigas entre Al e Lucille se multiplicavam. As separações se sucediam às reconciliações. "Era quase cíclico", escreveu Al em sua autobiografia. "As coisas iam realmente bem por dois ou três meses. Então eu pensava: 'Ora, ora... alguma coisa vai acontecer'."[16] "Meu pai e minha mãe brigavam muito", reconheceu Hendrix. "Eu precisava estar sempre preparado para voltar ao Canadá."[17]

As brigas entre Al e Lucille se tornaram cada vez mais frequentes. Elas eram causadas principalmente pelos problemas financeiros da família. "Quando Lucille voltava para casa, ele estava ali, sentado, bebendo, e ficava louco. A vizinha me disse que ouvia briga todas as noites"[18], contou Delores, que viu Lucille cheia de hematomas. No início de 1948, uma das brigas foi tão violenta, segundo Al, que Lucille foi embora para viver por um mês com um filipino, Frank. Al era conhecido por ser ciumento, e Lucille, volúvel. "Não sou muito ciumento, mas com tudo o que Lucille fez, muitos me disseram que se estivessem no meu lugar a teriam posto na rua"[19], explicou Al em sua autobiografia.

Outra fonte de discórdia e dissabores para o casal Hendrix: o álcool. Os dois tinham um fraco pela bebida. "Quando bebiam, brigavam"[20], observou Delores. Jimi se mantinha à parte, se escondia no guarda-roupa ou saía de casa e deixava para trás a agitação noturna. "Mamãe e papai brigam o tempo todo. O tempo todo. Não gosto disso.

Gostaria que parassem"[21], dizia. Jimi era reservado, ou melhor, fechado. Alguns se preocupavam com sua saúde. "Ele mal falava", observou Dorothy Harding. Na escola, com frequência zombavam de sua dicção. Jimi tinha uma leve gagueira que perduraria até a adolescência e reapareceria na idade adulta em momentos de grande nervosismo. Ele não conseguia pronunciar o nome de Dorothy, que se tornava "Tia Doortee".[22]

Jimi descobriu a música graças ao rádio e à coleção de discos de blues e de rhythm'n'blues do pai. Em 1947, aos cinco anos, ganhou uma gaita de boca. Foi seu primeiro instrumento, pelo qual não manifestou grande interesse. A gaita logo seria abandonada. Mais tarde, tentou sem sucesso o violino e o uquelele que Al fabricou para ele. Na verdade, Jimi se interessava principalmente pelo cachorrinho de pano que a gentil tia Delores havia costurado para ele, era seu brinquedo preferido. Ele podia brincar sozinho por horas. Jimi inventava para si amigos imaginários. Dos quatro aos seis anos, seu amigo imaginário Sessa o acompanhava nas brincadeiras.

"Lucille se saía bem com Jimi", escreveu Al Hendrix. "Ela o acarinhava e conversava com ele, e ele a abraçava."[23] Mas a vida se tornava cada vez mais difícil, ou melhor, inviável para os Hendrix. A família precisava cuidar de vários filhos, mas só tinha condições para suprir as necessidades de um. As crianças Hendrix apresentavam problemas de saúde ligados à subnutrição. Jimi sobrevivia comendo na casa dos vizinhos. Essa prática ocasional se tornaria cotidiana.

As disputas entre os pais eram constantes. No início do inverno de 1951, Al e Lucille se separaram. Jimi tinha nove anos. Lucille abandonou Al, que ficou com o coração partido. Mas a atração que sentiam um pelo outro era mais forte. Eles se separaram e divorciaram, mas voltariam a ficar juntos de novo antes de se afastarem pouco tempo depois. O divórcio foi efetivado em 17 de dezembro de 1951. Daquela união instável, ou caótica, cinco filhos haviam nascido: três meninos, Jimi, em 1942, Leon, no início de 1948, que seria o preferido de Al ("Papai e mamãe são loucos por meu irmãozinho. Eles o amam mais do que a mim"[24], dizia Jimi), e Joseph Allen, em 1949. Joseph tinha várias malformações de nascença, uma fileira dupla de dentes, um pé torto, lábio leporino e uma perna visivelmente mais curta que a outra. Era uma fonte a mais de brigas entre os Hendrix. Al culpava Lucille de ter abusado demais da bebida, e Lucille acusava Al de tê-la empurrado durante a gestação. O estado de saúde de Joseph necessitava de cuidados médicos consideráveis, que os Hendrix não podiam suprir. Sua perna precisava ser operada. Al repetia que não podia pagar a intervenção cirúrgica. "Al dizia que não gastaria uma tal soma em dinheiro com uma criança, mesmo que a tivesse"[25], contou Delores. Joseph acabou sendo adotado por uma família de Seattle. Lucille teve dificuldade para aceitar a necessidade de abandonar as duas filhas, Kathy e Pamela, nascidas em 1950 e 1951. Al negou a paternidade das duas, mas acabou por reconhecê-las. Elas foram colocadas em casas de família. Em fevereiro de 1953, um quarto filho homem nasceu da união de Al e Lucille, oficialmente divorciados, Alfred. Al negou a paternidade da criança, que foi adotada. Com o divórcio, a guarda de Jimi e Leon coube a Al.

Em sua autobiografia *My Son Jimi*, Al contou que, muitas vezes, deixava de se alimentar para dar de comer aos filhos e que, mesmo se sacrificando, não era o suficiente. "Jimi e eu tínhamos tanta fome que íamos roubar na mercearia da esquina", recorda Leon. "Jimi era esperto: ele abria um saco de pão, pegava duas fatias, fechava o saco e o recolocava no lugar. Depois, ia à seção de fiambres e roubava um pacote de presunto para fazermos sanduíches."[26]

Al teve vários pequenos empregos durante a década de 1950: lavador de janelas, cozinheiro etc. Sua situação financeira era precária. Além disso, apostava seu escasso salário e perdia. Bebia cada vez mais. Às vezes, tornava-se violento. Suas punições consistiam numa chicotada na bunda.

No outono de 1953, a situação da família Hendrix melhorou: Al encontrou emprego como operário no serviço técnico da cidade de Seattle. Graças a um salário mais consistente, comprou uma pequena casa de oitenta metros quadrados no número 2603 da South Washington Street. Jimi e Leon dividiam um quarto e, pouco tempo depois da mudança, Grace, sobrinha de Al, e Frank Hatcher, seu marido, se instalaram com eles. "Al nos pediu para morar com ele para que cuidássemos das crianças", recorda Frank Hatcher. "Ele simplesmente não podia fazê-lo. Bebia muito, jogava, e muitas vezes nem voltava para casa."[27]

De fato, ao longo desses anos, Jimi e Leon muitas vezes se viam sozinhos, entregues à própria sorte. Tia Delores lembra de ter passado na casa uma noite e ter encontrado os meninos sozinhos tentando fazer algo para comer: "Jimi estava fritando ovos e, quando me viu, esboçou um grande sorriso e disse: 'Estou preparando o jantar!'".[28] Jimi cuidava do irmão Leon e se ocupava das tarefas domésticas. Até que Al encontrasse um emprego na fábrica da Boeing de Seattle, em 1955, os dois filhos passariam de casa em casa. Seriam criados pela avó Clarice Jeter, pela tia Pat, pela avó Nora Hendrix, em Vancouver, pela tia Delores Hall, pela amiga Dorothy Harding, bem como por outras pessoas da vizinhança.

As crianças Hendrix passaram diversas temporadas no Canadá na casa da avó paterna, Nora. Jimi guardava lembranças vívidas desses momentos: "Minha avó cherokee me deu um casaco indígena com franjas. Eu o usava todos os dias, a despeito do que os outros pensassem, simplesmente porque o adorava. Eu passava as férias na reserva, em Vancouver, e as crianças da escola riam dos xales e ponchos que ela fazia para mim".[29] Na casa da avó Nora, Jimi mergulhou na cultura ameríndia. Ele se deliciava com as histórias que Nora contava sobre seus ancestrais cherokees. Num show com a Experience em Vancouver, no outono de 1968, Jimi tocou para a avó Nora, na plateia, e lhe dedicou "Foxy Lady". Hendrix falava pouco de suas origens indígenas, de sua relação com a cultura cherokee. Mas sua obra carrega uma marca profunda da cultura indígena. As canções "Little Wing" e "Castles Made of Sand" fazem referência direta a ela. "I Don't Live Today", do álbum *Are You Experienced*, fala da situação calamitosa dos índios americanos. Segundo o próprio Hendrix, é uma canção "dedicada a todos os ameríndios, bem como a todas as minorias oprimidas".[30] No palco, ele muitas vezes dedicava-lhes essa canção. "A situação é catastrófica nas reservas", ele explicava. "O álcool causa estragos profundos. Metade dos habitantes se tornou indigente."[31]

Al se ausentava da casa familiar por dias, semanas inteiras. A tal ponto que, alertado pelos vizinhos, o serviço social de Seattle colocou Leon Hendrix numa casa de família. Os pais adotivos de Leon, os Wheeler, cuidavam de Jimi. "Jimi estava o tempo todo em nossa casa", recorda Arthur Wheeler. "Com frequência comia conosco." "Jimi passava mais tempo em nossa casa do que na casa do pai", conta Doug Wheeler, um dos filhos de Arthur. "Muitas vezes passava a noite conosco, assim poderia comer algo no café da manhã antes de ir para a escola. Senão, acontecia de não comer nada."[32]

Em 30 de março de 1955, durante uma audiência no Tribunal de Justiça King County de Seattle, onde tinham se casado, Al e Lucille renunciaram a seus direitos parentais sobre Joe, Kathy, Pamela e Alfred Hendrix. A audiência foi apenas uma formalidade, pois as crianças já viviam em famílias adotivas, mas a assinatura da ata que os fez renunciar a todo direito parental sobre os filhos foi um golpe brutal – fatal, segundo a tia Delores – para Lucille.

Al logo encontrou um emprego de jardineiro, trabalho que manteria até a aposentadoria. Mas seu salário era pequeno, precisava ter locatários. Cornell e Ernestine Benson alugaram um quarto de sua casa. Grande amante de blues, Ernestine Benson tinha uma bela coleção de 78 rotações. Graças a ela, Jimi descobriu Muddy Waters, Robert Johnson, Bessie Smith, Lightnin'Hopkins e Howlin'Wolf. No centro das discussões entre Al e a locatária estava sua ex-mulher, Lucille. "Ele a chamava de bêbada", recorda Ernestine Benson. "Mas a chamava assim quando estava bêbado. Era assim que os homens tratavam as mulheres na época. Os homens tinham o direito de beber, mas uma mulher que fizesse o mesmo era criticada." O alcoolismo de Al piorava: "Ele chegava na frente de uma casa com portão e pensava que era a sua", explica Ernestine Benson. "Então entrava, sentava no sofá e perguntava: 'Mas o que vocês estão fazendo aqui?!'. E as pessoas respondiam: 'Estamos em casa, mas você não'. E chamavam a polícia para tirá-lo dali."[33]

Sem real supervisão dos pais, Jimi vagava pelas ruas de Seattle. E isso a qualquer hora do dia e da noite. Sua vida era agitada, itinerante, mas ele ainda era assíduo na escola, a Leschi Elementary. Era um bom aluno, introvertido. Desenhava bem, principalmente motos de corrida e discos voadores. Gostava de histórias em quadrinhos e de cinema. Os filmes *Flash Gordon* e *Príncipe valente* o entusiasmavam. Apaixonado por futebol americano, torcia para os Fighting Irish. Tinha bons resultados escolares. "Na escola, eu escrevia muita poesia", recordou Hendrix. "E, na época, eu era de fato feliz. Meus poemas falavam essencialmente de flores, da natureza e de pessoas usando vestidos."[34]

Jimi conhecia mais do que ninguém as viagens e as mudanças de ambiente. Fossem terrestres, espaciais ou psicodélicas, continuariam sendo vividas. Lucille morava na casa da mãe em Seattle. De tempos em tempos, visitava os filhos. "Não tínhamos autorização para ir vê-la, mas nos divertíamos muito mais com ela do que com nosso pai", Jimi diria. "Por alguns dias, ela nos dava todo o amor de que era capaz, e depois desaparecia por meses inteiros."[35] "Quando mamãe estava em casa, sentíamos cheiro de bacon e panquecas pela manhã", lembrou Leon, "e pulávamos de alegria, gritando: 'Mamãe está em casa!'. Mas durava apenas um dia, porque eles bebiam e brigavam, e mamãe ia embora."[36]

Jimi se refugiava dessa vida itinerante, um tanto caótica, na imaginação. Ele se sentia diferente, experimentava a estranheza de sua presença no mundo. Várias vezes disse ter a sensação de ser de outro planeta. Jimi acreditava em óvnis, se comunicava com o cosmos. A um jornalista do *New York Times*, disse ter vindo do planeta Marte. Jimi queria ser "o primeiro homem a escrever um blues em Vênus".[37] Ele viveu o mistério da vida, a experiência de uma outra dimensão, da transcendência, de outra noção do tempo veiculado pela música. "O músico, quando é um mensageiro, é como uma criança que não foi estragada pelas mãos do homem", ele disse. "É por isso que a música tem muito mais importância para mim do que qualquer outra coisa."[38]

Jimi sempre se sentiu diferente, outro. Na canção "Stone Free", do lado B de *Hey Joe*, seu primeiro hit lançado em 1966, evocou o desejo de humilhar as pessoas que zombavam de seu gosto para roupas e que o tratavam como um pária. E em "If 6 Was 9", do segundo álbum da The Jimi Hendrix Experience, *Axis: Bold as Love*, lançado no final de 1967, zombou do conformismo de vestuário daqueles por quem se sentia rejeitado.

Antes de a música se tornar o receptáculo e o veículo de todos os seus impulsos, Jimi se apaixonou pela ficção científica. "Eu queria ser ator ou pintor", explicou. "Teria gostado especialmente de pintar cenas de outros planetas. Uma tarde de verão em Vênus e coisas do tipo. A ideia de viajar pelo espaço me excitava mais do que qualquer outra coisa." "Um dia desses, farei uma projeção astral pelos céus", ele disse alguns anos depois. "Irei para as estrelas e para a Lua. Quero voar e ver o que acontece lá. Quero subir ao céu, ir de estrela em estrela."[39]

Flash Gordon era o herói de Jimi. Auxiliado pelo professor Hans Zarkov e por Dale Arden, a missão de Flash Gordon era salvar a Terra da invasão das tropas do imperador Ming, vindas do planeta Mongo. A tirinha lançada em 1934 por Alex Raymond, precursor de heróis como Super-Homem, Homem-Aranha e Tarzan (George Lucas diz ter se inspirado em Flash Gordon para criar a saga *Star Wars*), levava o jovem Jimi Hendrix a outras galáxias. Ele fugia, imaginava vidas extraterrestres, desenhava naves espaciais. As letras de "Third Stone from the Sun", "1983", "South Saturn Delta" e "Valleys of Neptune" vieram diretamente dessa paixão pela ficção científica que, ao lado das mulheres e da liberdade, foi um dos principais temas de suas canções.

Mais do que uma nave espacial, Hendrix encontrou na guitarra o melhor meio de transporte. Num primeiro momento, Jimi construía violões improvisados unindo elementos heteróclitos: cabos de vassoura e caixas de charuto. Esses pedaços de madeira foram sua tábua de salvação. Vários *bluesmen* disseram ter começado a tocar como Jimi, brincando e construindo instrumentos com o que tivessem à disposição. Em suas mãos, a guitarra se transformou num objeto móvel de propulsão e grandes explosões.

A vassoura que servia para as batalhas de Flash Gordon logo fez as vezes de violão. Em 1953 – Jimi estava com onze anos –, ele seguia as paradas de sucessos e os programas musicais do rádio, que tocavam tanto Frank Sinatra e Nat King Cole como Perry Como e Dean Martin. Este último era o preferido de Jimi, que acompanhava as músicas tocando sua vassoura. "Ele tocava tão forte a vassoura que ela perdia toda a palha", contou Cornell Benson. "Jimi se fazia de louco tocando a vassoura", disse seu irmão Leon. "Quando meu pai chegava, fingia estar varrendo. Mas quando papai via a palha da vassoura em cima da cama, ficava possesso."[40]

Em setembro de 1956, Al e Jimi se viram na rua. Encontraram refúgio numa pensão. Al não conseguira pagar as dívidas, e o banco ficara com a sua casa. A pensão era dirigida pela família McKay, cujo filho, paraplégico, tinha um violão acústico empenado com uma única corda. Esse violão, que o menino não tocava, foi recuperado por Jimi, que contava ficar com ele. "A sra. McKay disse que o venderia por cinco dólares", lembrou Leon. Como Al não queria gastar essa quantia, foi Ernestine Benson quem acabou comprando o primeiro violão para Jimi. Esse violão mais parecia um brinquedo do que o tradicional instrumento de seis cordas, mas Jimi não deixou de explorar todas as suas possibilidades, cada uma de suas partes, de suas propriedades sonoras. "O violão tinha uma única corda", disse Ernestine Benson, "mas ele conseguia fazer essa corda falar."[41]

Numa sessão de matinê do Atlas Theater, Jimi assistiu à projeção de um filme que o impactou: *Johnny Guitar*. Esse western de Nicholas Ray, que alguns consideram um dos mais belos filmes do cinema americano, estreou nas telas em maio de 1954. Jimi tinha onze anos. Em vez das figuras masculinas de caubóis, duas mulheres eram as protagonistas. Rica proprietária, Emma tem ciúme da dona de um saloon, Viena, que acaba de reencontrar o amante, Johnny Guitar. Elas disputam o homem ideal, Johnny

Guitar, rapaz bonito, forte e carinhoso, até um duelo final, com revólveres. A moral é salva, o bem acaba vencendo. Johnny Guitar, encarnado por Sterling Hayden, cantava uma música ao longo do filme e em quase todas as cenas aparecia com um violão nas costas, braço para baixo. Essas imagens marcaram profundamente o jovem Jimi, que se identificou com o personagem. "Ele viu o filme", contou Jimmy Williams, "e adorou a aparência daquele sujeito com o violão nas costas. Ele carregava o seu exatamente do mesmo jeito."[42]

Jimi era um garoto longilíneo de mãos grandes, muito grandes, que contrastavam com sua estatura mediana. Ele sempre teria o físico de um adolescente magrelo. O que fazer com aquelas mãos se não passeá-las pelo braço do violão, fazendo música? Ele não largava mais o violão. Jimi o levava para a escola para impressionar os amigos. Às vezes chegava a dormir com ele, apertando-o contra o peito. Hendrix diria.

> Meu pai foi quem basicamente cuidou de mim. Ele era jardineiro e não tínhamos muito dinheiro. Era difícil, no inverno, quando não havia grama para cortar. Meu primeiro instrumento foi uma gaita, que ganhei por volta dos quatro anos. Depois comecei a me entusiasmar pelo violão, era o instrumento que parecia estar sempre disponível. Nunca fiz aulas. Aprendi com o rádio e os discos. Aos dezessete anos, formei um conjunto com alguns caras, mas eles me eclipsavam. No início, eu me perguntava por que, e três meses depois fui me dar conta de que precisava de uma guitarra elétrica. A primeira foi uma Danelectro que meu pai me deu.* Ele deve ter ficado sem dinheiro por um bom tempo.[43]

Jimi era autodidata. Não conhecia as notas, aprendia o instrumento de ouvido. Sua abordagem da música era muito natural, intuitiva. Em uma palavra, sensível. Ele

---

* Hendrix se enganou: como veremos, sua primeira guitarra foi de fato comprada pelo pai, mas foi uma Supro Orzak branca.

desenvolveu um ótimo ouvido musical e, ao mesmo tempo, trabalhando com o instrumento e tentando reproduzir as frases exatamente como este ou aquele instrumentista ouvido no rádio ou num disco, experimentando e explorando suas possibilidades, desenvolveu um perfeito conhecimento das seis cordas. Até que elas se tornaram muito mais que um simples instrumento musical capaz de produzir e reproduzir sons, como veremos, mas uma extensão, um prolongamento dele mesmo.

Um problema logo se apresentou: Jimi era canhoto. Seu pai Al o forçava a fazer tudo com a mão direita, até mesmo escrever. "Meu pai pensava que tudo o que viesse da mão esquerda vinha do diabo", recorda Leon Hendrix. Era muito difícil para Jimi tocar um instrumento concebido para destros. Dispostas daquela maneira, as cordas impediam o manejo, a fluidez necessária. Então, o que fazer? Bastava trocar o instrumento de lado. Coisa que Jimi logo fez. "Jimi aprendeu a tocar com a mão direita e com a mão esquerda, porque cada vez que meu pai entrava no quarto, ele invertia o violão, para não levar um safanão", contou Leon. "Papai já estava zangado o suficiente porque ele passava o tempo todo tocando e não trabalhava."

Jimi Hendrix muitas vezes é apresentado como o "canhoto genial". Na verdade, Jimi não era canhoto, era ambidestro. Apesar de tocar guitarra com a mão esquerda, escrevia com a direita. E utilizava instrumentos de destros, que apenas invertia. Assim, ficava com os botões de regulagem e de vibrato ao alcance da mão esquerda. Guitarrista, ele também tocaria baixo e bateria, esta última bastante bem, segundo o baterista Robert Wyatt.

Jimi se fundiu com seu instrumento. Prolongamento natural, verdadeira extensão de seu corpo, ele e a guitarra se tornaram uma única e mesma coisa. Basta vê-lo no palco para perceber: a guitarra era seu corpo em movimento, matéria orgânica, móvel, proteiforme e supersônica. Hendrix se transformava num médium impressionante, a música se formava e fluía por ele sem obstáculos, sozinha, soberana.

Sua guitarra foi a substituta da mãe? "Sem guitarra, era simples, era como se ele não existisse"[44], disse seu pai, que desaprovava a vontade do filho de seguir a carreira de músico.

Em 1967, o *Seattle Post-Intelligencer* diria após o show em Monterey:

> A guitarra de Hendrix parece uma extensão natural de seu corpo, as diferentes posições que ele assume para tocá-la parecem decorrentes de emoções, como se contentar-se em segurar a guitarra normalmente não lhe permitisse expressá--las todas. A impressão é que se chegasse a largar a guitarra a música continuaria fluindo de dentro dele.[45]

Vem à mente John Coltrane, que alguns compararam a Hendrix. Seu envolvimento era total, e sua relação com o instrumento, o saxofone tenor, era igualmente singular. Ele não largava o instrumento. Ensaiava por horas a fio, parando apenas para comer. Mordia o metal da embocadura, apesar de insuportáveis dores nos dentes (tinha dentes ruins e sofria de gengivite, razão pela qual existem poucas fotos suas sorrindo). Entre dois ensaios, no intervalo, continuava tocando. Sua primeira mulher, Naima, contou que ele às vezes adormecia com o sax na boca.

Como dissemos, Jimi era arrastado para todos os lados. Sempre foi. Logo pegaria a estrada, que nunca abandonaria, numa América em mutação. Em 1957, Jack Kerouac publicou *On the road*, que se tornou o livro de toda uma geração. A década de 1950 viu o combate pelos direitos cívicos se intensificar nos Estados Unidos. Ações não violentas ocorriam em todo o país. Os estados do Sul reagiram com violência. No início do ano escolar de 1957, o governador do Arkansas, Orval E. Faubus, de quem Charles

Mingus zombou em *Fables of Faubus*, proibiu o acesso de estudantes negros à *high school* de Little Rock. O exército federal interveio para que a lei fosse respeitada.

Nesse ano de 1957, Elvis Presley era o primeiro das paradas com uma canção de sonoridade negra, "Heartbreak Hotel". Para Jimi, como para um bom número de adolescentes de sua geração, o rock'n'roll de Elvis Presley, música branca que bebia na fonte da música negra, do gospel e do blues, era um eldorado. Em 1º de setembro, Jimi assistiu a um show de Elvis em Seattle. Como não tinha como pagar o ingresso de 1,5 dólar, ouviu o show de uma colina sobranceira ao estádio. O espetáculo do Rei, com seus saracoteios e suas acrobacias, o impressionou muito. Elvis Presley libertou o corpo, e a seguir Bob Dylan, com suas canções de protesto, sua poesia crepuscular, libertou a alma. Jimi nunca se esqueceria dele. Tampouco James Brown, Michael Jackson, Mick Jagger, Bruce Springsteen, Iggy Pop e Prince. O "Elvis negro": Jimi às vezes era apresentado assim.

Para Jimi, aos catorze anos, como para um bom número de adolescentes, Elvis foi uma revelação. Ele gostava do cantor de voz quente que tocava um enérgico blues branco. Sua influência sobre a cultura musical da época foi importantíssima. "O rock'n'roll existe há certo tempo", declarou Elvis Presley em 1955. "Antes, era chamado de rhythm'n'blues. Já era algo formidável. Tornou-se ainda maior. Então disseram que era uma má influência para os jovens. Para mim, o rock não passa de música. E estou convencido de que continuará existindo por um bom tempo. Ou será preciso encontrar algo muito forte para substituí-lo."[46]

No fim do show, o Rei deixou o complexo esportivo de Seattle, onde havia tocado para 16 mil pessoas. Jimi, maravilhado, conseguiu vê-lo bem de perto, vestindo uma roupa dourada, saindo do estádio num Cadillac branco. No ano seguinte, o irmão de Jimi, Leon, viu Little Richard saindo de uma limusine. A mãe de Richard Wayne Penniman, o chamado Little Richard, vivia em Seattle. O cantor, aureolado pela fama, acabara de alcançar um grande sucesso com a canção "Lucille". Ele saudou Leon e informou-o de que daria um sermão numa igreja do bairro, o que Leon se apressou a contar a Jimi. Leon e Jimi foram ouvir o sermão de Little Richard, que em 1958 renunciou ao rock'n'roll para se dedicar ao Senhor e ao gospel. "Não tínhamos roupas decentes", lembra Leon. "Jimi usava uma camisa branca, mas estava com tênis realmente gastos. As pessoas na igreja começaram a nos encarar."[47] A presença cênica de Little Richard era muito forte. Seu sermão também era impressionante. Correspondia aos excessos do excêntrico personagem Little Richard. Aquele que, no palco, cabelos para cima e em posições ambíguas, usava quase sempre longas vestes brilhantes e calças bufantes, cantava, louvava a força divina, discursava aos fiéis, que às vezes entravam em transe, pregando com voz estridente. Elvis se remexendo no palco de Seattle, Little Richard gesticulando para todos os lados no altar da igreja lotada, essas imagens ficaram para sempre gravadas na mente de Hendrix, que tinha uma arrepiante presença de palco.

A música foi ficando cada vez mais no centro da vida do jovem Jimi Hendrix. Jimi era autodidata, como dissemos, nunca fez aulas de violão. Ele era um intuitivo, um sensitivo, memorizava, ouvia e, por mimetismo, tentava reproduzir nota por nota, mas também incorporava as atitudes e posturas instrumentais. Aprendeu aqui e ali, ouvindo rádio, discos ou amigos do bairro que tocavam violão, especialmente Randy "Butch" Snipes, que sabia tocar com o violão nas costas, imitar os movimentos de T-Bone Walker e a *duckwalk* de Chuck Berry, que era, com B.B. King, o guitarrista preferido de Jimi. A *duckwalk*, ou marcha do pato, era uma espécie de dança criada por Chuck Berry, e que seria retomada por Angus Young, guitarrista da banda de rock AC/DC. A dança consistia em avançar saltando num pé só enquanto o outro era movido para frente e para trás.

Havia a música, mas não apenas ela. Jimi conheceu Carmen Goudy, sua primeira namorada, em 1957. Ela era mais nova que ele, tinha treze anos, e era igualmente pobre. "Quando juntos tínhamos dinheiro suficiente para comprar um picolé, era o máximo", lembra Carmen. "E dividíamos o picolé em dois."[48] Eles passeavam pelos parques, às vezes iam ao cinema. E dividiam seus sonhos. O de Carmen era tornar-se dançarina de sucesso, o de Jimi era ter uma guitarra de verdade e tornar-se um músico famoso. "Dávamos força um ao outro, e nunca considerávamos impossível o que o outro dizia."[49]

A irmã de Carmen saía com um homem que tocava guitarra. Jimi passava horas ouvindo-o tocar, depois cantava as notas. "Ele imitava os sons da guitarra", explica Carmen. "Era quase um *scat*, ele era capaz de cantar um solo de guitarra."[50]

No outono de 1957, Jimi e Leon foram visitar a mãe em Seattle, no Harborview Hospital. Lucille sofria de uma cirrose ligada ao alcoolismo. Em meados de janeiro de 1958, novamente casada, com William Mitchell, um estivador aposentado trinta anos mais velho, foi hospitalizada mais uma vez devido a uma hepatite. A tia Delores levou Jimi e Leon para a visitarem. "Ela sempre tinha uma aparência esplêndida e sedutora", disse Leon. "Usava joias e cheirava bem. Mas, daquela vez, não foi o caso."[51] Anos mais tarde, numa de suas canções mais autobiográficas, "Castles Made of Sand" – uma de suas letras mais belas, de uma poesia sombria –, Hendrix falaria de uma mulher numa cadeira de rodas, incapaz de demonstrar suas emoções. "Essa música fala de nossa mãe"[52], explicou Leon.

Lucille tinha 33 anos quando, em 2 de fevereiro de 1959, morreu em decorrência de uma ruptura do baço e de uma hemorragia. A hipertensão e a cirrose foram causas agravantes. Ela foi encontrada inconsciente num beco ao lado de um bar. O baço raramente se rompe sem traumatismo, mesmo em pessoas que sofrem de cirrose. A morte de Lucille pode ter sido causada por uma queda ou por violências corporais.

Jimi tinha dezesseis anos, Leon, dez. Al se opôs a que Jimi e Leon assistissem ao enterro. Hendrix guardaria uma ferida secreta, nunca perdoaria o pai por essa proibição. Al explicou, em sua autobiografia, que Jimi queria assistir ao enterro, mas que ele não tinha carro para ir.[53] Então Al lhe deu uma passagem de ônibus. Em vez de pegar o ônibus sozinho, Jimi ficou chorando no quarto. "Queríamos ir juntos", contou Leon, "mas meu pai não nos deixou ir". "Não havia razão alguma para que fossem, só isso", disse Al. "Nada mais."[54]

Com a morte da mãe, Jimi passou a idealizá-la, a invocar sua presença, seu espírito. Várias canções fazem referência direta a ela. Não seria a criatura sedutora de "Foxy Lady"? "Mamãe virou um anjo para ele", explicou Leon. "Ele me disse que tinha certeza de que ela era um anjo, e que não estava longe de nós."[55]

Com muito talento para o violão, Jimi se sentia cada vez mais atraído pelo modelo elétrico. "Ele era fascinado por eletrônica", lembra o irmão Leon. "Tinha refeito os circuitos elétricos de um aparelho de som e tentava amplificar seu violão."[56] Ernestine Benson, a pensionista, incitou Al a comprar uma guitarra elétrica para o filho. Al cedeu e, em 1959, ofereceu a Jimi uma Supro Ozark branca, comprada por 89 dólares na Myers Music Store, na 1st Avenue, em Seattle.

"Tenho uma guitarra!", gritou Jimi ao telefone a Carmen Goudy. "Eu sei que você tem uma guitarra", ela respondeu. "Não, quero dizer uma guitarra de verdade!"[57], respondeu Jimi. Al Hendrix, por outro lado, havia comprado um saxofone e, por certo tempo, pai e filho tocaram juntos. Somente por algum tempo, pois quando chegou o momento de saldar a segunda parcela do pagamento Al devolveu o saxofone.

Uma guitarra elétrica... Que grande alegria para Jimi. Provavelmente uma das maiores de sua infância. "Lembre-se, éramos tão pobres que não ganhávamos nada de Natal", explicou Carmen Goudy. "Era como ganhar de uma só vez os presentes de cinco Natais. Eu não podia deixar de ficar feliz por ele. Acho que foi o melhor dia de sua vida."[58] A partir daquele momento, a guitarra se tornou a vida dele. Nada o desviaria dela. Nada nem ninguém. Nem mesmo a mulher mais bonita do mundo.

No outono de 1959, Jimi, aos dezessete anos, começou a sair com Betty Jean Morgan, que conheceu na escola. "Ele era adorável", recorda ela. "Meus pais gostavam dele porque era educado." Durante a primavera de 1960, ele a pediu em casamento. Seu pedido não foi levado a sério. "Minha mãe disse que eu devia esperar o meu diploma, o que não chegaria antes de 1963"[59], lembra ela. Jimi não tinha dinheiro. Por certo tempo, três meses, trabalhou como vendedor de jornais para o *Seattle Post-Intelligencer*, depois ganhou alguns dólares ajudando o pai a cortar grama.

Manual ou escolar, o trabalho tinha poucos atrativos aos olhos de Jimi. Música, música, apenas música, Jimi pensava só nela. Era seu principal centro de interesse. Mais do que qualquer outra coisa. Mais que um centro de interesse, era seu epicentro, seu motor, seu coração atômico. "Meu pai pensava que o projeto de Jimi de fazer música era uma merda", lembra Leon. "Ele dizia abertamente que a música era 'o negócio do diabo'."[60]

Jimi tocava cada vez mais sua guitarra e se descuidava dos estudos. Apesar das tentativas infrutíferas de Al de colocá-lo para trabalhar, ele desistiu definitivamente de estudar aos dezessete anos, em 1960, no dia 31 de outubro, dia de Halloween. Jimi era uma alma livre, a escola nunca o cativara. Ele não era mais o bom aluno que havia sido. Depois da escola primária, atrasado quando não faltava às aulas, Jimi nunca mais foi um aluno assíduo. Daí seus resultados escolares em geral medíocres. Ao longo do primeiro semestre de 1959, chegou vinte vezes atrasado. Um de seus professores chamou-o, na época, de "não aluno". Jimi estava em outra. Confessou à revista *Rolling Stone*, em 1968:

> Eu ficava no andar de cima quando os adultos faziam alguma festa ao som de discos de Muddy Waters, Elmore James, Howlin'Wolf e Ray Charles, e depois eu descia escondido para roubar chips e fumar pontas de cigarro. Aquele som não era algo realmente diabólico, mas forte, denso. O primeiro guitarrista que me marcou foi Muddy Waters. Eu era um garotinho quando ouvi um de seus velhos discos e fiquei apavorado com todos os sons que ele tirava. Ah, então era aquilo? Era genial.[61]

Foi nessa época que o aprendiz de músico sentiu uma força crescendo dentro de si. Jimi tocava em qualquer guitarra à mão, o tempo todo. Fez um mergulho no blues. "O blues é fácil de tocar, mas difícil de sentir"[62], ele disse. "Canto apenas isso hoje em dia, blues"[63], explicou em sua última entrevista, concedida a Keith Altham em Londres, no hotel Cumberland, em setembro de 1970.

Um dos modelos de Jimi era B.B. King, cuja guitarra, aliás, tinha o nome de sua mãe, Lucille. Hendrix e B.B. King se encontraram pela primeira vez no início dos anos 1960, na época em que Little Richard e B.B. King dividiam a programação de uma turnê pelo sul dos Estados Unidos. "Acho que ele via em mim uma figura paterna", disse B.B. King ao longo de uma entrevista para a televisão. "Não havia nenhuma rivalidade, pois ele era Jimi

Hendrix e único em seu gênero, mas me respeitava como a um pai ou alguém que viveu bastante. Era assim que me via, tenho a impressão... Ele se sentava, tocava pequenos trechos e perguntava: 'O que você acha *disso*?'. Ele era tímido, mas eu também sentia sua amizade, uma espécie de camaradagem. E, para mim, ele era um pouco como um de meus filhos."[64]

A primeira banda de que Jimi participou se chamava The Velvetones, um grupo de estudantes que misturava jazz, blues e rhythm'n'blues. Era formada pelo pianista Robert Green e pelo saxofonista tenor Luther Rabb. "Na verdade não passávamos de uma banda de garotos", lembra Luther Rabb. "A formação do grupo mudou muito, tivemos quatro guitarristas, dois pianistas, dois trompistas e um baterista. Remetia à época da 'revista', em que cada espetáculo tinha uma parte de dança. Nos vestíamos e colávamos lantejoulas nas calças para que parecessem brilhantes."[65] Os Velvetones passaram num teste e tocavam uma vez por semana na Birdland de Seattle, e nas sextas-feiras à noite eram contratados regulares de uma sala de jogos, a Neighborhood House. "Eles tocavam rhythm'n'blues e alguns blues", recorda o músico John Horn. "Jimi já dava um show. O simples fato de segurar uma guitarra para destros ao contrário bastava para chamar a atenção."[66]

Jimi integrou o grupo The Rocking Kings em 1959. Antes chamado de The Rocking Teens, o The Rocking Kings era formado por James Woodberry no piano e na voz, Web Lofton e Walter Harris no sax tenor, Ulysses Health Jr. na guitarra e Lester Exkano na bateria. Apesar do grupo já ter um bom guitarrista, Jimi causou uma boa impressão durante um show em que grupos diversos competiam. Foi o que lhe garantiu um lugar na banda. "Ele parecia muito sério", lembra o baterista, Lester Exkano. "Não fumava, não bebia. Era um pouco mais selvagem que os outros."[67]

Os Rocking Kings tocavam sobretudo em Seattle e conquistaram uma pequena fama local. Tocavam velhos *standards*, canções de B.B. King ("Every Day I Have The Blues" e "Driving Wheel"), "Blueberry Hill" de Fats Domino e sucessos dos The Coasters, o grupo de doo-wop californiano na moda. "Misturávamos blues, jazz e rock", lembra Lester Exkano. "Tocávamos tudo que fizesse as pessoas dançarem. Era definitivamente um som negro, mas havia brancos que vinham a nossos shows, e todo mundo dançava."[68]

The Rocking Kings foi a primeira banda "de verdade" de Jimi. Era um grupo semiprofissional. James Thomas, o empresário, fazia os agenciamentos. No fim de 1960, durante um show em Seattle, Jimi teve a guitarra roubada. "Ele ficou completamente prostrado", disse Leon. "Mas o pior foi ter que contar a nosso pai e levar uma boa surra."[69] Depois do roubo da preciosa guitarra, vários dos The Rocking Kings o ajudaram financeiramente para que ele pudesse comprar um novo instrumento. Comprou uma Danelectro Silverstone branca por 49,95 dólares e pintou-a de vermelho. Em letras de cinco centímetros, escreveu no instrumento o nome de Betty Jean.

Em 1960, The Rocking Kings mudaram de nome e se tornaram Thomas & The Tom Cats. Os membros da banda haviam mudado um pouco (Perry Thomas ao piano, James Thomas na voz, Web Lofton no sax, Rolland Green no baixo e Lester Exkano na bateria). A chegada de um baixista permitiu a Jimi assumir pela primeira vez o papel de guitarrista. Ele finalmente pôde colocar em prática sua arte guitarrística. Ainda não dominava totalmente as seis cordas, apesar de sua técnica parecer muito natural e suas mãos grandes passearem com facilidade pelo braço. Com Thomas & The Tom Cats tocou em alguns clubes, como o Spanish Castle, que inspiraria a canção "Spanish Castle Magic". Jimi já era espetacular, mas se tornaria um virtuose. Nas costas, atrás da cabeça, com os dentes, todas as posições lhe eram possíveis. Suas acrobacias e outras contorções guitarrísticas, que fazem parte da lenda Hendrix, não eram novidade para a época. Antes dele, guitarristas de blues como T-Bone Walker, Charley Patton e Tommy Johnson faziam esse tipo de atuação.

Em maio de 1961, Jimi, que não tinha carteira de motorista, foi preso num carro roubado. Passou um dia numa prisão preventiva dentro de um estabelecimento para jovens delinquentes. Explicou que havia pegado o carro emprestado de um amigo sem saber que este fora roubado. Quatro dias depois, foi preso uma segunda vez dirigindo outro carro roubado. Foi reconduzido ao centro de detenção para menores, onde passou oito dias. Corria o risco de pegar cinco anos de prisão por cada um dos delitos. Jurou não ter roubado nenhum dos carros, e tampouco saber que eram roubados.

Durante o processo, o juiz foi categórico: ou ele se alistava no exército, ou seria condenado a uma pena que poderia chegar a dois anos de prisão. "Eu tinha acabado de fazer dezoito anos", explicou ele. "Não tinha um tostão na carteira. Entrei no primeiro posto de alistamento..."[70] Primeiro tentou, para atenuar sua pena, unir-se à Força Aérea, mas em vão. "No posto, olharam para nós", recorda Anthony Atherton, que o acompanhava, "e nos disseram que não tínhamos capacidade física para suportar o *g* [aceleração da gravidade] a bordo de um avião".[71] Razão mais provável para a recusa na Força Aérea: Jimi Hendrix e Anthony Atherton eram negros. Jimi se alistou no exército por três anos, na 101st Airbone Division, unidade de paraquedistas. Em Seattle, deixou a família, a namorada, Betty Jean, e a guitarra. Foi incorporado em 31 de maio de 1961 sob o número de matrícula RA 19693532. Após aulas em Fort Ord, na Califórnia, Jimi foi incorporado no dia 8 de novembro à escola militar de Fort Campbell, que ficava na fronteira do Kentucky com o Tennessee. Ele usava o brasão do Screaming Eagle, das divisões de paraquedistas. A respeito de sua experiência de paraquedista, Jimi Hendrix disse ao *New Musical Express*, em 1967: "A cada vez, tinha uma terrível sensação de solidão. Tinha medo de que ele não abrisse. Depois sentia o estrangulamento no pescoço e, de repente, via um magnífico cogumelo branco se abrindo acima da cabeça e sentia o vento assobiando em meus ouvidos. Nesse momento eu voltava a falar comigo mesmo".[72]

Em janeiro de 1962, Jimi pediu ao pai que lhe enviasse a guitarra pelo correio: "Não se preocupe e, quando voltar a me ver, estarei com a insígnia do orgulho no uniforme. Faça a gentileza de me enviar a guitarra assim que puder".[73] No exército, onde passava por marginal (dormia com a guitarra, que o pai de fato enviara), formou uma nova banda, The King Kasuals, com Harry Batchelor (voz), Buford Majors (sax), Leonard Moses (guitarra), Billy Cox (baixo) e Harold Nesbit (bateria). Jimi se tornou muito amigo de Billy Cox. Sete anos depois, o convidaria a fazer parte de seu último trio, Band of Gypsys. The King Kasuals tocava para a caserna e nas bases militares dos arredores, mas também em clubes civis como o Del Morocco, em Nashville.

Jimi não gostava do exército. Segundo ele, foi um ferimento durante um salto de paraquedas, em julho de 1962, que pôs fim a seu serviço militar. "Meu tornozelo ficou preso no *shyhook* no momento do salto e quebrou", explicou ele. "Eu também disse que tinha machucado as costas."[74]

No livro *Jimi Hendrix, l'expérience des limites*, Charles R. Cross teria revelado a verdadeira causa do afastamento. Trata-se de uma hipótese, há controvérsias a esse respeito. Hendrix teria usado do subterfúgio da homossexualidade para ser dispensado. Charles R. Cross explica que Hendrix teria falado diversas vezes com o psiquiatra da base militar a respeito de fortes inclinações homossexuais. Um colega de quarto o tentava à noite, ele não conseguia dormir, se masturbava sem parar, perdeu sete quilos... O subterfúgio teria funcionado. Assim, abreviara seu serviço militar, que durou treze meses. Segundo seus superiores, ele era "um dos mais inúteis" do regimento, não demonstrava "nenhuma das qualidades" necessárias à vida militar. Num relatório de 28 de maio de 1962, o sargento Louis Hoekstra disse que "Hendrix é muito pouco motivado pelo exército, não tem nenhum respeito pela disciplina, precisa de excessiva vigilância e não dá ouvidos aos conselhos de seus superiores".[75] Jimi tinha dezenove anos e, com isso, escapou da guerra do Vietnã, que despontava no horizonte. Estava livre.

"Certa manhã, me vi na frente do Fort Campbell, na fronteira do Kentucky com o Tennessee", lembra Hendrix. "Minha mochila nas costas e trezentos ou quatrocentos dólares no bolso... Era tudo o que eu tinha... Por fim, em vez de voltar para Seattle, fui para os lados de Clarksville..."[76] Clarksville, em Indiana, foi a primeira etapa das várias cidades do sul dos Estados Unidos percorridas por ele. Com a mochila e a guitarra na mão, Jimi estava na estrada.

Nashville

Na estrada. Em Clarksville, Indiana, em Memphis e Nashville, Tennessee, Jimi estava na estrada. Estabeleceu-se por algum tempo em Nashville, a capital da *country music*, mesmo lugar onde Bob Dylan, dois anos depois, em fevereiro de 1966, aos 24 anos, gravou *Blonde on Blonde*, álbum soturno que marcou tanto Jimi Hendrix, Lou Reed e Stevie Wonder quanto Patti Smith e Arcade Fire.

Jimi se tornara um músico profissional. Ele percorria o *Chitlin'circuit*, o circuito paralelo de salas, bares e clubes onde muitos músicos negros (James Brown, Ike e Tina Turner, Otis Redding) se apresentavam longe do público branco. O termo *Chitlin'circuit* (circuito das tripas) abarcava um contexto bastante simbólico. A palavra *chitlin'* é uma contração de *chitterling*, intestino de porco, um dos ingredientes da *soul food*, a cozinha dos negros do Sul, que utiliza pedaços de carne rejeitados pelos brancos, que os deixavam aos escravos no tempo das *plantations*.

O *Chitlin'circuit* designa o conjunto de clubes do sudeste dos Estados Unidos. É o trajeto obrigatório para os músicos que querem se tornar conhecidos, fazer carreira. Nele se apresentavam os principais nomes do rhythm'n'blues, do soul: Sam Cooke, Solomon Burke, Diana Ross e suas Supremes, Jackie Wilson, Bobby Womack à frente dos The Valentinos. Foi no *Chitlin'circuit* que Jimi conheceu, em 1965, o baterista Buddy Miles, integrante da Ruby and The Romantics. Ele o chamaria para o álbum *Electric Ladyland* e, mais tarde, para *Band of Gypsys*.

Na estrada. Jimi estava na estrada. Uma estrada sinuosa que às vezes o levava a lugares improváveis. Numa de suas músicas com tom de manifesto, "Stone Free", hino ao nomadismo e ao individualismo, ele cantou a necessidade de estar em movimento, constantemente, para evitar o desprezo das pessoas. Esse espírito nômade seria afirmado por Hendrix, celebrado em outra canção, "Highway Chile". Como não reconhecer em Hendrix um "filho da estrada"?

A vida de Jimi era a dura vida do músico itinerante. Itinerários improvisados ao sabor dos shows de uma noite, de uma turnê de uma semana, portanto ao acaso de encontros, conivências, afinidades musicais. Errância. De clube em clube, era uma vida pouco vistosa, constituída por *gigs* mal pagos, quando pagos. "Às vezes, alguns eram deixados no meio do nada na estrada porque falavam alto demais no ônibus ou simplesmente porque o líder do grupo lhes devia dinheiro demais"[1], ele explicou à revista musical inglesa *Melody Maker*, em 1969.

Os shows quase sempre eram em bares. As condições de trabalho eram difíceis: horários, tempo de sono precário, salários miseráveis, álcool, drogas (ele tomava anfetaminas muito fortes, cristais de metanfetamina). Jimi desenvolveu úlceras devido à má alimentação:

> Antes de conhecê-lo, Jimi trabalhava em bandas que rodavam os Estados Unidos, de show em show, sem dinheiro, conta Kathy Etchingham, a namorada que Jimi conheceu em Londres, em 1966. Aquilo o marcou, ele tinha cicatrizes nos pulsos. Ele me contou que uma noite, no banheiro de um amigo, ficou tão desesperado que cortou as veias com uma lâmina de barbear. Por pouco não cortou a artéria de um braço. Um amigo o encontrou e o levou ao hospital.[2]

Fosse em Memphis ou Nashville, nas diferentes cidades do Sul onde Jimi se tornava conhecido, ele precisava enfrentar um racismo cotidiano. Difícil imaginar, hoje, o ódio, os insultos e as humilhações que eram suportadas diariamente. Os músicos negros que participavam do *Chitlin'circuit* precisavam determinar com cuidado as diferentes etapas das turnês, os lugares onde comer (em turnê, muitas vezes era preciso viajar com comida, pois os restaurantes não serviam negros), os hotéis onde dormir, os banheiros a serem utilizados, pois em algumas regiões da América branca eram proibidos aos negros. Em Nashville, viu revoltas raciais. As janelas da casa que Jimi ocupava foram quebradas simplesmente porque ele era negro. No livro *Jimi Hendrix, vie et légende*, Charles Shaar Murray explica que, perguntado sobre qual o maior obstáculo encontrado por um artista negro que quisesse alcançar o público branco, Bobby Womack respondeu: "Ser negro".[3] Questionado por Pannonica de Koenigswarter, amiga dos músicos de jazz (Thelonius Monk, Charlie Parker, que morreu em sua casa) sobre quais eram os seus três desejos, Miles Davis respondeu com um só: "Ser branco"![4]

O cantor Solomon Burke, lenda do soul, foi testemunha de um incidente do qual Jimi participou. Em turnê pelo *Chitlin'circuit*, Jimi Hendrix e Solomon Burke estavam no mesmo ônibus, que parou na frente do único restaurante de uma cidadezinha. Sabendo que os afro-americanos não seriam servidos, um baixista branco foi enviado ao restaurante. Sua missão: comprar refeições para levar para todos os músicos. Ele voltou com sacos de comida, que começaram a cair de suas mãos. Jimi correu para ajudá-lo. "Os brancos que estavam presentes compreenderam para quem era destinada a comida", lembra Solomon Burke. "Não resistimos porque sabíamos que eles poderiam nos matar, e o xerife sem dúvida teria ficado do lado deles para ajudar..."[5]

Foram tempos difíceis para Jimi, mas foi também um período de aprendizado importante, ao longo do qual ele experimentou, desenvolveu seu estilo, aperfeiçoou seu jeito de tocar. Em germe, sua técnica já tinha uma arquitetura completa, maestria: força de ataque, velocidade, virtuosidade, fluidez no fraseado, brilho nas improvisações.

De 1961 a 1963, Hendrix aprendeu o ofício, o que lhe foi proveitoso, pois se desenvolvia. Afastado do público branco, experimentava palcos diferentes, expressões musicais variadas, blues, rhythm'n'blues, rock. Hendrix foi um escravo da música, com uma necessidade de escapar da sufocante realidade. Ao lado das drogas e do álcool, a música era a melhor maneira de escapar do real, alucinação produzida pela falta de álcool, como dizem os irlandeses. Jimi se impregnou sobretudo de blues. O blues foi sua matéria (co)movente, extremamente maleável, Jimi a ele se comprometeu de corpo e alma, até as entranhas.

A história do blues, como a do jazz, se confunde com a da América, com a história dos brancos e dos negros, com a história das cidades. Das margens do Mississippi a Nova York. É a história das cidades, Nova Orleans, Chicago, Kansas City, Nova York. O blues e o jazz são músicas de diáspora. A história do blues é feita de trajetórias fulgurantes e dolorosas, de mitologias (álcool, drogas, prisão, extravagância, loucura). O blues e o jazz também são histórias do corpo, histórias de dominação, de violência simbólica. Dos negros pelos brancos. "Fomos despossuídos de nossa língua, e construímos nossa história com essa linguagem: a música"[6], explicou o saxofonista Jackie McLean.

O blues nasceu no final do século XIX, na região do Delta, a noroeste do estado do Mississippi, entre Vicksburg e Memphis. Música nascida de um sincretismo, contato das tradições africanas e europeias, ele é constituído por uma soma de influências em torno do canto dos escravos encorpado por contribuições dos cantos tradicionais irlandeses e gauleses, dos diferentes folclores que coabitaram o sul dos Estados Unidos. O blues reúne o ritmo obsessivo da guitarra e o canto amargo que propaga uma poesia rica em metáforas e subentendidos. Originalmente, a forma do blues é livre. Sua estrutura harmônica vai se fixando progressivamente e resulta numa forma de base articulada em torno de três acordes tocados ao longo de oito, doze ou dezesseis compassos. A forma com doze compassos é a mais corrente. Fala-se então em "*12 bars blues*" (blues de doze compassos).

A palavra "blues" teria vindo de uma velha expressão inglesa, *the blue devils*, "os diabos azuis" que se apossam das pessoas deprimidas. No século XIX, blues nos Estados Unidos é um sinônimo para tristeza ("*I got the blues*", "estou triste"). O blues inevitavelmente evoca o sofrimento e a revolta. O caminho que ele seguiu, do delta do Mississippi até o norte, em Chicago, foi o caminho seguido pelos *runaways*, os escravos que fugiam do sul escravagista e tentavam chegar a Cairo, que marcava a fronteira entre o norte e o sul, a linha divisória entre escravagistas e abolicionistas, entre servidão e liberdade.

Quantos blues começam com "*I woke up this morning*"*? As canções quase sempre falam da vida cotidiana e contam uma história. Essa influência, esse envolvimento com o cotidiano, aliado à aparente simplicidade musical (a sequência de doze compassos), fizeram o sucesso do blues, que constitui o substrato primordial das músicas negras americanas. E ao mesmo tempo que se desenvolveu como um gênero em si mesmo, mas à margem, ele formou o alicerce de inúmeros gêneros musicais: o jazz, o rock, o soul, o disco, o rap.

Esse blues foi, para Jimi Hendrix, a fonte, uma eterna fonte de música. O blues é o canto da paixão, da dor e da solidão, ele é identificado com as queixas do colhedores de algodão. Os clichês perduram, persistem. O blues não passa de uma história de melancolia, de tristeza, acompanhada por todos os infortúnios do mundo e outras dores da alma, o abandono, a doença, a miséria, o sofrimento, a errância, a solidão, o alcoolismo, o racismo, o ódio, o desespero e o irreversível, a morte. À imagem do jazz, o

---

* "Acordei esta amanhã."

blues é a unicidade indissolúvel do eros, da alegria e do sofrimento. Ele é aquilo que liga. O guitarrista Vernon Reid, fundador do Living Colour, concorda: "Não faço distinção entre [Eric] Dolphy, Sly [Stone], [Thelonious] Monk e [John] Coltrane, porque há uma coisa que une todos eles, o blues. O blues é aquilo que liga [Ornette] Coleman a The Temptations ou Hendrix a Coltrane".[7]

Em turnê pelo *Chitlin'circuit*, quando comprou uma guitarra Les Paul de 1955, Jimi conheceu outro canhoto mestre do blues, que exerceu uma grande influência sobre ele, Albert King. Os modelos de Jimi eram, na época, Muddy Waters, Elmore James, Jimmy Reed e B.B. King, que estabeleceram as bases da moderna guitarra de blues. "Era um grande músico de blues"[8], reconheceu Johnny Winter. Em 1994, Alan Douglas e Bruce Gary tiveram a boa ideia de reunir em disco – uma antologia intitulada *Jimi Hendrix: blues* – toda uma série de blues, quase todos de sua autoria, que acompanharam seu percurso musical de 1966 a 1970: uma belíssima versão acústica de "Hear My Train A Comin'", "Born Under A Bad Sign", "Catfish Blues", "Voodoo Chile Blues", "Mannish Boy", "Once I Had A Woman", "Bleeding Heart", "Jam 292", "Electric Church Red House", uma versão elétrica de "Hear My Train A Comin'" e "Red House". Hendrix tocou muito este último. Existem várias belíssimas versões de "Red House", que constou do primeiro álbum da Experience, como as versões gravadas na San Diego Arena, em maio de 1969, e no New York Pop, na Randall's Island, em julho de 1970. Esse blues de forma clássica (doze compassos) poderia sozinho representar a quintessência da arte hendrixiana.

O blues foi o fértil substrato, a matriz, o receptáculo, o trampolim para todas as invenções de Hendrix, para todas as suas fulgurações. Foi no mínimo original, singular. Sob racismo da América branca, com o apartheid sofrido no cotidiano, a dignidade de homem negro desrespeitada, assim foi a dura realidade de Jimi nesses anos de aprendizado da música e da vida. É preciso ver isso claramente para compreender o fenômeno Hendrix. A memória de dois crimes pesava sobre a história americana: o extermínio dos índios e a escravidão dos negros. No espaço de três séculos, 14 milhões de africanos foram deportados para o solo norte-americano para serem escravizados, subjugados de corpo e alma. A energia solar que Hendrix desdobrava na música, sua violência, por mais positiva e pacífica, também deriva da situação política repressiva de seu país natal. Sobretudo porque Jimi Hendrix, por sua tripla origem familiar, representava um perfeito condensado da América do século XX.

> Hendrix era uma pessoa que não podia passar despercebido... Era alguém que ia contra a ideia de que os negros não servem para nada, explica Vernon Reid. Ele apenas disse: "Sou alguém" e tinha talento para prová-lo.[9]

Jimi Hendrix foi contemporâneo exato da segregação racial e da história política em curso – a do movimento dos direitos civis, das reivindicações políticas, das utopias libertárias, da emergência das contraculturas (poesia, música pop, rock, ácidos), das tensões da Guerra Fria, da Guerra do Vietnã – e, tenho vontade de dizer, foi seu epicentro, sua resultante. Na linguagem corrente, "epicentro" significa: foco, centro. No sentido próprio do termo, o epicentro designa, num terremoto, o ponto da superfície onde primeiro chega a onda sísmica. Nesse sentido, Hendrix não foi apenas um homem de seu tempo. Pois depois de se tornar mundialmente famoso e ter alcançado a condição de estrela do rock, Hendrix não se tornou apenas um ícone impresso numa camiseta pelos adolescentes do mundo inteiro, como Che Guevara, mas o símbolo de uma época.

> Os garotos negros pensam, hoje, que a música é branca, mas não é verdade..., explicou Hendrix. A discussão não é entre negro e branco: trata-se apenas de um jogo inventado pela sociedade para nos colocar uns contra os outros... e o mais engraçado dessa história é que não podemos mais sair dessa velha rixa. É muito fácil dizer o que é negro e o que é branco. Podemos ver a diferença. Mas se quisermos ir até o fundo, o verdadeiro problema é entre o jovem e o velho – não pela idade, mas pela maneira de pensar. O antigo e o novo, na verdade. Não o jovem e o velho... a maioria [das pessoas] segue o rebanho. O que não é uma má ideia. É verdade, não é mesmo? É por isso que temos os Black Panthers, e, na frente, o rebanho da Ku Klux Klan. Tudo é rebanho...[10]

Hendrix diria, a propósito dos Black Panthers: "Eles vêm a meus shows, e eu sinto que eles estão ali – não fisicamente, mas por um raio mental. É uma coisa espiritual".[11] Hendrix várias vezes foi abordado, solicitado pelos Black Panthers, que com certeza viram nele um símbolo que lhes podia ser útil no combate político. Solidário com a causa de seus irmãos negros, pacifista, ele se comprometeu com a igualdade de direitos e com a paz no mundo, mas, ferozmente independente, sempre se recusou a ser recrutado por qualquer tipo de partido. Nunca fez parte dos Black Panthers, sobre os quais foi muito crítico quando começaram a se tornar violentos, mas os apoiou algumas vezes. Não financeiramente, mas moralmente. Uma canção como "Straight Ahead" repassa as ideias, os slogans do movimento Black Power. Em junho de 1969, durante um show em Newport, ele apresentou "Voodoo Child" e declarou: "É uma canção de militância negra, não esqueçam!".[12] Num show no final de dezembro de 1969, em Nova York, no Fillmore East, à frente da Band of Gypsys, Hendrix apresentou a mesma canção, "Voodoo Child", sobre suas origens, como o hino nacional dos Black Panthers.

"Hendrix redefiniu a cultura negra... No entanto, trabalhava num estilo negro quase arcaico... É bastante extraordinário que tenha construído sua música sobre a forma mais primitiva do rock elétrico", disse em 1987 o baterista e cantor inglês Robert Wyatt, que, com o Soft Machine, participou de duas turnês norte-americanas da The Jimi Hendrix Experience, em 1968. "Noite após noite, depois de deixar todos boquiabertos, o grande momento do show, em que todos prendiam a respiração, era 'Red House'. Fazia-se um silêncio, ele mesmo ficava mais calmo, cantava, tocava, e nem precisava mais da banda. O núcleo de tudo isso era John Lee Hooker, esse tipo de coisa, no fim das contas... apenas o country-blues, com seus caras de voz muito doce, quase um murmúrio, como Jimmy Reed. Nos primórdios do blues, havia muitos cantores intimistas. Não era como Little Richard ou Otis Redding, com suas grandes declarações, ajoelhados no chão, era um jeito completamente diferente, o de Robert Johnson. No meio de todo aquele redemoinho, ele se tornava tão intimista como um cantor de country-blues."[13]

Jimi gostava muito dos primeiros discos de Muddy Waters e de John Lee Hooker. Lembrou deles ao gravar *Electric Ladyland*. O estilo de guitarra rítmica de Jimi, como em "Little Wing", do álbum *Axis: Bold As Love*, se inspirou, mas de maneira mais complexa, no estilo desenvolvido por Curtis Mayfield, que ele reconheceu como uma de suas principais influências. O guitarrista Mike Bloomfield declarou à *Guitare & Claviers*:

> Para tocar o rhythm & blues, Hendrix era de longe o maior especialista que pude ouvir no estilo de música desenvolvido por Bobby Womack, Curtis Mayfield e Eric Gale, entre outros. Tenho a impressão de que não houve nenhum estilo de guitarra que ele não tenha ouvido ou estudado, inclusive a guitarra havaiana e a Dobro. Em seu jeito de tocar, podíamos claramente ouvir Curtis Mayfield, Wes Montgomery, Albert King, B.B. King e Muddy Waters. Jimi era o mais negro dos guitarristas. Sua música emanava das formas musicais mais

antigas, pré-blues, como a música cantada no trabalho da terra ou as melodias gospel. Segundo o que pude apurar, não havia gênero de música negra que ele não tivesse ouvido ou estudado, mas ele gostava principalmente das formas antigas da música negra, o que transparecia em seu jeito de tocar. Muito se falou de Son House e de velhos bluesmen, mas o que o fascinava eram os velhos discos de Muddy Waters e John Lee Hooker, em que a guitarra é tremendamente amplificada e aumentada pelo estúdio, para dar-lhe uma presença que ela na verdade não tinha. Ele conhecia aquilo: podemos ouvir todos os truques de John Lee Hooker e Muddy Waters na versão longa de "Voodoo Child" (*Electric Ladyland*). Nunca o ouvi tocar qualquer coisa que se parecesse com jazz, mas o ouvi tocar como Mahavishnu (John McLaughlin). Ele procurava tocar as melodias com um *sustain* permanente; ele mergulhou no *feedback* depois dos The Yardbirds e outros grupos ingleses. Acho até que o ouvi falar de *Beck's Bolero*.[14]

É difícil estabelecer a lista completa dos guitarristas de blues que influenciaram Hendrix. Mas é possível ter uma ideia relativamente exata de suas principais influências por suas releituras em shows: Albert King ("Born Under A Bad Sign"), B.B. King ("Rock Me Baby"), Elmore James ("Bleeding Heart"), Freddie King ("San-Ho-Zay"), Hubert Sumlin, o guitarrista de Howlin'Wolf ("Killing Floor"), Muddy Waters ("Hoochie Koochie Man" e "Catfish Blues"), Albert Collins ("Drivin South"), mas também Robert Johnson. Quando do show em Paris, no Olympia, em 9 de outubro de 1967, Jimi interpelou o público: "Vocês ouviram falar de Muddy Waters? E de John Lee Hooker?".[15]

A guitarra de Jimi conhecia as *blue notes*, as notas tristes do blues, a terça e a sétima menores. A guitarra elétrica – que se tornaria o instrumento símbolo do rock – era utilizada por T-Bone Walker desde 1937. As primeiras orquestras de jazz tinham preferido o banjo à guitarra. T-Bone Walker, mas também Leadbelly, Big Bill Broonzy e Robert

Johnson foram os bluesmen que adotaram as seis cordas na virada do século XX. O violão clássico europeu fora americanizado no século XIX com a adoção de cordas metálicas num braço mais estreito do que no modelo europeu. Depois de ficar muito tempo confinado às tarefas ingratas do acompanhamento, o violão saiu da sombra graças à amplificação, que o levou à frente do palco. Eddie Durham, em 1937, e depois Charlie Christian foram os primeiros a tocar o violão elétrico. Como o trompete, o clarinete ou o saxofone, ele se tornou um instrumento solista com plenos direitos, autônomo nos planos rítmico, harmônico e melódico. O violão descenderia do corá africano. Na verdade, as origens do instrumento são obscuras: instrumentos similares foram utilizados na Antiguidade. Existem representações assírias, que remontam a mais de mil anos antes da era cristã. A palavra guitarra vem do grego *kithara*, o que nos permite supor que ela derivaria das cítaras grega e romana, as quais se acrescentou um braço. O violao parece ter sido introduzido na Espanha por volta da Idade Média, vindo dos países árabes ou persas. O violão clássico, tal como conhecido hoje, tinha inicialmente quatro cordas e, no fim do século XVII, ganhou uma nova forma e seis cordas. Ele se tornou popular a partir do século XIV, apreciado por Ronsard e Henrique VIII. Foi no século XVII que o violão ganhou sua forma atual: fundo chato, braço longo, caixa de ressonância oval ligeiramente fechada na parte central.

A guitarra elétrica, tal como utilizada por Hendrix, tem seis cordas metálicas (das quais três são fiadas) com a afinação tradicional (mi, lá, ré, sol, si, mi). Ela é construída sem caixa de ressonância, ou com uma caixa reduzida. O som é captado por microfones. Foi Lloyd Roar, engenheiro da fábrica de instrumentos musicais Gibson, quem colocou os microfones no instrumento, em 1923. Oito anos depois, em 1931, foi comercializado o primeiro modelo de guitarra elétrica, chamado "Frying Pan" (frigideira) devido a seu formato. A seguir, nos anos 1940, foi inventado o corpo maciço, na chamada *solid body*. Leo Fender aperfeiçoou a Broadcaster, que foi comercializada em 1948. Enquanto isso, Les Paul concebia com Ted Mac Carty, dono da Gibson, a primeira "Les Paul", lançada em 1952. Dois anos depois, em 1954, Fender comercializou a lendária Stratocaster, que foi adotada por inúmeros guitarristas, dentre os quais Jimi Hendrix.

Alguém disse que é muito fácil tocar guitarra, bastam dez anos para cada corda. Jimi logo se fundiu com seu instrumento, como dissemos. A guitarra se tornou uma extensão de seu corpo. "Quando o vemos tocar, a guitarra e o corpo formam a mesma coisa", disse o engenheiro de som Eddie Kramer, "como se não houvesse atividade cerebral."[16] Jimi tinha a música no corpo, como a guitarra. Penetrada diretamente pelos desejos, pelas pulsões, pelos ritmos, a música nunca teve outra origem que corpo. E Jimi tocava guitarra com o corpo inteiro.

> A guitarra de Hendrix parece uma extensão natural de seu corpo, podemos ler no *Seattle Post-Intelligencer* em 1967, após seu show em Monterey. As diferentes posições que ele assume para tocá-la parecem decorrentes de emoções, como se contentar-se em segurar a guitarra normalmente não lhe permitisse expressá-las todas. A impressão é que se chegasse a largar a guitarra a música continuaria fluindo de dentro dele.[17]

Jimi estava na estrada. Foi nela que de fato aprendeu a tocar. Percorreu os clubes do Tennessee com The King Kasuals. Apesar de não totalmente maduro, se fazia notar tocando a guitarra com os dentes ou atrás da cabeça. "Jimi já utilizava os *feedbacks* como efeito sonoro e tocava alguns solos com os dentes"[18], lembra Billy Cox.

Tocar com os dentes era, como dissemos, uma prática corrente dos guitarristas do *Chitlin'circuit*. Mesmo assim, vários foram os que quebraram... os dentes. Tratava-se de impressionar o público, de garantir o espetáculo. "No Tennessee, se você não sabe tocar com os dentes, você é despedido", explicou Hendrix. "Há muitos sujeitos com dentes quebrados no meio musical lá. Uma vez, vi um cara tentar fazer isso e perder três dentes! Eles não conhecem o segredo do meu sucesso: uma vida saudável."[19]

Em 1964, Jimi teve suas primeiras sessões de gravação com o saxofonista Lonnie Youngblood. "Era um nômade", conta Lonnie Youngblood. "Jimi viajava o tempo todo, a guitarra numa mão, a mochila de roupas na outra. Ele nunca ficava muito tempo no mesmo lugar."[20] Depois, ao longo de um mês, o guitarrista (Jimi ainda não cantava) acompanhou The Marvelettes e The Impressions, ao lado de Bob Fisher & The Barnevilles, depois tocou com Bobby Taylor & The Vancouvers, no Canadá, durante o inverno de 1963. De volta a Nashville, Hendrix foi contratado por "Gorgeous" George Odell. Ele também frequentava, às vezes como guitarrista, às vezes como simples *roadie*, Jackie Wilson, Sam Cooke, Slim Harpo, Tommy Tucker, The Supremes e The Valentinos.

Jimi se via cada vez mais enquadrado e encerrado num papel, o de simples acompanhante. Sua sensibilidade e sua criatividade eram freadas. "Tocar as mesmas notas, o mesmo ritmo, me fazia mal", contou ele. "Eu queria meu próprio palco, minha própria música. Sempre tive a sensação de que, se mantivesse a mente clara, um dia conseguiria aparecer. Levou tempo, muitas vezes toquei por quantias ridículas, mas eu pensava que valia a pena. Eu não teria aguentado nenhum ano a mais acompanhando os outros."[21]

Por mais que os encontros musicais fossem frutíferos – à imagem do jazz, tratava-se também de uma música que era criada e vivida no momento, em conjunto, uma prática musical em que um dependia do outro –, Jimi levava uma vida dura na estrada. "Esse negócio de música pop é mais difícil do que se pensa", ele disse. "É irritante e acaba com a sua cabeça. As pessoas que trabalham na beira da estrada não sabem a sorte que têm."[22]

Então Jimi foi tentar a sorte em outro lugar, onde batia o coração da música americana: Nova York. Janeiro de 1964, rumo à Grande Maçã.

Nova York

No início de 1964, quando Jimi chegou a Nova York, onde tudo acontecia, para o bem e para o mal, a cena musical pop-rock da Big Apple estava em plena efervescência. Nova York era a cidade das possibilidades, onde soprava um vento de liberdade que agradava a Jimi.

Ninguém o esperava em Nova York. Com apenas um punhado de dólares no bolso para enfrentar o cotidiano por alguns dias, Jimi se instalou num hotel da 125th Street, no Harlem, pulmão negro e artístico da cidade. À procura de trabalho, frequentou diferentes clubes, o Small's Paradise, o Palm Café. No primeiro mês, visitou o Apollo Theater, no Harlem. Até hoje a "Noite dos amadores" (*Amateur Night*), que ocorre todas as quartas-feiras, permite que os jovens e menos jovens talentos desconhecidos do público subam ao palco. O "Amateur Night Show", lançado em 1934 sob a direção de Ralph Cooper, permitiu a descoberta, entre outros, de Ella Fitzgerald, Billie Holiday, Celia Cruz, Diana Ross & The Supremes, Gladys Knight & The Pips, Patti LaBelle, Marvin Gaye, Aretha Franklin, Stevie Wonder, Ben E. King, The Isley Brothers, Smokey Robinson e, mais tarde, Lauryn Hill, Mariah Carey, Michael Jackson, mas também James Brown (que voltou ao palco do Apollo em 1962, onde também gravou o álbum *Live At The Apollo*, em 1963). Do espírito do lugar nasceu uma expressão emblemática, utilizada como slogan, que fazia sonhar inúmeros negros americanos em busca de ascensão social: "*Apollo Theater: where stars are born and legends are made*" ("Teatro Apollo, onde nascem estrelas e se fazem lendas"). O concurso de quarta-feira à noite é uma instituição, é um torneio de amadores muito valorizado pelos artistas em potencial e pelo público.

Numa noite de janeiro de 1964, Jimi obteve o primeiro lugar e embolsou 25 dólares, o que lhe permitiu sobreviver por mais alguns dias. O dinheiro era escasso. Ele levava uma vida de boêmio. Às vezes, precisava seguir uma garota que lhe agradasse para poder dormir embaixo de um teto. Jimi tinha várias relações, com frequência encontros noturnos. Algumas de suas conquistas o ajudavam. Recebeu uma proposta de trabalho no tráfico de drogas, mas recusou. Somente a música lhe interessava. "As pessoas diziam: 'Se não tiver um trabalho, vai morrer de fome'. Mas eu não queria trabalho fora da música. Tentei alguns, como entregador a domicílio, por exemplo, mas sempre desistia depois de uma semana."[1]

Pouco tempo depois de chegar a Nova York, Jimi conheceu no Harlem uma jovem afro-americana de dezenove anos muito bonita, Lithofayne Pridgeon, nativa do Harlem, amante de música, especialmente de Otis Redding e James Brown. Alguns a chamavam de "Apollo Fayne", pois ia muito ao Apollo Theater. Em seu primeiro encontro com Jimi, levou-o para jantar. Num artigo para *Gallery*, Lithofayne Pridgeon escreveu que sua relação com Hendrix estava baseada no sexo. "Todas as nossas atividades aconteciam na cama", escreveu. "Ele ia para a cama com a mesma graça de um motorista de caminhão carregado com madeira do Mississippi atacando um pão de milho depois de dirigir por dez horas ao sol. Ele também era muito criativo. Havia repetições e repetições..." Segundo ela, o apetite sexual de Jimi era insaciável: "Às vezes, ele quase me quebrava em duas". A única paixão equivalente ao sexo em intensidade era seu amor pela guitarra. Fayne tinha então a impressão de competir "não com uma mulher, mas com uma guitarra".[2]

Por intermédio de Fayne, Jimi conheceu os gêmeos Arthur e Albert Aleem, antigos músicos convertidos à venda de drogas. "Gostamos dele imediatamente", lembra

Tunde-Ra Aleem. "Ele era de fato muito perspicaz para sua idade."[3] Sempre graças a Fayne, Jimi conheceu um antigo namorado dela, Sam Cooke, um dos pais do soul, autor de "A Change Is Gonna Come", uma das canções do movimento pelos direitos civis que, gravada em 1963, foi retomada por Otis Redding. Sam Cooke, que morreu cedo, em dezembro de 1964, aos 32 anos, era muito popular. Jimi o convidou a fazer parte de seu conjunto.

A sorte parecia sorrir a Jimi quando, em fevereiro de 1964, o guitarrista Tony Rice, por um tempo associado a Joe Tex, apelidado de "The Preacher", figura marcante do nascente soul que se destacava por um estilo próximo ao de James Brown, o recomendou a Ronnie Isley, do The Isley Brothers. Jimi logo se uniu ao grupo, composto originalmente por quatro irmãos, O'Kelly, Rodolpho, Ronald e Vernon Isley, que tinham aprendido a cantar na igreja. Do gospel ao disco, passando pelo doo-wop, pelo rhythm'n'blues, pelo soul, pelo funk e pelo rock'n'roll, o som deles abarcava todo o espectro da música negra americana; motivo pelo qual, provavelmente, o grupo teve uma longevidade excepcional, quase cinquenta anos de carreira. O quarteto vocal foi reduzido a um trio após a morte trágica de Vernon. Os Isley Brothers gozaram de um franco sucesso em 1962, com uma canção de estrutura melódica semelhante à de "La Bamba", "Twist And Shout", que mais tarde foi retomada por bandas como The Kinks e os Beatles em seu primeiro álbum, *Please Please Me*.

Em março de 1964, Hendrix participou de uma importante sessão de gravação ao lado do cantor Don Covay, que marcou o soul dos anos 1960 com composições para Solomon Burke e Aretha Franklin, dentre as quais "Chain Of Fools". "Mercy, Mercy" e "Can't Stay Away" foram reeditadas em 2010 na caixa *West Coast Seattle Boy – The Jimi Hendrix Anthology*. "Mercy, Mercy", que foi regravada pelos Rolling Stones no álbum *Out Of Our Heads*, de 1965, e "Can't Stay Away", de Don Covay & The Goodtimers, ambas lançadas pela Rosemart Records, foram distribuídas em agosto de 1964 pela Atlantic Records.

Os Isley Brothers fundaram seu próprio selo, o T-Neck. "Testify (Part 1 and 2)" foi o primeiro título dos Isley Brothers no qual ouvimos claramente Jimi na guitarra. Foi em abril de 1964 que ele tocou em sua primeira Fender, uma Duo-Sonic comprada no Manny's NYC por O'Kelly Isley para substituir sua guitarra anterior, uma Wilshire, que havia sido roubada. Custou 160 dólares. De cor amarela, tinha dois amplificadores simples (um no cavalete, outro no braço). O vibrato original dessa guitarra não era Fender, pois era do sistema "Tremtone" de Epiphone. Jimi Hendrix e Fender, a partir de então, se tornam indissociáveis.

Na primavera de 1964, uma turnê levou os Isley Brothers da costa leste, no *Chitlin'circuit*, até as Bermudas. De volta a Nova York, Jimi e os Isley Brothers retornaram ao estúdio e gravaram várias músicas. Jimi se dava bem com os membros do conjunto, mas o papel de guitarrista acompanhante era limitado demais para ele. Um curto solo de guitarra a cada noite não era suficiente. A formatação musical imposta e as regras de vestimenta não lhe agradavam. "Eu precisava me submeter", explicou numa entrevista de 1967. "Usávamos casacos de mohair branco, sapatos de couro envernizado. Não tínhamos o direito de subir no palco com o ar natural. Se os cadarços estivessem diferentes um do outro, recebíamos uma multa de cinco dólares. Ah, cara, como eu estava cansado daquilo!"[4] Em Nashville, em novembro de 1964, Jimi saiu dos Isley Brothers e se ligou, numa curta turnê, a "Gorgeous" George Odell, conhecido no circuito rhythm'n'blues por usar uma peruca loira.

Mas Jimi perdeu o ônibus da turnê de Odell. Ou não estava com muita vontade de continuar aquela aventura. Seja como for, viu-se sozinho em Kansas City. "Eu não tinha nenhum tostão, veio um grupo e me levou a Atlanta, na Geórgia."⁵ Não sabemos que grupo foi esse. Num restaurante de Atlanta, Jimi conheceu Glen Willings. Este fazia parte dos The Upsetters, a orquestra de Little Richard. Feitas as apresentações, Jimi explicou-lhe que procurava trabalho. Willings levou-o para fazer um teste para Little Richard, que logo o aceitou.

Jimi, que se fazia chamar de Maurice James, em homenagem ao guitarrista Elmore James, foi contratado em janeiro de 1965 por Little Richard. Acompanhou-o em estúdio na gravação de três músicas, dentre as quais "I Don't Know What You've Got But It's Got Me", que chegou ao 92º lugar das paradas americanas em 27 de novembro de 1965. "Quando o contratei, era uma estrela", contou Little Richard, não sem exagero. "Sly disse: 'Todo homem é uma estrela'. Mas nem todos receberam a luz divina. Esse é o problema. Você precisa ter recebido a luz e ter sido investido de uma missão divina. E os homens compreenderão e glorificarão a Deus."⁶

Richard Wayne Penniman, o Little Richard, simbolizava o triunfo do rock negro. Na América branca, Elvis Presley, o jovem branco de Memphis, fizera com que aquela música lasciva e imoral herdada diretamente do gospel e do rhythm'n'blues dos anos anteriores, o rock'n'roll, fosse aceita. Com Chuck Berry, Fats Domino e Bo Diddley, Little Richard foi um dos primeiros músicos negros a conhecer os favores do público branco. Com "Tutti Frutti", gravada em 1955, e sua extravagante interjeição de abertura, o antigo lavador de pratos da estação de ônibus de Macon, na Geórgia, chegou ao panteão da música popular criando uma fusão, mistura impressionante e não menos inovadora de gospel, rhythm'n'blues e rock'n'roll. A energia frenética que Little Richard exalava, verdadeiro transe dionisíaco, marcou de modo duradouro James Brown, mas também Jimi Hendrix, Mick Jagger e Prince. A passagem de Jimi pela banda de Little Richard o influenciou. Ele copiou seu gosto pelas roupas extravagantes, sua presença de palco e, provavelmente, seu bigode fino.

No âmbito da turnê com os The Upsetters de Little Richard, Jimi passou a noite de Ano Novo de 1964 no Californian Club de Los Angeles. Assistiu a um show de Ike e Tina Turner. No palco, viu uma cantora surpreendentemente parecida com sua mãe, Rosa Lee Brooks, de vinte anos. "Você se parece com minha mãe", ele lhe disse. Eles se beijaram à meia-noite. "Festejamos o Ano-Novo a noite toda, até o amanhecer"[7], lembra Rosa Lee Brooks. Jimi se queixou à cantora a respeito de Little Richard, da maneira como era tratado, do assédio que sofria, da música estereotipada que precisava tocar noite após noite. E confessou que estava começando a escrever canções para uma futura carreira solo.

Em 1965, Rosa Lee Brooks gravou um *single*, "My Diary", no qual Jimi tocou a parte da guitarra. Ele também participou da sessão de gravação de Arthur Lee, futuro fundador do grupo Love, em 1965, com quem Jimi desenvolveu uma grande amizade. O lado B, "Utee", tem pouco interesse, mas em "My Diary" ouvimos uma bela parte de guitarra assinada por Hendrix num estilo próximo ao de Curtis Mayfield.[8]

Apesar da forte sensação de aprisionamento, a temporada de Hendrix com os Upsetters de Little Richard, ao longo de seis meses, foi muito proveitosa. Sua maneira de tocar e seu estilo se firmaram. Além disso, Little Richard foi não apenas um exemplo para ele, mas um catalisador; ele lhe ensinou o rock'n'roll. Tímido, tão pouco seguro de si, Jimi se metamorfoseou num músico completo que, no palco, guitarra na mão, fazia de tudo. "Quero fazer com minha guitarra aquilo que Little Richard faz com a voz"[9], disse Jimi. Na época, ele tocava numa Fender Jazzmaster Sunburst de 1959.

"Jimi sabia tocar rock", confirmou Little Richard. "Na época, eu cantava rock'n'roll. Ele fazia coisas que me deixavam arrepiado... até os dedos do pé. Ele era tão bom. Ele se entregava até o fim. E é isto que queremos: tudo ou nada."[10]

Little Richard era o líder da banda, a estrela, devia ser o único a ser olhado no palco. Jimi se inspirou em seu look. "Acho meu corte de cabelo *groovie*", disse. "Melhor do que ter cabelos lisos. Cabelos são como vibrações. Da maneira como os uso, tenho vibrações saindo em todas as direções".[11] No fim de julho de 1965, Hendrix foi definitivamente dispensado da orquestra de Little Richard por perder (voluntariamente) o ônibus da turnê para Nova York. "Não éramos pagos fazia cinco semanas e meia. Quando você está na estrada, não pode viver de promessas", disse Hendrix. "Fui embora..."[12]

Jimi foi confrontado com temperamentos fortes, egos desmedidos de músicos como Little Richard ou Bobby Womack. Eles às vezes ficavam ressentidos com sua forte personalidade musical, com suas roupas vistosas e seu carisma no palco. As regras eram estritas com Little Richard. Como dissemos, os músicos recebiam uma multa de cinco dólares se não usassem o uniforme, se o corte de cabelo não fosse o regulamentar etc. Certa noite, cansado do uniforme da banda, Jimi vestiu uma camisa de cetim. Depois do show, Little Richard o repreendeu e o multou. "Sou Little Richard", exclamou. "Sou o único Little Richard! Sou o Rei do Rock'n'roll e sou o único a ter o direito de ser bonito. Tire essa camisa!"[13]

Quando Jimi deixou Little Richard, se uniu a Ike e Tina Turner para um show. Ike explicou que Hendrix tocou com eles durante um curto período, até seus solos se tornarem "tão elaborados que iam além dos limites".[14] Dispensado, Jimi voltou para a banda de Little Richard. Ele e Jimi se enfrentavam regularmente. Durante um show em Huntington,

Califórnia, em abril, ele fez todos os números que Richard havia banido. "Tocou a guitarra com os dentes, tocou com o instrumento na nuca e fingiu beijar a guitarra", lembrou Rosa Lee Brooks. "Todos ficaram alucinados."[15] Principalmente Little Richard, que se recusou a pagar-lhe pelo show.

Enquanto músico acompanhante na orquestra de Little Richard, Jimi ganhava duzentos dólares por mês, um salário respeitável do qual com frequência era descontado o valor das multas. Depois de um show em Washington, Jimi perdeu o ônibus. Alcançou o grupo, mas seu lugar foi colocado em questão. Segundo Jimi, foi ele quem deixou Little Richard. Robert Penniman, irmão de Richard e diretor geral de suas turnês, contou outra versão dos fatos ao escritor Charles White: "Despedi Hendrix... Era um tremendo guitarrista, mas nunca estava no horário. Estava sempre atrasado para o ônibus, flertava com as garotas, coisas do tipo".[16]

"Jimi queria vencer. Não o incomodava ter o ar barroco, como eu", disse Little Richard. "Eu era assim antes dele, e foi o que lhe deu confiança, e com que resultado, meu Deus." Hendrix "adorava os lenços que eu usava na cabeça e minhas roupas extravagantes, [...] mas ele não tocava meu tipo de música. Ele tocava mais blues, como B.B. King. Mas se metia no rock, era um bom sujeito. Depois começou a se vestir como eu, e deixou o bigode crescer".[17]

Dispensado por Little Richard no verão de 1965, Jimi voltou a Nova York. Voltou aos Isley Brothers por um mês, com quem gravou um *single* em agosto, "Move Over And Let Me Dance". Ele podia se expressar com esse grupo mais do que com Little Richard. "Quando estava com os Isley Brothers, eles me deixavam fazer minhas coisas porque rendia para eles. Mas enfim, era legal, pois com os outros eu não podia fazer isso."[18]

Enquanto isso, Jimi se questionava. Estava pouco satisfeito com a vida de músico acompanhante, frustrado tanto musicalmente quanto financeiramente. Tentou se impor como músico de estúdio. Em julho, ofereceu seus serviços a várias casas gravadoras. Submeteu várias canções a Juggy Murray, da Sue Records, produtor de "I've Got A Woman", de Jimmy McGriff, que foi um hit em 1962 – ele trabalhava com várias bandas de rhythm'n'blues –, mas elas não chamaram sua atenção. Em contrapartida, Juggy Murray lhe ofereceu um posto de guitarrista. Jimi aceitou na hora. Um contrato oficializou a proposta de dois anos, que Jimi assinou sem ler. O selo de Juggy Murray passava por dificuldades financeiras naquele ano, e Jimi não foi obrigado a cumpri-lo até o fim.

Jimi encontrou trabalho num estúdio, foi contratado por M. Wiggles, que dirigia uma banda de rhythm'n'blues. Tocou numa série de músicas para o selo Golden Triangle. "Era um furacão com sua guitarra"[19], recorda Wiggles.

> Estou começando tudo de novo, escreveu Jimi ao pai numa carta de 8 de agosto de 1965, assinada Maurice James. Quando tocamos atrás de outras pessoas, é difícil ficarmos conhecidos como se tocássemos sozinhos. Mas peguei a estrada com outras pessoas para ficar exposto ao público e ver como as coisas acontecem e, principalmente, para entender como funciona. E depois lançarei um disco, e algumas pessoas me conhecerão e poderão comprá-lo.

E acrescentou:

> Daqui a três ou quatro meses, pode ser que você ouça no rádio um disco meu que soará terrível, não tenha vergonha, espere apenas que o dinheiro comece a chegar.[20]

Em outubro de 1965, Jimi morava num hotel barato no centro da cidade, o Hotel America. No início do mês, conheceu o guitarrista Curtis Knight, que era o líder dos The Squires. Músico, era principalmente como proxeneta que Curtis Knight ganhava a vida. "Era um cafetão que tinha uma banda"[21], lembra Lonnie Youngblood. Jimi e Curtis Knight simpatizaram um com o outro. Este o convidou a entrar nos Squires. Jimi tinha colocado a guitarra no prego para pagar o aluguel. Curtis Knight emprestou-lhe uma guitarra e convenceu-o a fazer parte de sua orquestra.

Diferente de Mick Jagger ou James Brown, Hendrix não era um homem de negócios, nunca foi. Era acima de tudo um músico. "Ele nunca lia um contrato. Chegava, assinava e ia embora"[22], contou Juggy Murray. Em 15 de outubro de 1965, Jimi assinou, por um dólar e 1% dos royalties das vendas das gravações, um contrato com a produtora de Ed Chalpin, produtor da Curtis Knight & The Squires. À frente da PPX Productions, Ed Chalpin era especialista em gravar novas versões de sucessos americanos, que distribuía nos mercados estrangeiros.

Uma das sete cláusulas do contrato era de exclusividade em benefício de Chalpin. O contrato estipulava que Jimi devia "compor e tocar e/ou cantar exclusivamente para PPX Entreprises Inc., por um período de três anos". A PPX possuía "os direitos exclusivos de exploração dos produtos originais", e, como compensação financeira, Jimi receberia "um dólar"[23], cláusula contratual padrão na época, pois os direitos autorais nunca eram pagos adiantados.

Jimi leu os termos do contrato antes de assiná-lo? É provável que não. "Ele ficou contente em assinar", lembra Ed Chalpin. "Ele sabia que nenhum músico de estúdio recebia direito autoral. Ele estava tão contente por ser considerado um artista de pleno direito que teria assinado qualquer coisa."[24] Sem repercussão imediata, esse contrato teria entretanto consequências desastrosas. Ed Chalpin faria valer seus direitos e tentaria obter o máximo de lucro possível. Em dezembro de 1967, lançou o álbum *Get That Feeling* sob o nome de Jimi Hendrix e Curtis Knight. Jimi, porém, era apenas *sideman*, simples acompanhante... Em 1972, Chalpin foi mais longe ainda lançando o disco *Rare*

Hendrix, que compreendia músicas em que Jimi Hendrix não tocava nota alguma na guitarra. O disco chegou ao 82º lugar da *Billboard*.

Jimi trabalhou por oito meses ao lado de Curtis Knight & The Squires. Eles tocavam regularmente em Nova York, no Purple Onion e no Ondine's, para um público pequeno. Os Squires só tocavam *covers*, dentre as quais "In The Midnight Hour", de Wilson Pickett. Às vezes, Curtis Knight o deixava cantar algumas canções. No estúdio, 24 sessões foram organizadas por Ed Chalpin para um total de 33 canções de pouquíssimo interesse (Curtis Knight era um mau cantor), com exceção dos solos de Hendrix.

Dentre as sessões de gravação organizadas por Ed Chalpin, a mais incrível de que Jimi participou, em 1965, foi uma sessão com a atriz de série B Jayne Mansfield, símbolo sexual dos anos 1950, mais conhecida pelas formas generosas do que pelo talento como cantora. Jimi gravou "Suey" com a atriz antes de participar de outra sessão, com o antigo astro do twist Joey Dee (em novembro de 1965).

Com os Squires, Jimi ganhava pouquíssimo dinheiro. Por isso, voltou à estrada, com Joey Dee e os Starliters, grupo misto cujo som estava mais próximo do rock'n'roll do que do rhythm'n'blues. "Jimi fez um teste em minha garagem, em Lodi, Nova Jersey", lembra Joey Dee. "E o contratamos na hora. Era um guitarrista genial."[25] Em sessenta dias, eles fizeram 58 shows, às vezes para um público branco. Jimi tinha direito a um solo por noite. Ele via que chamava a atenção das jovens e captava alguns olhares ardentes. No entanto, Jimi não se achava particularmente bonito. "Ele tinha muita acne", lembra o amigo Tunde-Ra Aleem. "Isso não ajudava seu temperamento naturalmente fechado."[26]

Os olhares das jovens cada vez mais se dirigiam a Jimi. "Ele agia sobre elas como um ímã", contou um dos músicos da banda, David Brigati. "Ele tinha alguma coisa que parecia atrair as garotas na sua direção."[27] Certa noite, em Buffalo, Jimi dormiu com três mulheres de origem indiana que lhe disseram que ele tinha o rosto de um deus hindu. David Brigati contou que, também durante uma turnê, foi para a cama com uma branca que lhe contou de sua fantasia de dormir com um homem negro e sugeriu-lhe que ligasse para os outros membros da banda. Jimi respondeu ao chamado. Mais tarde, a mulher disse a David Brigati que acabara de viver "o grande momento"[28] de sua vida.

Jimi estava em turnê com os Starliters quando festejou 24 anos. No início do ano de 1966, confidenciou a vários amigos ter sonhado que o ano seguinte mudaria sua vida. "Eu tinha sonhos em Technicolor, no quais 1966 era o ano em que algo importante acontecia comigo", explicou a um jornalista. "Parece tolice, mas é a pura verdade."[29] Esperando que seu sonho se tornasse realidade, Jimi voltou a Nova York e se sentiu obrigado a reatar com Curtis Knight & The Squires. Ele precisava ganhar a vida.

Para o guitarrista, a vontade de montar sua própria banda se tornava cada vez mais urgente. Jimi Hendrix se rebatizou Jimmy James e, com os The Blue Flames, tornou-se uma das atrações dos clubes do Greenwich Village. Ele percorria as salas por cachês miseráveis (quinze dólares para quatro espetáculos por dia).

Que guitarrista, que músico era Jimi Hendrix em 1966? As gravações ao vivo da banda de Curtis Knight dão uma ideia precisa. A intensidade, a magia de seu jeito de tocar talvez ainda não estejam presentes, mas nelas ouvimos um guitarrista de blues que, na linhagem de B.B. King, tinha uma técnica consistente. Em "Move Over And Let Me Dance", gravada em 5 de agosto de 1965 com os Isley Brothers, ouvimos um guitarrista eficaz, vigoroso – já com uma energia especial, uma potência felina –, e "Wipe The Sweat", gravada em 1966 com o saxofonista Lonnie Youngblood, revela um músico flamejante. Jimi era de fato um talento acima da média, eloquente e variado, de técnica madura que servia de base a um discurso maduro sem clichê e sem condescendência.

Visivelmente, a música que Jimi levava dentro de si, e que logo jorraria, estava ali, embrionária, prestes a eclodir. Apesar de não haver exatamente um som de guitarra totalmente identificável, uma identidade sonora bem definida – a marca hendrixiana, marca indelével de uma assinatura, de uma estética única –, ele demonstrava uma forte personalidade musical. Guitarrista *sideman*, relegado ao papel secundário porque simples guitarrista rítmico, Jimi se sentia muito preso. Precisava ganhar sua liberdade, alçar voo.

Alguns dizem que a famosa Fender Stratocaster, que desde então faz parte de sua lenda, foi comprada por Jimi na Manny's Musical Instrument, em Nova York, onde ele revendeu sua Jazzmaster para baixar o preço da Strat. A guitarra teria sido comprada, assim, por 289 dólares. A história é confusa. Outros afirmam que foi Carol Shiroky, sua namorada na época, que a comprou para ele. Há também a história de Linda Keith, que teria lhe oferecido uma Strat que pertencia a seu namorado, Keith Richards. Seria esta a famosa primeira Strat?

A Fender Stratocaster foi o instrumento de Hendrix, seu estandarte, sua insígnia. A Strat, como é chamada, também foi para ele a nau que o levou para outras paisagens sonoras, outros mares musicais; o espaço de todas as possibilidades. Naquele momento – meados dos anos 1960 –, as experimentações com a guitarra eram levadas cada vez mais longe: distorção, *wah-wah*, *flanger*, *phaser*, *chorus*, *harmonizer*, *delay*, *octaver*, *reverb*, *larsen*... Jimi se apaixonou pela guitarra a ponto de se tornar parte dela, alguns dizem. Ele a dominou, moldou, maltratou, transfigurou e revolucionou. A revolução que ele a fez sofrer passava acima de tudo pela saturação.

Ele nunca poderia tocar com Sam ou Jackie, pois tocava frases longas e estridentes na guitarra... Na época, se você não estivesse alinhado, cabelos, roupa, gravata e tudo, não valia a pena insistir, explica Bobby Womack. Jimi se vestia como um mendigo, todas as suas roupas pareciam vir de brechós. Ele também usava bijuterias estranhas e cabelos compridos para todos os lados. Quando vejo sujeitos assim, hoje, penso que não surpreende que não gostássemos de Hendrix na época! Foi há 27 anos! Depois, claro, houve todos aqueles que disseram: "Droga, eu o tinha na minha banda!". King Curtis dizia: "Muitas vezes eu ficava contra ele porque ele não queria usar gravata. Ou então porque não abotoava as mangas da camisa. Eu dizia: 'Cara, feche os botões dos punhos, fica mais limpo'. E ele respondia: 'Eu gosto assim'". E Curtis também dizia: "Ele sabia tocar, mas não se ajustava aos outros, ninguém o queria". E todos esses caras saíram do armário dizendo: "Ele trabalhou comigo, e eu o dispensei. Aquele sujeito parecia alguém que dormia na rua há vinte anos". E mesmo baixando o som da guitarra, Jimi ainda fazia sombra para um sujeito como King Curtis. Ninguém prestava atenção nos caras com quem ele tocava, e diziam: ei, olhe para ele. Quando tocava com os dentes, faziam uma ovação, porque achavam aquilo incrível, mas o cantor pensava que ele estava tentando roubar seu show.[30]

De volta a Nova York, Jimi se instalou no Greenwich Village, que pululava de artistas de todo tipo. "As pessoas do Village eram mais simpáticas que as do Harlem, que eram frias e desagradáveis", contou. "Eu tinha alguns amigos no Harlem, e dizia a eles: 'Venham, vamos trabalhar no Village'. Mas eles eram preguiçosos e, além do mais, tinham medo de não ser remunerados. Eu dizia que obviamente os testes não seriam pagos, mas que cabia a nós conquistar nosso espaço, pouco a pouco. Algumas coisas precisam ser aceitas desde o início, mas eles não queriam, então eu ia e tocava."[31]

Em 13 de janeiro, ele enviou um cartão-postal do Empire State Building ao pai. "Tudo vai assim-assim na grande cidade desconexa de Nova York. Tudo vai mal", escreveu. Jimi estava a ponto de ser posto na rua devido ao aluguel atrasado. Não comia o suficiente. "Diga a Ben e Ernie que faço blues como eles NUNCA ouviram"[32], acrescentou. Ao que tudo indica, ele não se contentava em tocar o blues, ele o vivia.

Na época, a calmaria no cinzento céu nova-iorquino de Jimi foi a participação na banda King Curtis and The All Stars, formada pelo guitarrista Cornell Dupree e pelo versátil baterista de funk Bernard "Pretty" Purdie, que tocaria com Aretha Franklin, James Brown, Steely Dan, os Rolling Stones, Hank Crawford, Miles Davis, Quincy Jones e Gil Scott-Heron. O saxofonista tenor King Curtis era uma figura marcante do rhythm'n'blues dos anos 1960 e o futuro diretor musical da orquestra de Aretha Franklin. Jimi substituiu o guitarrista do grupo num concerto no Small's Paradise do Harlem, onde o organista Jimmy Smith iniciou sua trajetória musical e onde Malcom X trabalhou como garçom. Jimi tocou e gravou com King Curtis entre janeiro e maio de 1966 (ouvimos sua guitarra incisiva na introdução de "Instant Groove"), mas também com Curtis Knight, Percy Sledge e Wilson Pickett.

Na cafeteria Ham & Eggs, entre a Broadway e a 52nd Street, Jimi conheceu uma bonita jovem afro-americana de pele clara, Diana Carpenter, que, segundo ele, se parecia com sua mãe. Ela tinha dezesseis anos e fugira de casa. Trabalhava nas calçadas de Nova York. "Você é tão bonita", disse-lhe Jimi na frente de seu cafetão, que o mandou embora. Algumas semanas depois, Jimi a encontrou novamente, sem o gigolô. Uma relação teve início. A sintonia sexual entre os dois era perfeita. "Ele era muito ativo", recorda ela. "Duas ou três vezes por noite."[33] Um dia, Jimi chegou ao hotel e encontrou um homem tentando estrangular Diana Carpenter. Agarrou-o e colocou-o para fora. A atividade de Diana podia ser perigosa, era uma fonte de preocupação para Jimi. Na mesma semana, ela foi pega pela polícia, colocada na prisão e enviada de volta para casa, no Meio-Oeste. Ela conseguiu fugir e voltou para Hendrix aos prantos. Ele pensou que ela tivesse sido morta. No início do mês de maio de 1966, Diana Carpenter percebeu que estava grávida. Diante da insistência de Jimi, ela parou de se prostituir. Os cachês eram raros, o dinheiro era curto. Eles se viram obrigados a roubar. Um dia, foram pegos roubando da vitrine de uma loja pelo gerente, que os expulsou com um taco de beisebol. Diana Carpenter voltou para as calçadas, escondida. Quando Jimi descobriu a mentira, ficou furioso e bateu nela com um cinto. "Naquela época, nós dois sabíamos que eu estava grávida", disse ela. "Foi a única vez em que ele fez aquilo."[34] A relação acabou se deteriorando. Diana foi presa de novo. A polícia, que descobriu que ela era menor de idade, deu-lhe a opção de cumprir três anos de cadeia ou voltar para a casa dos pais. Ela escolheu a passagem de ônibus para o Meio-Oeste. Em fevereiro de 1967, deu à luz uma menina, Tamika. Diana estava convencida de que a criança era de Jimi. O período em que engravidou parece comprová-lo. Tamika era uma linda bebê negra de quase quatro quilos. Por outro lado, ela nunca aceitava clientes brancos. Diana nunca soube como entrar em contato com Jimi, ou escrever-lhe.

Pouco tempo depois da partida de Diana Carpenter, Jimi começou a sair com sua primeira namorada branca, Carol Shiroky. A relação entre Jimi e Carol, ela também prostituta, mas *call girl* – não trabalhava nas calçadas –, foi breve e tumultuosa. A guitarra que Hendrix utilizava era emprestada de Curtis Knight. Para ajudá-lo a se libertar deste, Carol comprou-lhe uma guitarra nova. Graças a seu novo anjo da guarda, Jimi conheceu Mike Quashie, que era considerado o "Spider King". Fora ele quem introduzira nos Estados Unidos o limbo, uma dança que consistia em passar várias vezes embaixo de uma vara sem tocá-la. Negro alto e atlético, muito elástico, Mike Quashie ensinou-lhe vários números. A presença de palco de Hendrix era espetacular, e suas proezas pirotécnicas em parte decorreram desse contato.

Jimi estava deprimido. Quase não arranjava trabalho. Somente algumas *gigs* insatisfatórias com os Squires de Curtis Knight. Jimi conversou com Mike Quashie sobre sua falta de ânimo. "Ele estava na fossa. Falou de sua depressão, de suas frustrações, de sua ansiedade. Não foi fácil para ele."[35]

"Jimi sempre se queixava do fato de Curtis Knight lhe dever dinheiro", contou Diana Carpenter. "Mesmo quando Curtis pagava, Jimi não ganhava o suficiente para pagar o aluguel." Diana Carpenter o sustentava. Alguns pensam, de maneira equivocada, que Jimi era seu gigolô. "Se eu não me tornar rico e famoso daqui a um ano, vou enlouquecer"[36], ele dizia a ela.

O desejo de tocar sua própria música se tornava cada vez mais forte, aliado ao fato de que suas participações na banda de Curtis Knight eram pouco satisfatórias. "Era chegado o momento, eu realmente não aguentava mais", lembrou Hendrix. "Então, desci ao Village para montar minha própria banda, The Rain Flowers"[37], grupo que logo passaria a chamar de Jimmy James & The Blue Flames. Ele decidiu fazer sua música, tornando-se líder da Jimmy James & The Blue Flames. Randy California, futuro membro da Spirit, era guitarrista da banda. A personalidade musical de Hendrix se afirmou com os Blue Flames. Foi também com os Blue Flames que ele integrou o *feedback* a seu som. E foi ainda com essa banda que cantou pela primeira vez. Sua voz talvez nem sempre estivesse no lugar, e ele tinha vergonha de suas capacidades vocais e de seu timbre pouco potente – nem todos conseguem ser Ray Charles ou James Brown –, mas Jimi se saiu bem ao começar a cantar. Ele ouvia muito Bob Dylan, o álbum *Highway 61 Revisited*, no qual o talento dele como *songwriter* se expressava plenamente. Com sua pequena voz fanha, Bob Dylan cantava. Por que não Jimi?

A partir de junho de 1966, a banda começou a tocar no Village, no Cafe Wah?, e começou a construir uma reputação em Nova York. Jimi tocava de novo e de novo. Finalmente à frente de sua própria banda, dava livre curso à sua imaginação, mostrava do que era capaz sua criatividade. Os que assistiram a seus shows no Cafe Wah? dizem que sua energia era extraordinária. Ele colocava os amplificadores no máximo, havia um dilúvio de notas, de *larsen* e *feedback*, um paredão de som inaudito. A única maneira de o dono conseguir fazê-lo parar era cortando a eletricidade...

Em agosto, os Blue Flames receberam o reforço temporário do *bluesman* branco John Hammond Jr., filho de John Hammond – que descobriu Billie Holiday, Bob Dylan e Bruce Springsteen –, e conseguiram um trabalho mais prestigioso no Café Au Go Go.

No fim de junho de 1966, Linda Keith assistiu a um show de Jimi no Cheetah, um dos últimos shows com Curtis Knight & The Squires. Linda Keith era inglesa, judia, culta, rica, grande amante de música, principalmente de blues. Era uma mulher de uma beleza admirável. Modelo, vinha da Swinging London. Saía com Keith Richards, guitarrista dos Stones. Linda Keith lembra claramente de Hendrix, do impacto que ele teve sobre ela: "Era preciso ver a maneira como suas mãos se movimentavam pelo braço. Ele tinha mãos impressionantes. Fiquei hipnotizada vendo-o tocar. [...] Ele era um guitarrista genial. Era evidente que era uma estrela, apesar de parecer uma estrela um tanto estranha, e ele tocava num lugar estranho, não parecia certo".[38]

"Em geral, eu nunca ia ao Cheetah", lembra Linda Keith. "Naquela noite, fui. Era um clube imenso com pouca gente e uma banda da casa não muito empolgante. De repente, vi o guitarrista, tocando discretamente atrás dos outros, e fiquei completamente arrepiada. Ele parecia muito ingênuo, muito tímido. Não encarava seus interlocutores. Voltamos para minha casa [um grande apartamento da 63rd Street, decorado com tapeçarias vermelhas, que teria inspirado 'Red House'], onde ele ouviu discos de Bob Dylan. Ele adorava Dylan, dizia que era o maior de todos."[39]

"Foi uma noite de magia"[40], contou Linda Keith. Naquela noite, um dos amigos de Linda ofereceu ácido a Jimi. Até então, suas experiências em matéria de drogas se limitavam à maconha, às anfetaminas e, em raras ocasiões, à cocaína. No Harlem, o LSD era às vezes considerado uma droga "de branco". Hendrix contou a um amigo que, quando de sua primeira *trip*, ele se "olhou num espelho e se viu como Marilyn Monroe".[41] "Jimi dizia que toda a merda que temos na cabeça, as teias de aranha, tudo era varrido, e que depois tudo ficava nítido"[42], lembra Lonnie Youngblood.

A partir daquele momento, Jimi começou a fazer um grande consumo de LSD. A influência dessa substância foi importante, fundamental em sua vida, em sua música. O LSD o protegia da realidade, o deixava alegre, abria as portas da percepção, estimulava sua criatividade e permitia o surgimento de um mundo interior inaudito e até então inexplorado. Muitas de suas canções fazem referência ao ácido. Ele dizia que tocava cores e não notas, e que via a música dentro de sua cabeça ao mesmo tempo em que a tocava. "Todas as percepções acústicas [...] se transformavam em percepções visuais"[43], declarou Albert Hoffmann, que descobriu o LSD, a respeito de sua primeira viagem de ácido.

Jimmy James & The Blue Flames começaram a adquirir uma pequena reputação no Village. Richie Havens, figura da cena folk do Greenwich Village, apelidado de "bardo de Woodstock", e Mike Bloomfield, considerado um dos melhores instrumentistas da Big Apple, guitarrista de Bob Dylan no álbum *Highway 61 Revisited* e membro desde 1965 da Paul Butterfield's Blues Band, foram ouvir Jimi tocar no Cafe Wah?, situado na esquina da MacDougal com a Minetta Street. Não existe nenhuma gravação da efêmera Jimmy James & The Blue Flames. O testemunho de Mike Bloomfield dá uma ideia do som de Hendrix em 1966:

> A primeira vez que vi Jimi tocar foi com a Jimmy James & The Blue Flames. Eu tocava com Paul Butterfield e pensava ser o melhor guitarrista das redondezas! Nunca tinha ouvido falar de Hendrix. Então alguém me disse: "Você deveria ir ouvir o guitarrista de John Hammond". Fui ao Cafe Au Go Go e ele estava no Nite Owl ou no Cafe Wah?, atravessei a rua e o vi. Hendrix sabia quem eu era e, naquele dia, na minha frente, me desintegrou. Bombas H desabavam, mísseis teleguiados voavam por todos os cantos – impossível falar de todos os sons que saíam de sua guitarra. Todos os sons que eu ouviria mais tarde, ele os fez ali, naquela sala, com uma Strat, uma Twin, um Maestro Fuzztone e só – ele tocava num volume muito alto.[44]

Mike Bloomfield lembra que, com os Blue Flames, Jimi só tocava músicas antigas, principalmente blues, "Hey Joe", "Shot Gun", "Wild Thing", "Red House", mas também "Like A Rolling Stone", de Bob Dylan. "Ele sabia que era bom", acrescenta Mike Bloomfield. "Ele subia no palco [...] e jatos decolavam; explosões nucleares e edifícios desabavam. Nunca ouvi nada igual. Eu sentava na primeira fila, e ele fazia tudo aquilo debaixo do meu nariz, como com um fuzil-metralhadora. 'Gostou, cara?' B-bb-bbb-room! Ele me aniquilava. Que fogo!"[45]

Igualmente subjugada ficou Linda Keith. Ela falou de Hendrix a Andrew Loog Oldham, agente dos Rolling Stones. Oldham desconfiou de uma ligação entre Jimi e a namorada de seu protegido, Keith Richards. "Fiquei mais preocupado com sua relação com Jimi do que com a ideia de contratá-lo"[46], contou. Linda afirmou nunca ter tido relações com Jimi, porque ele não estava disposto a ficar com uma só mulher. "Avisei que ele não poderia sair com outras mulheres se houvesse algo entre nós", ela disse. "Dei-lhe um ultimato, e ele escolheu as outras. Acho que eu era uma das raras mulheres a não aceitar isso. Todas as suas namoradas sempre tiveram um papel secundário, mas lhe davam alguma coisa: dinheiro, comida e mais mulheres."[47] Linda Keith lembra de um dia ter entrado no quarto de Jimi no Lennox Hotel. Em sua cama, havia sete mulheres.

Depois de Andrew Loog Oldham, foi a Seymour Stein, diretor da Sire Records e futuro produtor dos Ramones, dos Talking Heads e das Pretenders, que Linda expressou todo seu entusiasmo a respeito de Hendrix. Mas seus esforços foram em vão. "Eu disse a um produtor que um guitarrista fantástico, cantor, tocava no Village e que ele devia ir vê-lo", contou ela. "Ele pensou que eu estava louca. Não entendia. Achou que Jimi não valia nada."[48]

Em certa noite do início de agosto, Linda Keith conheceu Chas Chandler. Convenceu o baixista inglês a ir assistir a um dos shows do guitarrista dos Blue Flames, que tocava no Cafe Wah?. Naquela noite, 3 de agosto, Hendrix, na guitarra e na voz, estava de casaco de couro, calça escura e sem meias. Tocava com o guitarrista Randy California, que mais tarde ficaria conhecido na Spirit, banda de inspiração hendrixiana. Chas Chandler aderiu imediatamente à música de Hendrix.

Naquele verão de 1966, a última turnê dos Animals havia levado Chas Chandler a Nova York. The Animals havia sido fundada em 1962 pelo vocalista e tecladista Alan Price, pelo guitarrista Hilton Valentine, pelo baixista Bryan "Chas" Chandler e pelo baterista John Steel, e logo juntou-se a eles o cantor Eric Burdon, que era um amante da música negra americana (Ray Charles, Chuck Berry, Bo Diddley). O agente da banda era Mike Jeffery, gerente de um clube londrino, grande amante de blues.

The Animals foi, com os Rolling Stones, a banda inglesa que levou o rhythm'n'blues negro americano para a Europa. A versão de "The House Of The Rising Sun", gravada em 1964, alcançou grande sucesso. O grupo inglês se dissolveu em 1966. Seria retomado dez anos depois, em 1976, por iniciativa de Chas Chandler, sob o nome de The Original Animals, para a gravação de um único disco, chamado, não sem um humor bastante inglês, *Before we were so rudely interrupted*.*

Chas Chandler tinha 27 anos. Era um homem imponente de 1,95 metro e ombros largos, músico experiente que conhecia bem os mistérios do ofício. Ele estava cansado, extenuado pelo ritmo incessante e não menos exaustivo das turnês com os Animals, mas também irritado com as tensões que reinavam na banda e que logo causariam sua dissolução. Na verdade, o baixista dos Animals desejava voltar para casa, levar uma vida mais estável. Via-se mais como agente ou produtor, ou ambos.

"Eu estava já estava quase convencido, antes mesmo de ouvi-lo tocar", explicou ao *New Musical Express*, em 16 de novembro de 1968. "Conversamos num pequeno restaurante antes de ir ao clube e lembro de ter pensado: 'Essa fera é suficientemente selvagem para irritar as pessoas mais do que Jagger!' [...] Depois de ouvi-lo tocar 'Wild Thing' e 'Like A Rolling Stone', tive certeza de que valeria a pena, e quando ele fez sua versão de 'Hey Joe', tomei minha decisão."[49] Sim, sua decisão estava tomada, ele faria de Jimi uma estrela. "Pensei comigo mesmo que era inconcebível que ninguém tivesse contratado ainda aquele cara", contou Chas Chandler. "Não conseguia acreditar que ele estivesse ali sem que ninguém se preocupasse com ele."[50]

O encontro de Hendrix com Chas Chandler foi decisivo. No mês seguinte, ele decolaria rumo a Londres. Sua carreira também. Até lá, aquele que era chamado de "Dylan negro" continuou tocando no Cafe Au Go Go. "Eu queria ir à Inglaterra. Só pensava nisso", contou Hendrix. "Gosto de

---

* Antes de sermos tão brutalmente interrompidos.

viajar. Me entedio rapidamente, e gosto de ver como são as coisas em outros lugares. O que me interessava era a ideia da Inglaterra. Pensei: 'É... nunca fui até lá'."[51]

Chas Chandler foi sincero, convincente. Sua proposta de tomar conta de Jimi, de levá-lo a Londres, foi imediatamente aceita pelo guitarrista. "Pensei que seria bom ir, pois não acontecia muita coisa comigo naquela época", contou Hendrix à revista de jazz americano *Downbeat* (4 de abril de 1968). "Ganhávamos três dólares por noite e raramente comíamos o suficiente."[52]

Jimi contou a Chas Chandler a respeito do contrato com Juggy Murray, da Sue Records, e Chandler disse que daria um jeito naquilo. Em contrapartida, Jimi omitiu, talvez por esquecimento, o contrato assinado com Ed Chalpin.

"Você vem comigo?", perguntou Jimi a Randy California, seu parceiro do Blue Flames. Este aceitou, mas sob uma condição: "Pegaremos Ed Cassidy como baterista".[53] Seu pedido não foi aceito. Na verdade, Randy California era menor, tinha apenas quinze anos. Não podia deixar o solo americano.

Depois de tornar-se agente e produtor de Jimi, Chas Chandler não teve escolha, por falta de meios, e precisou associar-se ao antigo empresário dos Animals, Mike Jeffery, que considerava sem escrúpulos e de quem desconfiava ter enganado a própria banda. As leis inglesas de imigração eram estritas. Um subterfúgio foi pensado: "Precisei inventar uma história segundo a qual Jimi era um cantor famoso que vinha para a Inglaterra buscar seus royalties", contou Tony Garland, assistente de Mike Jeffery. "Sem isso, não o teriam deixado entrar."[54]

Na noite de sexta-feira, 23 de setembro de 1966, Jimi Hendrix, com quarenta dólares no bolso, emprestados pelo baterista Charles Otis, embarcou com Chas Chandler e Mike Jeffery a bordo de um avião da PanAm, no aeroporto internacional John F. Kennedy. Rumo a Londres.

Londres

Em Londres, uma nova vida se anunciou para Hendrix. Seguindo os conselhos de seu agente, "Jimmy" deu lugar a "Jimi", mais simples. De certo modo, portanto, Jimi Hendrix nasceu na Inglaterra. Sem dúvida houve, para o guitarrista, um antes e um depois de Londres. A capital inglesa vivia uma explosão cultural em todos os campos artísticos: moda, fotografia, cinema, pintura, teatro, música. Em abril de 1966, a *Time Magazine* fez uma matéria de capa sobre a Swinging London. A Londres musical de meados dos anos 1960 estava em plena efervescência. A cena do rock era muito ativa, criativa, a beatlemania estava no auge. Os ingleses adoravam música, eram loucos por inovações musicais. A guitarra elétrica – a fada Eletricidade, com suas explosões supersônicas, solos virtuosísticos, longos desenvolvimentos – era o instrumento da época. E a figura do *guitar hero*, encarnada especialmente por Eric Clapton e Jeff Beck, se impunha. A Inglaterra foi de fato um terreno fértil para o desenvolvimento de um músico como Hendrix, a rampa de lançamento ideal.

"Tudo estava pronto para Jimi", disse Eric Clapton, que era então chamado de "God" no meio do "British blues boom" (no subúrbio londrino, era possível ler, em 1966, uma pichação ainda famosa: "Clapton is God"). "Poderia ter sido outro, mas seria ele. Em Londres, a *soul music* começava a ser descoberta, o blues estava morto. Alguém precisava dar-lhe um novo alento."[1] Hendrix faria a ligação entre o blues mais autêntico e o pop da Swinging London.

Chas Chandler e Mike Jeffery tinham muita confiança nas chances de seu protegido, em seu potencial musical e comercial. Jimi tinha 23 anos, era jovem e entusiasmado e tinha consciência de que um novo capítulo de sua vida estava sendo escrito. Na Inglaterra, ele escapou parcialmente ao racismo cotidiano, à discriminação racial que sofria nos Estados Unidos. Sim, uma nova vida se anunciava.

Em 24 de setembro de 1966, chegando a Londres, foram a Fulham, à casa de Zoot e Ronnie Money, dois amigos músicos a quem Chas Chandler queria apresentar seu protegido. Jimi tirou a guitarra e tocou. No subsolo da casa morava um jovem músico que dez anos mais tarde se tornaria conhecido no grupo The Police, o guitarrista Andy Summers. E no andar de cima morava uma jovem e bela inglesa, ruiva de olhos castanhos, de vinte anos e muito enérgica, Kathy Etchingham. Ela era cabeleireira e *disc jockey* em parte do tempo. Adorava música. Frequentava a Swinging London, fora namorada de Keith Moon, do The Who, e de Brian Jones, dos Rolling Stones. "Lembro vagamente da barulheira no andar de baixo, que fazia a cama tremer", lembrou ela. "Ronnie disse: 'Acorde, Kathy. Melhor descer para ver esse cara que o Chas trouxe. Ele parece o Homem de Bornéu'."[2] O apelido claramente racista permaneceria. Seu físico e seu jeito de vestir despertariam curiosidade, atrairiam a mídia, que também o chamaria de "Mau Mau".[3]

Mais tarde, ao longo daquela noite, Kathy Etchingham, que não havia descido para ver a nova descoberta antropológica de Ronnie Money, conheceu Hendrix num clube londrino, o Scotch of St. James. Jimi tocara com os músicos locais, causando sensação. "Ele era absolutamente fascinante", contou ela. "Ninguém nunca tinha visto algo parecido. Eric Burdon, vocalista dos Animals, também estava no clube naquela noite. 'Ele era tão bom que enfeitiçava. Você parava tudo e olhava para ele', ele disse."[4]

No livro *Through Gypsy Eyes*, Kathy Etchingham, que dividiria sua vida com Jimi pelos próximos dois anos, conta que ao chegar a Londres Jimi só levava a guitarra, algumas roupas, um tubo de creme para acne e rolos cor-de-rosa para os cabelos. Kathy Etchingham foi um talismã para Jimi. Ela conhecia várias personalidades da Swinging London, como The Who e os Stones.

Jimi precisava formar uma banda. "Eu queria a formação mais enxuta possível, para causar o máximo impacto", lembrou Hendrix. "Eu achava que um guitarrista rítmico ralentaria tudo, porque seria preciso mostrar-lhe tudo o que queríamos. Tentamos um órgão por quinze minutos, mas acabava soando como outro grupo qualquer."[5]

Durante um teste, em setembro de 1966, Noel Redding foi escolhido como baixista. "Foi o primeiro negro americano que conheci", lembra Noel Redding. "E isso já bastava para torná-lo interessante."[6] O cantor Sting, do The Police, que assistiu ao show da Jimi Hendrix Experience em 1967 – era então um adolescente de dezesseis anos –, contou que foi durante esse show que "viu um homem negro pela primeira vez".[7]

Noel Redding, que tinha 21 anos, lembraria para sempre de sua viagem a Londres, "talvez o melhor dia de minha vida".[8] Nascido em Folkestone, Kent, aprendera violino e bandolim antes de adotar a guitarra por volta dos catorze anos. Em novembro de 1965, formou a banda The Loving Kind e participou dos Lonely Ones. Leu um pequeno anúncio na revista musical inglesa *Melody Maker* e compareceu na esperança de ser chamado como guitarrista da nova banda do ex-vocalista dos Animals, Eric Burdon, os New Animals. Era sua última chance, a última tentativa que faria de tentar um contrato antes de tomar a decisão de renunciar à música. Na verdade, Redding chegou atrasado ao Birdland, o clube noturno onde o teste foi feito, e o lugar já havia sido tomado. Chas Chandler assistiu ao teste e pediu a Noel Redding que tentasse o baixo. "Chas me perguntou se eu sabia tocar baixo", lembra Noel Redding. "Eu disse que não, mas tentei."[9]

A guitarra e o baixo têm mais em comum do que um piano e um saxofone, mas são dois instrumentos diferentes. Redding foi escolhido. "E, enquanto caminhávamos, Jimi me perguntou se eu não queria voltar outro dia à sala de testes, pois esperava me ver em sua nova banda", lembra Noel Redding. "Chas me pediu para voltar, e eu aceitei, desde que me desse dez shillings para pagar o trem."[10]

A Noel Redding alguns preferirão Billy Cox, que seria o baixista da Band Of Gypsys de Hendrix. Outros destacarão a qualidade das frases e a originalidade do som de Noel Redding. Por mais que sua cultura musical fosse limitada e suas linhas de baixo fossem simples, ele fez maravilhas com a Experience. Nunca foi considerado um grande músico, mas sua contribuição para o som da Experience foi importante, inegável.

A cumplicidade musical entre Hendrix e Redding foi imediata. Guitarrista de formação, Redding tocava baixo com palheta. Foi Chas Chandler, baixista, quem lhe ensinou os rudimentos do instrumento, o *walking*. Mais tarde, Noel Redding chegou a compor, assinando dois títulos para a Experience, "She's So Fine", gravada no álbum *Axis: Bold As Love*, e "Little Miss Strange", de *Electric Ladyland*. Hendrix disse que gostava do *look*, da maneira de ser de Noel Redding. Uma história pouco verossímil conta que Hendrix o teria escolhido por causa de seus cabelos compridos, de suas melenas encaracoladas que o faziam pensar em Bob Dylan.

Em 29 de setembro, na mesma noite do teste de Noel Redding, Jimi fez uma *jam session* com o organista Brian Auger num clube londrino, o Blaise's. E encontrou um jovem cantor belga conhecido como Johnny Hallyday que estava em Londres para gravar um disco. O mesmo que, um mês depois, lançaria a canção "Noir c'est noir", que faria um enorme sucesso na França. Johnny Hallyday, considerado o "Elvis francês", simpatizou com Jimi e convidou-o a participar de sua nova turnê na França. A Experience faria a primeira parte de uma série de shows de Johnny entre 13 e 18 de outubro.

Com a escolha de Noel Redding, faltava apenas um baterista. No início de outubro, vários testes foram feitos até um ser encontrado. Chas Chandler e Jimi Hendrix hesitavam entre dois músicos: Mitch Mitchell, antigo baterista da banda de Georgie Fame, que acabara de dispensá-lo, e Aynsley Dunbar, membro da banda de John Mayall, os Bluesbreakers, e futuro baterista do The Mothers of Invention, de Frank Zappa. Mitch Mitchell ou Aynsley Dunbar? Aynsley Dunbar ou Mitch Mitchell? Mitch Mitchell foi o escolhido. Segundo Chas Chandler, ele e Jimi tomaram a decisão no cara ou coroa.

> O teste foi bastante estranho, lembra Mitch Mitchell. Vi aquele sujeito negro com cabelos para todos os lados, um penteado muito selvagem, usando um casaco azul... Ele parecia realmente quieto, tímido... exceto nos cabelos. Não falamos muito no início. Era apenas um teste entre duas sessões. Jimi falava bem suavemente e passava a impressão de ser muito educado. Vi de cara que era um excelente guitarrista. Naquele momento, o que mais me surpreendeu foi o número de estilos diferentes que ele era capaz de tocar. Bastava falar que ele tocava! Acho que primeiro tocamos "Have Mercy Babe". Jimi não cantava, apenas murmurava por cima da música. Chas tentava fazê-lo soltar a voz. Jimi e eu gostávamos realmente do mesmo tipo de música.[11]

Mitch Mitchell tinha dezenove anos. Nascido em Ealing, no condado de Middlesex, sua formação era a de um baterista de jazz. Fora influenciado pelo *drumming* de Philly Joe Jones, Max Roach e Art Blakey, mas também e principalmente pelo de Elvin Jones. Com exceção de breves ausências em 1963, Elvin Jones foi o baterista, ou o coração do quarteto de John Coltrane, de 1960 a 1965. Ele tocava tambor, pratos, trovoadas, relâmpagos. Uma força telúrica, um vulcão em forma de percussão. A bateria de jazz se desenvolvia ao longo dos anos 1960. A via estava aberta para uma expressão mais livre e mais complexa. Ao lado de Kenny Clarke, iniciador da moderna bateria jazz, inventor da bateria be-bop e, depois dele, Max Roach, que desenvolveu a dimensão melódica do instrumento, libertando-o dos grilhões da seção rítmica, da simples função de acompanhamento, Elvin Jones literalmente reformulou o papel da bateria dentro da banda. Ele levou o instrumento a uma potência e incandescência jamais alcançados. Tom-tom, caixa clara, pratos, todos os elementos da bateria participavam do mesmo movimento polirrítmico que a arte coltraniana levava ao paroxismo.

Tempo sem falhas, senso de pausa e pontuação: mais que um simples acompanhante, Mitch Mitchell forneceu base rítmica à banda. Foi aquele que, além de sustentar, estimulava e propulsionava Hendrix (é a seu toque potente que devemos os sucessos de "Fire" e "Crosstown Traffic"). Mitch Mitchell foi o elo, o elemento indispensável para a coerência e para a força da Experience. "Mitchell retoma, contra-ataca, supera, enfatiza", escreve Régis Canselier no livro *Jimi Hendrix, le rêve inachevé*. "Sua técnica não iguala a de Tony Williams, e nem sempre ele demonstra o rigor rítmico de um Ginger Baker, mas sua capacidade de interação faz dele o parceiro ideal."[12]

Fluido, sólido, o trio forma um triângulo isósceles, mais do que um equilátero, pois o líder da banda é ao mesmo tempo guitarrista, vocalista e compositor. Apesar do desequilíbrio, a dupla Mitch Mitchell/Noel Redding funcionava muito bem, constituindo, provavelmente, uma das melhores seções rítmicas da história do rock. O trio guitarra-baixo-bateria era uma combinação rara para a época. À imagem do Cream, formado algumas semanas antes, essa formação foi ideal para Hendrix, permitindo-lhe desenvolver sua arte com plenitude. Além disso, Jimi

Hendrix, Mitch Mitchell e Noel Redding se entendiam bem tanto no plano musical quanto no plano humano. Noel Redding era muito simpático, mas Mitch Mitchell tinha um caráter um tanto insuportável que às vezes irritava Jimi. Em dado momento, teria chegado a pensar em dispensar Mitch Mitchell e substituí-lo por Aynsley Dunbar.

Naquela época de busca espiritual, contestação política e viagens psicodélicas, a música era tanto um divertimento, um espaço de liberdade, quanto um percurso iniciático, ou rito xamânico. Um nome de banda se impõe, encontrado por Mike Jeffery, auxiliar de Chas Chandler: Experience. "Todos pensamos que era estranho", disse Noel Redding, "mas éramos de fato uma 'experiência' na época."[13]

A partir da formação da Experience, tudo iria muito rápido para Jimi. Jimi corria. E cada vez mais rápido. Velocidade, desdobramento e dilatação do tempo. Chas Chandler se encarregou da parte artística, Mike Jeffery, da financeira. Um contrato de produção foi assinado. Mais uma vez, Jimi assinou-o sem ler as diferentes cláusulas. Ficou estabelecido que Chas Chandler e Mike Jeffery receberiam 20% dos ganhos. O grupo dividia 2,5% dos royalties das vendas de discos. E Jimi assinou um contrato de edição com Chandler, que repassou-lhe 50% dos rendimentos das composições do guitarrista.

Noel Redding indicou um amigo como *road manager* da banda, Gerry Stickells. Mike Jeffery foi encarregado de custear o lançamento do trio. Mas o dinheiro era limitado. Assim, entre dezembro de 1966 e março de 1967, Jimi e Chas dividiram o mesmo apartamento, que alugavam a vinte libras por semana. Era o antigo apartamento de Ringo Starr, baterista dos Beatles. Nele, Jimi encontrou livros de ficção científica, que devorou.

A banda recebia um salário, que começou em quinze libras por semana. Jimi gastava seu dinheiro em lojas londrinas de roupas usadas, I Was Lord Kitchener's Valet e Granny Takes A Trip. Nesta última, uma grande pintura de Sitting Bull recebia os clientes. O cartaz anunciava, inspirando-se na fórmula de Oscar Wilde, que "é preciso ser uma obra de arte ou então vestir uma obra de arte". Jimi substituiu o casaco esfarrapado por uma jaqueta militar antiga que datava dos dias de glória do Império britânico. Além dessa jaqueta, Jimi comprou várias calças de veludo em cores vivas. Sua maneira de se vestir era considerada extravagante. "Mesmo antes de conhecer seu nome, chamavam-no de 'o sujeito que parece vestir tudo o que encontrou no guarda-roupa de uma garota'"[14], lembra o cantor Tery Reid. "As pessoas paravam e olhavam para ele", conta Kathy Etchingham. "Não porque conhecessem sua música, mas porque ele tinha uma aparência muito estranha."[15] O uso daquela jaqueta militar despertaria algumas críticas. "Você se deu conta de que nossos soldados morreram usando este uniforme?"[16], perguntou-lhe um policial. No entanto, Jimi afirmou que não queria ofender ninguém. A jaqueta colou em sua pele, e ele acabou sendo visto como um revolucionário, um ativista da contracultura. "As pessoas morriam com jaqueta iguais a esta quando pertenciam ao Royal Veterinary Corps?", contra-atacou Jimi. Aquela jaqueta não havia sido usada por soldados no front, mas por veterinários, "que cuidavam dos burros".[17]

Jimi detestava a comida inglesa – o que seria a causa de várias brigas com Kathy Etchingham, que era uma cozinheira medíocre –, mas gostava de Londres, de sua vida noturna, dos clubes. Morou certo tempo no bairro de Mayfair, junto ao apartamento que o compositor Georg Friedrich Händel, autor da *Water Music*, ocupou no século XVIII (o antigo apartamento de Hendrix hoje faz parte do Händel House Museum). "Achei quase tudo no mercado de antiguidades de Chelsea, e algumas coisas vêm dos Estados Unidos", contou Jimi. "Estou numa fase Extremo Oriente, agora. Também comprei alguns distintivos pintados à mão.

Um diz: 'Mickey Mouse Is Free'. Eu nem sabia que era a casa de Händel antes de me mudar. Para falar a verdade, não ouvi muita coisa dele. Mas ouço um pouco de Bach de vez em quando."[18]

De Londres, Jimi ligou para o pai a cobrar. "Acho que tirei a sorte grande", ele disse a Al. "Estou na Inglaterra, tenho uma banda. Somos a The Jimi Hendrix Experience." "De quem você roubou dinheiro para pagar a passagem?"[19], perguntou Al, que acabara de se casar com uma japonesa mãe de cinco filhos, Ayako "June" Jinka.

Em turnê pela França, a Jimi Hendrix Experience tocou com amplificadores Marshall tinindo de novos, pois seu equipamento habitual não sobrevivera aos ensaios. Jim Marshall, o criador, era professor de bateria e dono de uma loja de música. Conversando com vários músicos, dentre os quais Pete Townshend e John Entwistle, do The Who, ele percebeu que precisavam de um som diferente, mais potente. O som Marshall seria popularizado pelo The Who, por Eric Clapton e Jimi Hendrix. Jimi utilizaria uma grande quantidade de amplificadores Marshall, e os levaria ao auge. O processo de amplificação se baseava numa combinação específica: três amplificadores de cem watts com três cabeças de duzentos watts e seis caixas etc. Esse equipamento, muitas vezes danificado ao longo das turnês, consertado, recapeado, tornou-se parte da sonoridade Hendrix. Como a Fender Stratocaster, Jimi fez os amplificadores Marshall entrarem para a história musical. A parede de amplificadores Marshall é, hoje, um elemento básico de todo guitarrista de rock que se preze.

Em 13 de outubro, em Évreux, e no dia 14, em Nancy, a Experience abriu os shows de Johnny Hallyday. O primeiro show oficial da Experience foi na França, portanto, a alguns quilômetros de Paris, no cinema Novelty de Évreux. Uma placa comemorativa, inaugurada trinta anos mais tarde, em 15 de outubro de 1996, na presença de Noel Redding, relembra o show histórico. Naquela noite, os espectadores do Novelty foram ouvir Johnny Hallyday, e não Hendrix, que, tanto por suas roupas extravagante quanto por seu blues hiperenérgico, deixou muitos desconcertados. O som da banda era forte demais, e a guitarra de Hendrix, supersônica. "Impossível ouvir Hendrix distraidamente, o som nos devora por inteiro"[20], diria Frank Zappa.

"A última 'descoberta' de Johnny Hallyday [é] um cantor guitarrista de cabeleira desgrenhada, mistura estranha de James Brown e Chuck Berry, que se contorce por bons quinze minutos no palco, às vezes tocando a guitarra com os dentes", é possível ler no *L'Eure Éclair* de 14 de outubro de 1966. No dia seguinte, 15 de outubro, um novo show aconteceu na Lorraine, em Villerupt, e três dias depois em Paris, no boulevard des Capucines...

Em 18 de outubro, no Olympia, a Experience abriu o show para Brian Auger & The Trinity e para Johnny Hallyday. Dessa atuação, a primeira de Hendrix em Paris, restou um vestígio, gravado no programa "Musicorama" da rádio Europe 1. Noel Redding e Mitch Mitchell estão no palco. "*Ladies and gentlemen...*", anuncia o speaker do Olympia. Nos bastidores, Jimi solta uma rajada de notas. Novo ruído da Stratocaster. E Jimi entra no palco, com a mão esquerda para o alto. Os espectadores parisienses ficam no mínimo surpresos com o músico negro vestido com excentricidade que, com uma só mão, faz a guitarra elétrica rugir. "O Olympia é pior que o Apollo do Harlem", lembrou Hendrix. "É a sala mais importante da Europa. Na primeira vez, todos ficaram sentados, completamente atônitos, mas ouvindo."[21] As três músicas tocadas pelo trio Experience, "Killing Floor", "Hey Joe" e "Wild Things", ficaram gravadas na memória de uma boa parte do público que foi ouvir Johnny Hallyday.

No fim do ano, em dezembro de 1966, Johnny Hallyday gravou em Londres "Hey Joe". Gilles Thibaut, coautor com Claude François de "Comme d'habitude", que Paul Anka adaptou para o inglês com o nome de "My Way", assinou a adaptação francesa. Durante as sessões de gravação, ele recebeu a visita de Jimi Hendrix. Este tocou espontaneamente violão acústico na faixa gravada por Johnny. Essa versão não foi mantida no 45 rpm da época, permanecendo inédita até 1993, ano que foi lançada em *Johnny, le livre*, que vinha acompanhado de um CD para colecionadores, e depois na edição de 2000 do álbum *Johnny 67*, em que "Hey Joe" é uma das quatro faixas bônus. A presença de Hendrix na curta introdução da canção foi reconhecida como autêntica.

Segundo Johnny Hallyday, de seu encontro com Hendrix nasceu uma amizade sólida. Johnny Hallyday contou, mais tarde, que durante os dois anos que se seguiram, ao longo de suas respectivas temporadas franco-inglesas, um se hospedava na casa do outro. "Era um sujeito adorável, tímido, muito tímido, muitíssimo tímido", lembrou Johnny Hallyday. "Quando vinha a Paris, ficava na minha casa, e quando eu ia a Londres, ficava na casa dele. Ele fez sua famosa 'Hey Joe' e me disse: 'Você deveria gravá-la em francês, eu a gravarei em inglês'. Gravei-a em francês em Londres, onde ele assistiu às sessões. E ele voltou a tocar um ano e meio depois no Olympia. Foi engraçado: seu 'Hey Joe' era número um e meu 'Hey Joe' em francês era número um, ao mesmo tempo. O que me aborreceu foi que os mesmos críticos que o haviam depreciado, os mesmos nomes – não citarei quais –, disseram: Que gênio! Que incrível! Etc. [...] Para mim, ele está aqui, dentro da minha cabeça. Nunca esquecerei de Jimi Hendrix, ele está dentro da minha cabeça, dentro do meu coração, ele está aqui. Foi um homem adorado por mim. Você sabia que ele dormia com a guitarra na cama? Amava a guitarra a esse ponto..."[22]

Numa entrevista a Claire Chazal na televisão, Johnny Hallyday disse ter feito uma turnê de um ano com Hendrix, mas na verdade ela durou apenas uma semana. No álbum *Jamais seul*, produzido por Matthieu Chedid e lançado em março de 2011, uma das músicas, "Guitar Hero", é dedicada "A meu amigo Jimi Hendrix".

Em 23 de outubro de 1966, um mês depois de sua chegada a Londres, Hendrix entrou em estúdio. Chas Chandler sondou as gravadoras e, com uma demo em mãos, uma gravação ao vivo de "Hey Joe", tentou convencer um selo a assinar com Hendrix. Depois de se recusar a produzir os Beatles, afirmando que a música com base de guitarras logo sairia de moda, a Decca também recusou a oferta de Chandler. Kit Lambert e Chris Stamp, agentes do The Who e jovens diretores do selo Track Records, distribuído pela Polydor, acabaram assinando com a Experience. Chas Chandler organizou e dirigiu as sessões. Os meios de que dispunha eram reduzidos. Disse ter precisado vender meia dúzia de seus baixos elétricos (provavelmente dois) para pagar as horas de estúdio.

Pouco antes da Experience ir à Alemanha, em Munique, onde Mike Jeffery havia organizado shows no clube Big Apple, o primeiro artigo dedicado a Jimi Hendrix na imprensa inglesa foi publicado, em 29 de outubro, no *Record Mirror*: "Chas Chandler importou para este país e contratou um negro de vinte anos chamado Jim [*sic*] Hendrix, que, entre outras coisas, toca a guitarra com os dentes e foi saudado em certos meios como o principal candidato ao título de *next big thing*".[23] Jimi não tinha vinte anos, tinha 23. A imprensa se interessava sobretudo por seus truques. Ele logo se cansaria de ler sempre as mesmas descrições de sua presença de palco e tão pouco sobre sua música.

"A Inglaterra é *groovy*", declarou Jimi ao jornalista do *Record Mirror*, que intitulou seu artigo "MISTER PHENOMENON". Hendrix apresentou a Experience e declarou desejar que sua música não fosse encerrada dentro de um gênero: "Eu gostaria que se chamasse 'Free Feeling'. É uma mistura de rock, excessos, blues, música delirante".[24] Mais tarde, em março de 1967, o *L'Express* submeteu Hendrix a um questionário sobre seus gostos e aversões. Jimi não gostava de "compota e de lençóis frios", gostava de "música, cabelos, montanhas e campos". Seus pratos preferidos eram biscoito de morango e espaguete. Seus hobbies: "Ler ficção científica, pintar paisagens, sonhar acordado e ouvir música". Ele citava Bob Dylan, Muddy Waters e Mozart como compositores preferidos. Entre suas ambições pessoais: "Fazer um filme e acariciar a tela com sua luz brilhante". As respostas de Jimi não eram convencionais, eram engraçadas. Uma delas era sincera, forte, seu desejo de "criar [seu] próprio estilo de música".[25]

Jimi logo compôs as músicas do primeiro álbum da Experience, *Are You Experienced*. Escrever, para ele, era fácil, natural. Para as sessões de gravação, comprou pedais fuzz desenvolvidos por Roger Mayer e um novo amplificador Marshall recém-lançado que permitia ampliar os limites da distorção e construir a parede de som que ele desejava criar.

Jimi gravou seu primeiro *single*, "Hey Joe", que o levou ao topo da cena inglesa. "'Hey Joe' é uma canção de *cowboy* com um arranjo blues"[26], explicou Hendrix. É uma música do cantor folk, guitarrista e gaitista Billy Roberts, que Tim Rose tornou popular em 1966 depois que The Leaves, The Surfaris e The Byrds gravaram suas próprias versões. Jimi a tocava em Nova York, e foi sua versão de "Hey Joe" que conquistou Chas Chandler e o convenceu a tornar-se seu agente.

"Hey Joe" não foi apenas o título que lançou Hendrix, foi sua marca, e ele sempre a interpretaria nos palcos. Foi a primeira vez que cantou num disco e demonstrou a força de sua voz. Por mais que Jimi não gostasse de sua voz de timbre que alguns podem achar bastante banal, a sincronização guitarra/voz é perfeita. Os primeiros compassos da introdução da guitarra soam como um manifesto hendrixiano. Sua versão e os arranjos da canção se inspiraram nos de Tim Rose. Sob a forma de diálogo, "Hey Joe" conta a história de um homem que matou a mulher depois de surpreendê-la nos braços de outro. Ele foge para o México para evitar a própria morte, na forca. Kitsch, o coro das The Breakaways talvez não fosse indispensável. Mesmo assim, Hendrix está majestoso nesse "Hey Joe" vigoroso e brilhante. Seu solo de guitarra, sóbrio, relativamente curto (apenas oito compassos), surpreende tanto pelo classicismo quanto pela originalidade. Mais tarde ficaríamos sabendo que não foi Noel Redding quem tocou baixo ao lado de Hendrix e Mitch Mitchell, impecável na bateria, mas Chas Chandler, que preferiu gravar por conta própria as linhas de baixo da música do que chamar Noel Redding para outra sessão e ter de arcar com gastos adicionais. Membros da Experience de Hendrix, Mitch Mitchell e Noel Redding gravavam suas partes e pronto. Eram considerados acompanhantes, não participavam das decisões e da mixagem.

Para o lado B do 45 rpm, Jimi queria gravar "Killing Floor" ou "Land Of Thousand Dances", mas foi um de seus temas, "Stone Free", um rock com muitos toques de rhythm'n'blues, o escolhido. Como em "Purple Haze" e "Foxy Lady", Hendrix utilizou o acorde de sétima da dominante com nona aumentada no riff principal. Recorreu a ele tantas vezes que passou a ser chamado "acorde de Hendrix". Hendrix tocaria "Stone Free" com frequência.

Jimi tinha um ouvido muito apurado. Era autodidata, não sabia ler ou escrever partituras. Para guardar e memorizar suas composições, gravava demos das canções com um gravador portátil. Jimi adorava escrever, mas seu tempo livre se fazia escasso. A vida trepidante que levava lhe deixava poucos momentos de liberdade. Na maioria das vezes, escrevia com pressa entre uma série de noites em claro passadas no estúdio e o ritmo desenfreado dos shows. "A respeito de minha maneira de escrever, escrevo sobretudo confrontando a realidade e a imaginação", explicou ele. "Quase sempre fico na cama. É nela que escrevo minhas melhores canções"[27], ele também diria. De onde saíam os textos de suas canções, repletas de sonhos e ficção científica? De *flashes* de ácido? De visões xamânicas? De presenças poéticas?

Hendrix explica:

> Minhas palavras são fruto da minha imaginação, o resto se nutre da ficção científica. Adoro escrever cenas mitológicas. É possível escrever sua própria mitologia, como a história das guerras em Netuno, e a razão da existência dos anéis de Saturno.[28]

Sem a força poética de um Bob Dylan ou de um Leonard Cohen, Hendrix lavra canções alimentadas por seu imaginário pessoal. Sua escrita é precisa, e a composição é perfeitamente dominada. Um tema recorrente nas letras de Hendrix – permanente, até mesmo obsessivo – é a liberdade. Várias canções levam sua marca: "Freedom", "Highway Chile", "Ezy Rider" e "Stone Free". Hino à liberdade e ao individualismo e, por outro lado, apologia do nomadismo, "Stone Free" tem um valor de manifesto. "Stone Free" é também a afirmação, reivindicada em alto e bom som, de sua marginalidade.

O 45 rpm "Hey Joe" foi lançado na Grã-Bretanha em 16 de dezembro de 1966. A Experience participou de um programa paradigmático da televisão inglesa, "Ready Steady Go!", que catapultou as vendas do álbum. Este entrou nas paradas inglesas na 41ª posição, em 5 de janeiro de 1967, antes de chegar ao sexto lugar um mês depois. Chas Chandler e Mike Jeffery faziam as vendas crescerem artificialmente. "Eles iam às lojas de discos e compravam todos para que subisse nas paradas", lembra

Kathy Etchingham. "Sei que isso aconteceu porque eu mesma comprei várias cópias."[29]

Em 11 de janeiro, a Experience entrou de novo em estúdio. Essa sessão nos estúdios londrinos DeLane levou à gravação dos grandes clássicos hendrixianos "Fire", "The Wind Cries Mary", "51st Anniversary", "Third Stone From the Sun" e, principalmente, o definitivo "Purple Haze", numa versão antológica. Foi um marco na carreira do guitarrista. Para muitos, "Purple Haze" é um êxito absoluto. Tudo nessa canção faz dela uma obra prima inoxidável, uma joia rara de dois minutos e cinquenta segundos: palavras e música originais (nos dois sentidos do termo), arranjo esmerado, domínio total dos recursos de estúdio, guitarra elétrica saturada e estridente utilizada com total liberdade, grande e magnífica energia. A canção havia sido composta por Jimi alguns dias antes, em 26 de dezembro de 1966, nos vestiários do Upper Cut Club, uma boate londrina administrada pelo boxeador Phil Walker. É possível que a tenha escrito sob o efeito de maconha ou ácido. Alguns sugeriram que as palavras de "Purple Haze" fazem a apologia da maconha, sendo o *purple haze* uma variedade de *Cannabis* de cor púrpura.

Hendrix deu a seguinte explicação: "A ideia veio de um sonho que tive, em que caminhava no fundo do mar. Era uma referência a uma história que eu tinha lido numa revista de ficção científica".[30] Trata-se de uma novela de Philip Jose Farmer escrita em 1957, *Night of Light Day of Dreams*, publicada em 1966, que falava de um planeta chamado Dance Joy, onde o céu ficava violeta à noite e malva durante o dia.

"Purple Haze" afirmou um estilo musical singular, um universo composicional próprio. Essa música, de ritmo impetuoso e blues intenso, que alguns consideram precursora do hard rock, tem algo de inédito. "'Purple Haze' de fato não se parece com nada do que foi feito antes", confirma

Régis Canselier no livro *Jimi Hendrix, le rêve inachevé*. "Hendrix não tem nem a inventividade melódica dos Beatles nem a maestria harmônica de John Coltrane, mas cria um universo musical que supera suas influências, sendo sua singularidade amplificada pelo domínio do estúdio e de seus efeitos."[31]

"Purple Haze", acompanhada, no lado B, de "51st Anniversary" (essa canção, um monólogo em que ele se dirige a uma jovem de dezessete anos que quer se casar, é um ataque contra a instituição do casamento), foi o tema do segundo 45 rpm da Experience, lançado na Inglaterra em 17 de março de 1967. Melhor que "Hey Joe" nas paradas, "Purple Haze" vendeu mais de 100 mil exemplares, chegando ao terceiro lugar. Nos Estados Unidos, o *single* fez menos sucesso. Apesar de a canção ser transmitida a cada hora na KRLA, a emissora de rock de Los Angeles, a grande maioria das rádios a ignorou. A fim de evitar alguma gafe dos engenheiros de som, a gravadora americana Warner/Reprise mandara colar um adesivo na caixa da cópia máster destinada à fabricação do disco: "Distorção deliberada. Não corrigir!".

Em menos de três minutos, "Purple Haze" concentrava todos os elementos do estilo de Hendrix. "'Purple Haze' foi uma etapa na busca de nosso próprio som"[32], afirmou o guitarrista, que nela introduziu pela primeira vez a utilização dos pedais de efeito. Um Fuzz Face já na introdução e um pedal Octavia. Como muitos pedais, esses foram inventados por Roger Mayer, que criou quase todos os efeitos para guitarra. A distorção é o verdadeiro arco estilístico do rock digamos "pesado". Ela é obtida pela saturação da amplificação. Ao efeito de distorção, resultante do aumento do volume até o máximo, é acrescentado um reforço de frequências extremas (graves e agudas). O som perde uma parte de suas características, pois excede as capacidades do amplificador e fica sujo com interferências:

ele fica saturado. O guitarrista pode controlar o nível de saturação deformando mais ou menos o som.

A história da guitarra elétrica pode ser dividida em duas fases: antes e depois de Jimi Hendrix. Seu jeito de tocar guitarra, quase sempre uma Fender Stratocaster, foi revolucionário. Sua utilização dos efeitos foi inovadora. Ele ampliou a paleta sonora da guitarra, portanto, da linguagem do rock. Hendrix utilizou com perfeição a amplificação, que permitiu um ganho em potência e em *sustain* (pois a duração da nota é muito breve no violão acústico). Nunca um instrumento de seis cordas havia soado como o seu. Hendrix utilizou efeitos diversos que fizeram parte de seu estilo: *feedback* ou larsen (como em "Foxy Lady", no sétimo segundo), *slide down* (glissando para o alto do braço, para o grave), pedal Fuzz Face (efeito de distorção), vibrato (na mão), *bend* (a corda é levantada, numa espécie de apogiatura), pedal Octavia, pedal wah-wah (na introdução de "Voodoo Child", por exemplo), *phasing*, *delay* ou efeito de eco; efeitos acrescentados a posteriori em estúdio (como em "All Along The Watchtower", no segundo minuto), UniVibe (equipamento adquirido alguns dias antes do show do festival de Woodstock que deu a sua interpretação de "Star Spangled Banner" sonoridades ricas e vibrantes), sonoplastia, bandas tocadas ao contrário, *rallentandos*...

O domínio das técnicas ainda pouco ou nada exploradas, como a distorção, foi um marco na história do rock. O que levou Pete Townshend, guitarrista do The Who, a dizer: "Penso que, sob muitos aspectos, ele mudou mais a sonoridade do rock do que os Beatles. Eles trouxeram a qualidade de composição ao rock'n'roll. Jimi mudou o som da guitarra. Fez dela um instrumento. Buddy Guy, T. Bone Walker ou Chuck Berry tocavam de maneira brilhante, mas nenhum a havia colocado em destaque e vendido ao público como ele. E vendido a caras como eu, que hoje a consideram um verdadeiro instrumento. Caras como Eric Clapton eram puristas demais. Eles eram contidos demais com suas guitarras. Jimi se exteriorizava sem a menor reserva, e foi por isso que atingiu tantas pessoas".[33]

Depois de "Purple Haze", "The Wind Cries Mary", terceiro 45 rpm da banda, foi lançado em 5 de maio de 1967 e alcançou um sucesso parecido, chegando ao sexto lugar das paradas. "The Wind Cries Mary" foi escrita por Hendrix após uma briga violenta em Londres com Kathy Etchingham, cujo segundo nome é Mary. Devido às observações indelicadas de Jimi sobre seu jeito de cozinhar, que ele considerava "horrível", como dissemos, ela teria quebrado toda a louça antes de deixar o apartamento às pressas para passar a noite na casa de Eric Burton, vocalista do The Animals. Alguns disseram que Hendrix teria escrito "The Wind Cries Mary" pensando em outra garota, Mary Washington. Mas ele declarou que "a canção não falava de ninguém em particular". "Era apenas uma história de ruptura, um cara e uma garota se separam"[34], disse. "The Wind Cries Mary" foi o terceiro *single* da The Jimi Hendrix Experience lançado em 45 rotações em 1967 (ausente da edição britânica do álbum *Are You Experienced*, a canção consta da edição norte-americana).

No lado B do 45 rpm há um blues sóbrio e vigoroso, de instrumentação depurada, "Highway Chile", possível alusão ao álbum *Highway 61 Revisited*, de Bob Dylan, lançado dois anos antes, em 1965. Robert Zimmerman, ou Bob Dylan, foi uma das principais influências de Hendrix, que nunca deixou de ouvi-lo. Uma foto de Jimi tirada em Londres em janeiro de 1967 o mostra diante de um toca-discos com o álbum de Lenny Bruce na mão esquerda e com *Blonde on Blonde*, de Dylan, a seus pés.

Como não reconhecer Hendrix nesse filho da estrada ("Highway Chile")? Ele foi um músico infatigável – corredor de longa distância pego de surpresa pela opacidade do real –, inventor sem descanso, o mais austero trabalhador a levar a energia liberada em turnê. Já dissemos e repetimos – leitmotiv e motivo rítmico –, Hendrix estava sempre na estrada. Sempre esteve, mas, a partir do grande arranque de Londres, esteve mais do que nunca, o movimento se acelerou.

Uma multidão compareceu ao Bad O'Nails Club de Londres, na Kingly Street, no Soho, onde a Experience de Hendrix tocou no dia 25 de novembro de 1966. Toda a cena musical de Londres estava lá: Paul McCartney, Ringo Starr, Brian Epstein, empresário dos Beatles, Pete Townshend e John Entwistle, do The Who, Allan Clarke e Bobby Elliot, dos Hollies, os Animals, os Small Faces, Bill Wyman, Eric Clapton, Donovan, Georgie Fame, Denny Laine.

Com os ruídos superamplificados da Stratocaster, rajadas de notas supersônicas e *feedbacks* entrecortados por *riffs* poderosos, Hendrix causou sensação. O volume sonoro da Experience era muito alto. "Tocávamos muito alto para que o público também pudesse sentir fisicamente a música", explicou Hendrix, "para que a levasse consigo em seu coração."[35]

Sua música, de uma modernidade estonteante, não correspondia aos cânones estilísticos da época. Mais parecia um míssil. A imprensa musical inglesa limitava-se a repetir: "Jimi Hendrix, fantástico guitarrista americano, fulminou uma multidão cheia de astros. [...] Jimi tem uma grande presença de palco e uma técnica de guitarra excepcional que lhe permite tocar com os dentes e, às vezes, sem utilizar as mãos. Jimi está prestes a se tornar um dos grandes nomes de 1967".[36] "O trio de Jimi fez uma explosão de sons magníficos [...]. Jimi tem uma presença de palco extraordinária e uma técnica estonteante na guitarra, que às vezes toca com os dentes, ou sem as mãos! Jimi começou bem para se tornar uma das grandes atrações de 1967."[37]

"Ele foi incrível. Me deixou siderado"[38], disse Mick Jagger. "Você tinha dito que ele era bom. Mas não tinha dito que era *fucking* bom!"[39], teria exclamado Eric Clapton a Chas Chandler. Antigo integrante da banda de John Mayall e cofundador do Cream, Eric Clapton era considerado o "melhor guitarrista do mundo". Influenciado por Freddie King, Buddy Guy e B.B. King, ele fazia no *power trio* Cream, ao lado do baixista Jack Bruce e do baterista Ginger Baker, um blues branco vigoroso que conquistou enorme sucesso (5 milhões de álbuns vendidos em quarenta anos). O estilo flamejante de Hendrix fascinou o guitarrista inglês e com certeza fez-lhe sombra. "Depois da atuação pirotécnica de Hendrix, Eric Clapton se sentiu completamente derrotado e, fato excepcional, voltou para casa de táxi comigo e outro amigo", lembra Betsy Fowler. "Ele passou os dez minutos do trajeto deitado no chão do carro gemendo de desespero. Pensava que sua carreira havia chegado ao fim."[40]

Segundo Chas Chandler, Jimi disse que só aceitaria segui-lo até Londres se pudesse conhecer Eric Clapton. Hendrix e Eric Clapton se viram uma semana depois da chegada de Jimi a Londres, durante um show do Cream na Central London Polytechnic, em 1º de outubro de 1966. Excepcionalmente, Clapton aceitou que o desconhecido se juntasse a ele no palco. E isso apesar da reticência do baterista Ginger Baker. Jimi se conectou ao amplificador de Jack Bruce, que, ao que parece, não gostou muito, e atacou "Killing Floor", de Howlin' Wolf. Testemunhas relataram que Clapton parou de tocar, saiu do palco e tentou acender um cigarro. "Ele tocou guitarra com os dentes, atrás da cabeça, deitado no chão, fazendo espacate e outras poses", contou Eric Clapton em sua autobiografia. "Era estonteante e genial musicalmente, não era apenas um fogo de artifício a contemplar. [...] Fiquei com medo, pois no exato momento em que começávamos a entrar em nossa velocidade de cruzeiro, chegou um verdadeiro gênio." "Ele revolucionou a cena musical", Clapton também diria.

"Nunca esquecerei a cara de Eric quando Jimi começou a tocar", recorda Chas Chandler. "Ele ficou lívido. Saiu e contentou-se em olhar, mantendo-se ao lado do palco."[41] O choque foi duro para Clapton. Ele acabara de conhecer um guitarrista que o superava.

Eric Clapton e Jimi Hendrix se tornaram amigos. Clapton inclusive presenteou Hendrix com a famosa jaqueta de hussardo que ele usava. Mas a rivalidade entre os dois, em parte fictícia, criada e alimentada pela imprensa, estava enraizada. A tal ponto que, durante um dos shows no Fillmore East de Nova York, quando uma espectadora perguntou a Jimi "Você é melhor que Eric Clapton?", o guitarrista respondeu: "Você é melhor do que minha namorada?".[42]

Outro guitarrista de renome também teve calafrios depois de ouvir Hendrix: Pete Townshend. Segundo o próprio Townshend: "Kit Lambert, que era agente do The Who e meu mentor, foi a primeira pessoa a me apresentar Hendrix, o primeiro a me falar dele, o primeiro a me predizer seu sucesso [...] Depois disso, anunciou-me que ele havia assinado com a Track. Kit tinha um grande tino para negócios. Ele não se enganava. Senti-me ameaçado, pensava: 'Bom Deus, Kit Lambert encontrou outro guitarrista'. Ele era meu mentor, e tinha descoberto outra pessoa".[43]

O impacto de Hendrix foi imediato. Seu estilo guitarrístico, seu blues psicodélico, seu rock inacreditavelmente vigoroso entraram em ressonância com a época. A imprensa comentava: "[...] O Wilt Chamberlain dos tocadores de guitarra elétrica. Se nas mãos de Wilt uma bola de basquete pode parecer ter sido colhida num laranjal, Jimi sabe fazer sua guitarra parecer um palito de dentes".[44] "Ele reúne o esplendor fantasmagórico de uma tela de Hieronymus Bosch à essência funky do rhythm'n'blues. É um sujeito alucinante."[45]

Na muito puritana Inglaterra dos anos 1960, Hendrix aparecia como um fenômeno. Ele fascinava e perturbava. O grupo reacionário National Viewers & Listeners, conduzido por Mary Whitehouse, que percebeu a energia propriamente sexual que emanava de Hendrix, partiu em cruzada contra a Experience. Em turnê pela Inglaterra, a Experience seria regularmente proibida de ficar em hotéis devido às roupas de seus membros. Abe Jacob, engenheiro de som americano, recorda: "Cada vez que montávamos o equipamento, havia policiais e bombeiros que nos diziam: 'Vocês não podem fazer esse tipo de coisa em nossa cidade'. Eles pensavam que Hendrix colocaria fogo no prédio".

"A música é muito pessoal, ela necessariamente evoca a sexualidade", explicou Hendrix. "Que mal há nisso? Por que é tão vergonhoso? Toco e me movimento segundo o que sinto, é minha maneira de ser."[46] Além do carisma do guitarrista no palco – seus requebros, suas contorções nitidamente eróticas, suas fulgurâncias guitarrísticas –, era um sujeito bonito e extremamente sexy. Jimi não era muito alto, tinha 1,78 metro, mas seu corpo esbelto, anguloso e esguio e seu imenso cabelo afro o tornavam bem mais alto. E apesar de seus quadris serem estreitos, seus ombros eram muito largos. A silhueta de adolescente magrela era acentuada pelas roupas, pelas capas que lhe davam ares de super-herói. Seus músicos o chamavam "o morcego"[47], não apenas porque ele usava grandes capas pretas, mas também porque tinha o costume de fechar as janelas e dormir durante o dia.

Em Londres, Jimi raramente passava despercebido. "Quando caminhávamos pelas ruas de Londres", recorda Kathy Etchingham, "às vezes as pessoas paravam e o observavam como se ele fosse uma aparição."[48]

Cabelos cuidadosamente penteados, bigode fino, roupas selecionadas (jaquetas militares, mais tarde camisas com golas de renda laranja, calças de veludo vermelho), chapéus, colares, anéis, Jimi cuidava da aparência. Apesar da miopia, não usava óculos. Jimi tinha personalidade, às vezes podia se exaltar, sobretudo sob o efeito do álcool. ("Quando ficava furioso, explodia"[49], lembra Kathy Etchingham.) Mas era quase sempre doce, educado, gentil e tímido fora do palco. Ele inspirava simpatia, confiança. E Jimi não era desprovido de humor, o que aumentava sua força de sedução. "Alguns pais que levavam seus filhos aos shows se queixaram, porque nos achavam vulgares", ele disse ao *New Musical Express* [29 de julho de 1967]. "Dissemos para nós mesmos que aquele público não era o nosso. Acho que me confundiram com o Mickey."[50]

Jimi despertava admiração e ansiedade nos homens, fascínio e atração nas mulheres. O homem negro fazia sonhar. Por trás da suposta animalidade do negro, exaltada pela presença de palco e outras contorções, havia a sensualidade do corpo livre em movimento, às vezes bastante desnudado, que o branco ou a branca tentavam encontrar afrontando os tabus puritanos, os costumes sociais que regiam sua civilização conformista e onipotente.

"Para minha geração de mulheres brancas, ele foi o primeiro a transcender os códigos sociais [...]", observou Alfreda Benge, letrista e ilustradora, esposa de Robert Wyatt desde 1974. "Admirávamos os negros como músicos, ou diferentes, mas sempre sentíamos uma espécie de separação; não conseguíamos nos identificar com eles. Ele foi o primeiro artista negro sobre quem podíamos dizer: 'Uau, você me interessa'. Não sei o que ele tinha exatamente, mas aquilo o tornava incrivelmente importante [...]. Eu já tinha morado com negros, não era distante deles, mas nunca tinha me ocorrido a ideia de que um negro pudesse me apetecer. Hendrix deu um passo imenso no sentido do antirracismo. A partir dele, os Blacks se tornaram sedutores."[51]

Música é desejo indestrutível. As atuações cênicas de Jimi impressionavam e davam o que falar. Rito, possessão e transe, Jimi colocava em cena toda uma dramaturgia do corpo e da mente entrelaçados, numa constante exortação à superação dos limites. "Depois das performances de Jimi, sábado e domingo à noite, me disseram que ele precisava fazer algumas mudanças", lembra Chas Chandler. "Os organizadores achavam que ele era sugestivo demais. Pessoalmente, achei aquilo uma piada, não havia nenhuma chance de que ele mudasse o que quer que fosse em sua maneira de tocar."[52]

No romance *Hymne*, de impactante veracidade – literatura mentira-verdade que soa exata e forte –, a língua viva e afiada de Lydie Salvayre descreve o impacto de Hendrix sobre a Inglaterra dos anos 1960:

> Hendrix tornou-se, em poucas semanas, objeto de devoção. Nada mais justo.
> Pois ele estava no auge de sua arte, em flor, como dizem os poetas, e encarnava aos olhos dos ingleses uma maneira completamente diferente de ser-para-a-música.
> Aquele negro, que tinha o coração em pedaços, trouxe-lhes uma música de uma violência e uma doçura incomparáveis, uma música mais feroz e mais dolorosa do que todas as que eles tinham ouvido até então, uma música muito mais sofisticada, mais rebuscada, mais indolente e, ao mesmo tempo, mais selvagem.
> Uma música que de repente deu realidade à tenaz fantasia que os brancos da Europa alimentavam a respeito dos negros, a saber, que eles eram seres de corpos insubmissos, animados por pulsões sexuais que não eram coagidas pelas leis sociais, subtraídos por isso aos freios da moral, dotados de um gênio rítmico excepcional, bastava colocar um tamborim em suas mãos e pronto, ouvia-se rumba!, em uma palavra, primitivos dotados de um membro de jumento e de uma boca condizente. E esse suposto primitivismo do negro Hendrix, escandalosamente simplificador e cheio de desvios, seduziu completamente os roqueiros ingleses da época, preocupados em se desfazer da lendária reserva britânica, rígida, e pendendo para o lado negro a fim de se sujar um

> pouco, de se brutalizar um pouco, de escurecer a alma à falta de outra coisa, e de aparecer às multidões como indivíduos muitíssimos perigosos!
> A Inglaterra estava à espera de seu selvagem.
> Hendrix veio personificá-lo.
> Hendrix, que trazia uma maneira completamente nova de ser-para-a-música, uma maneira mais feroz e carnal (eu diria mais visceral, se a palavra não evocasse as tripas), Hendrix deu vida como nenhum outro ao corpo controlado, ao corpo constrito, castrado e imóvel dos músicos da Europa, e deu vida como nenhum outro a um corpo sensual, pródigo, exuberante, um corpo finalmente liberto da hipocrisia puritana e que se entregava indecentemente à volúpia,
> um corpo de que a música era o esperma e o tronco nervoso, em outras palavras, a alma,
> um corpo que a música percorria de ponta a ponta como um sangue vivo e palpitante, era visível,
> um corpo em que a guitarra literalmente causava uma ereção, um corpo ereto aos olhos de uma velha sociedade toda espartilhada e carcomida de frustrações,
> um corpo que gozava, foi esse, sem dúvida alguma, o choque,
> um corpo que gozava, que assumia o direito exorbitante de gozar, e deixava transparecer por entre os entraves um movimento selvagem de exultação que não era considerado conveniente.[53]

No palco ou na televisão, os astros de rock despertam um fascínio imediato. Sob as luzes dos projetores, o corpo retesado, a energia transbordante, a forte presença erotizada os transforma em ícones, em super-homens. "Na escola, cheio de espinhas, ninguém se interessa por você", explica Eric Clapton. "Quando você entra numa banda, de repente milhares de garotas ficam ao alcance da mão. Milhares de mulheres gritando a plenos pulmões a seus pés. Venha falar em poder... pfff!"[54]

Depois de assistir a um show de Hendrix em Cardiff, no início de 1967, o jornalista Nick Kent observou: "Fiquei completamente siderado ao ver todas aquelas garotas que eu conhecia, tão reservadas na escola, começarem a gritar e a subir nas poltronas para chegar mais perto daquele sujeito que estava no palco".[55]

"Os ingleses têm uma coisa muito especial com os negros", explicou Eric Clapton à *Rolling Stone* em 1968. "Eles adoram esse lado mágico. Todos ficam encantados. Todo mundo na Inglaterra acredita mais ou menos que os negros têm pau grande. E Jimi chegou e explorou isso a fundo... e todo mundo acreditava."[56]

"Se eu soubesse, como sei agora, o efeito que aquilo teria em minha mulher, não a teria levado de clube em clube com tanto entusiasmo. Eu teria ido, mas tendo certeza de que ela, por sua vez, iria ver algo mais inócuo!", exclamou Pete Townshend depois de ter levado a um show Karen Astley, sra. Townshend desde 1968. "Era muito sexual; mas não de uma maneira insinuante, antes de uma maneira ameaçadora. Depois falei com Karen: 'Como foi? Sexual?'. Ela respondeu: 'Que pergunta estúpida'."[57]

Pete Townshend testemunhou a cena em que Jimi Hendrix conquistou Marianne Faithfull na frente do companheiro dela, Mick Jagger, em Londres, no Speakeasy, onde o guitarrista tocava. "Ela estava pronta para se levantar e segui-lo, tal era seu poder elétrico de *sex machine*", lembrou Pete. "Imagine-se num *night club* olhando para um sujeito visivelmente espantoso, e esse sujeito passa na sua frente sem nem mesmo olhar para você, dirige-se à sua namorada, murmura algo em seu ouvido e ela parece realmente considerar a coisa... aceitando ou não depois."[58] "Ele me perguntou por que eu estava com Mick Jagger"[59], lembrou Marianne Faithfull. Depois, sedutor e francamente lisonjeador, Hendrix explicou-lhe que tinha escrito "Wind Cries Mary" para ela. Mas Marianne Faithfull foi fiel ao vocalista dos Rolling Stones. "Não ter saído com Hendrix com certeza foi um de meus maiores erros", declarou ela. "Eu deveria ter me levantado e dito: 'O.K., vamos'."[60]

"Há todas essas histórias de *groupies* londrinas que borboleteavam em torno de Jimi Hendrix, mas na verdade era um grupo seleto", acrescentou Pete Townshend. "Havia umas dez, e eram as únicas garotas, além de nossas namoradas, que sabíamos estar disponíveis. Eram fãs de música, declaradas, mas também eram... ninfomaníacas! Elas queriam sexo, queriam se divertir, e sabiam onde encontrar tudo isso. Mais óbvio impossível."[61]

No filme *Jimi Hendrix*, que Joe Boyd dirigiu em 1975, o guitarrista descreve um encontro típico de turnê:

> Acordei às sete horas da manhã, ainda meio dormindo, abri a porta e vi alguém que me agradava, e primeiro me perguntei: "O que ela está fazendo aqui? O que quer?", ou algo do gênero. Então ela disse: "Hã, posso entrar?". E eu fiquei parado ali e ela realmente me agradou... talvez tivesse dezenove, vinte anos, estava acima da idade, da idade legal... então convidei-a para fazer a sesta. Cedi à tentação.[62]

Desde sua chegada a Londres, Jimi vivia uma relação no mínimo tumultuosa com Kathy Etchingham. "Quando começamos a viver juntos, eu era muito jovem e bastante selvagem"[63], lembra ela. Em dezembro de 1966, Jimi e Kathy se mudaram, como vimos, para o antigo apartamento de Ringo Starr, na praça Montagu. A relação era tensa. Era difícil para Kathy suportar as constantes infidelidades de Hendrix. O amor entre eles era conflituoso, pontuado por brigas constantes.

Musa perigosa para alguns, Kathy Etchingham foi, ao lado de Devon Wilson, a mulher que melhor conheceu Hendrix, mais intimamente e por mais tempo, ao longo de dois anos, em especial no bairro de Mayfair, no número 23 da Book Street, durante alguns meses do ano de 1968 (há hoje uma *blue plaque* na fachada da casa), até a mudança de Hendrix para Nova York. "Quando conheci Jimi, ele era muito calmo, bebia apenas refrigerante. Mas alguns anos depois estava viciado, consumia cocaína e LSD. Seus cabelos começaram a ficar grisalhos e a cair. Ele era como que forçado a levar aquela vida, só queria tocar guitarra, mas foi uma batalha."[64]

Ao longo dos anos 1960, que foram os anos da libertação sexual, a vida de Jimi Hendrix instintivamente o fazia experimentar os deleites do prazer imediato. Jimi gostava de mulheres. Jimi gostava de sexo: por ele passavam sua energia transbordante e sua potente vitalidade. Ele muitas vezes foi descrito como um fenomenal corredor de saias, ou mesmo um ogro, um predador sexual. De fato encontramos muitas referências ao sexo nas letras de suas músicas, por exemplo em "Foxy Lady".

Kathy Etchingham confirma: "Ele tinha um apetite sexual incrível. Podia dormir com três ou quatro garotas na mesma noite. Consumia mulheres como outros fumam cigarro. Tinha muitas opções. As groupies estavam constantemente à sua volta. Ele nem precisava ir até elas, que iam até ele. Várias vezes ele me contou como se viu com quatro mulheres numa cama de casal. Ele falava a respeito com uma espécie de indiferença. Na noite seguinte, nem as reconheceria. Uma noite, depois de um show em Manchester, encontrei-o no banheiro feminino com uma garota. Aquilo não significava nada para ele, nem para mim, apenas que era preciso se apressar, senão perderíamos o trem de volta para Londres. 'Ela queria um autógrafo', disse Jimi."[65]

Kathy Etchingham confessou que Hendrix gostava de se filmar e gravar durante o ato sexual. "Ele tinha se tornado completamente louco por filmes amadores. Comprou uma bela câmera e um projetor. Às vezes, se debruçava na janela e filmava as pessoas passando na rua. E ele gostava de filmar tanto as gordas quanto as magras e as feias. Ele projetava os filmes e ria. Ele também filmou garotas correndo peladas, em seu quarto."[66]

"Jimi fazia tudo com excesso", acrescenta Kathy Etchingham. "Ele podia beber uma garrafa e meia de uísque numa noite. Começava a beber quando começava *Coronation Street* na televisão e, à meia-noite, estava pronto para sair para jantar e começar a beber vinho. No álcool e em tudo mais, ele achava que só chegava ao limite quando desabava."[67]

"Jimi sempre queria experimentar. Fossem canções, instrumentos ou drogas", contou Kathy Etchingham. "Quando conheci Jimi, ele fumava haxixe, e pouco. Depois veio o LSD. Acho que Jimi começou a beber mais por minha causa. Ele era meu namorado, e eu adorava beber. E não era tão fácil assim para Jimi na Inglaterra naquele momento."[68]

No livro *Through Gypsy Eyes*, Kathy Etchingham revelou que Jimi era muito ciumento, possessivo. Tinha crises de ciúme. Seu comportamento agressivo, às vezes violento, era devido, segundo ela, ao álcool. "Certa noite, depois de se irritar com minha desinibição, ele me trancou no quarto e não me deixou sair", conta ela. "Horas depois, ainda sem abrir, peguei no sono. [...] Lembro que outra noite Jimi e eu estávamos no Bag O'Nails. Saí da mesa para subir e ir telefonar a uma amiga. Fiquei fora mais tempo do que devia, segundo ele, que subiu, furioso, pensando que eu estivesse ao telefone com outro homem. Me arrancou da cabine telefônica, arrancou o telefone de minha mão e começou a me bater com ele. Pensei que tivesse enlouquecido e comecei a gritar. Apesar de ser muito magro, Jimi era muito forte, muito mais do que eu. E bem naquela hora, como num filme de James Bond, John Lennon e Paul McCartney entraram no clube. Eles viram o que estava acontecendo e nos separaram. Depois o levaram para um canto e o acalmaram. É provável que tenha sido a primeira de nossas inúmeras brigas."[69]

Jimi e Kathy viviam juntos. Mesmo assim, Jimi estava, segundo ela, constantemente em busca de outras garotas nas turnês. Kathy, por sua vez, fazia o mesmo quando ele estava ausente de Londres e saía com Paul McCartney e John Lennon. Ela não gostava muito da música dele, e ele tentou ensiná-la a tocar guitarra, confessou ela. Jimi tornava-se popular, conhecido, e seus agentes tentavam esconder da imprensa que ele tinha uma relação regular, contínua, com Kathy: "Eles achavam que ter uma namorada regular não seria bom para sua imagem. Então eu precisava me esconder quando iam entrevistá-lo em nosso apartamento. Achei aquilo insuportável. Levamos um ano para encontrar outro apartamento."[70]

Jimi e Kathy viviam uma relação tempestuosa, às vezes violenta. A tal ponto que um dia ele quebrou o nariz dela com um chute. As relações que Jimi mantinha com as mulheres eram complicadas. Hendrix nunca compôs uma única canção celebrando as virtudes do amor duradouro, enquanto na mesma época a Motown fazia a apologia desse amor por meio de vários cantores. Hendrix não acreditava no amor estável, duradouro. "Uma vez, de tempos em tempos, pode me acontecer de falar em 'amor' com uma garota, mas nunca sinceramente. Não fico no mesmo lugar tempo suficiente para me apaixonar por alguém. Nunca me apaixonei de fato, com um tipo de amor duradouro. A única pessoa que realmente me amou foi minha mãe. E ela está morta há muito tempo."[71]

Jimi queria ser livre. Aliado à sinceridade e à busca da perfeição, o tema da liberdade invadia praticamente cada uma de suas canções. Sim, Jimi se queria livre a tal ponto que, em certo sentido, nunca pertenceu a ninguém. Algum dia poderia se apaixonar e unir-se de corpo e alma a uma mulher? Para Jimi, o amor era um mal-entendido, o homem estava sozinho. O amor era apenas amor em si, animador de tudo o que vive, motor dos seres e dos astros, que estava além de toda mulher real? As mulheres queriam prendê-lo numa jaula, ele disse numa de suas músicas, "Stone Free", amplamente autobiográfica. Mas ele bradava sua recusa a ser aprisionado.

Kathy Etchingham nunca se casou com Jimi Hendrix. Depois do rompimento e de um tempo de silêncio, eles retomaram o contato e se tornaram amigos. "Casei-me com outro, mas continuei a vê-lo", explica ela. "Ele disse a meu marido que continuava me amando. No entanto, por mais estranho que pareça, nós três concordávamos sobre o fato de que Jimi e eu podíamos continuar nos relacionando. Jimi tinha problemas financeiros e precisava falar com alguém sobre eles. Para cada problema, ele tinha uma pessoa diferente com quem conversar. Eu era sua confidente em assuntos de amor e dinheiro."[72]

Kathy Etchingham descreve Hendrix como um homem de humor instável: "Era impossível prever o que ele iria fazer. Ele podia estar calmo e gentil e, no momento seguinte, tornar-se uma pessoa completamente diferente. Sem motivo aparente, ele podia quebrar tudo num quarto, onde quer que estivesse, e bater em quem interviesse. Depois de seus acessos de violência, sempre ficava completamente desolado e se sentia culpado."[73]

Quando Hendrix morreu, Kathy Etchingham herdou sua coleção de discos. Ela os colocou à venda na Sotheby's em 1991. Adquirida pela quantia de 2.420 libras (3.450 euros), desde então a coleção é propriedade do Experience Music Project, de Seattle.

No início de 1967, o fotógrafo Gered Mankowitz recebeu Jimi Hendrix e seus dois parceiros da Experience nos estúdios Mason's, no coração de Londres, não muito longe do Scotch of St. James, famoso clube da Swingind London onde Hendrix, em setembro de 1966, havia tocado pela primeira vez na capital inglesa com a banda de blues da casa.

Um belo livro, *The Experience: Jimi Hendrix at Mason's Yard* restitui os dois dias de sessões de fotos que produziram algumas das imagens que formaram a lenda Hendrix. Talvez sejam as mais belas fotografias de Hendrix, com seu mais famoso retrato em estúdio. Várias capas de livros, mas também encartes de discos se originaram desse *shooting* ("The Ultimate Experience", a reedição dos álbuns de Hendrix pela MCA, em 1993, com versões coloridas das fotografias de Mankowitz na capa).

As imagens de Gered Mankowitz são simples, fortes e belas. Não são fotos em pé com a guitarra, mas uma série de retratos realizados com um Hasselblad 500c. O Hasselblad – primeira máquina fotográfica a viajar à Lua –, que também foi utilizado por Irving Penn (para a foto de Miles Davis na capa do álbum *Tutu*, de 1986) e Richard Avedon, permite acutância, contrastes, uma granulação muito especial. A energia vital é totalmente apreendida. Ficamos comovidos com as fotografias, com a gravidade das expressões, a naturalidade, a dignidade das poses, a verdade profunda de cada situação. "Sempre houve uma espécie de mística em torno de Jimi e, ao que dizem, consegui captar uma coisa íntima e muito especial, revelando uma nova faceta desse ícone da música"[74], observou Mankowitz.

O público britânico logo se apaixonou pelo jovem americano negro de 23 anos cujo público até então se limitava a alguns clubes londrinos, o Bag O'Nails, o Speakeasy ou o Ricky Tick. Depois de "Hey Joe", "Purple Haze" e "The Wind Cries Mary" chegaram ao Top Ten das paradas inglesas. Sua participação em "Top Of The Pops", o programa musical que mais tempo durou na história da televisão britânica, causou grande impacto. A imprensa lhe era favorável, mas nem por isso unânime. "A Jimi Hendrix Experience é um labirinto musical – ou encontramos nosso caminho nessa parede de som de incrível densidade ou ficamos sentados de boca aberta diante do domínio técnico de Hendrix e seus talentos de homem de palco, nos perguntando o que está acontecendo."[75] "O mais impressionante em Jimi Hendrix é que ele não é 'bonito' – e sua crua, excitante, *beat music*, tampouco"[76]; "Purple Haze", "R&B mesquinho, insidioso, repulsivo, como raramente feito nesse país".[77]

Na primavera de 1967, a Experience começou sua primeira turnê pela Grã-Bretanha. Ela reuniu grupos tão diferentes como a Experience, The Walker Brothers, Cat Stevens e Engelbert Humperdinck. "Um verdadeiro albergue espanhol"[78], diria Mitch Mitchell. Na cena musical britânica de meados dos anos 1960, por mais que Jimi Hendrix parecesse um extraterrestre, o trio recebeu uma acolhida calorosa de um público inglês em busca de novos sons, ávido de novas sensações. "O som era realmente assustador", lembra Allan Jones, futuro redator-chefe da *Melody Maker*, que assistiu ao show em Cardiff. "Tínhamos a impressão de que ele bombeava o ar para fora de nossos pulmões, nos deixando alucinados. Sem fôlego."[79] "Na América, as pessoas são muito mais tacanhas do que na Grã-Bretanha", explicou Hendrix. "Se gostam de nós, tanto melhor! Se não, azar!"[80]

O primeiro álbum de Jimi, *Are You Experienced*, lançado pela Track Records, saiu em 12 de maio de 1967. A canção que dá título ao disco, "Are You Experienced" ("Você tem experiência?"), tem duplo sentido. A primeira acepção é de ordem sexual, um convite, uma proposta ao sexo. A segunda, mais correta dado o contexto psicodélico da época, faz referência às substâncias: "Você tem experiência com LSD?". Um mês depois do lançamento, *Are You Experienced* foi parar no Top Five britânico. Chegaria ao segundo lugar das paradas, logo atrás de *Sgt. Pepper's Lonely Hearts Club Band*, dos Beatles, e ficaria por 71 semanas no Top 40. O álbum foi lançado nos Estados Unidos em 23 de agosto. "Red House" não constava dentre as faixas do disco americano. "Eles me disseram: 'Cara, os americanos não gostam de blues'"[81], contou Hendrix. O álbum chegou ao quinto lugar da *Billboard*. *Are You Experienced* é até hoje o álbum do guitarrista mais vendido do outro lado do Atlântico (mais de 4 milhões de cópias). "O disco em si é um espetáculo digno do melhor pesadelo, impregnado de luxúria e dor autênticas, que também mistura com sucesso as formas simples do folk blues e os efeitos sonoros elétricos mais inovadores"[82], disse o *New York Times*. *Are You Experienced* foi um grande acerto. Alguns o consideram nada menos que o melhor álbum de rock de todos os tempos. Mais de quarenta anos depois das gravações, ele continua sendo uma obra-prima atemporal capaz de nos emocionar à trigésima audição. É um disco que não cansamos de ouvir, de novo e de novo. Seu impacto foi enorme. E não apenas do ponto de vista da guitarra, mas da música como um todo: sua influência superou a do simples pop inglês. O som do rock foi profundamente alterado por ele. *Are You Experienced* confirmou o estilo de Hendrix e embaralhou um pouco as pistas. Álbum de múltiplas facetas, suas onze faixas cobrem um amplo espectro musical: blues, jazz, rock, rhythm'n'blues, pop... Por mais que músicas se interpenetrem, se amalgamem umas às outras numa mesma faixa, o conjunto é coerente, uma grande unidade estilística é a resultante. Assim, *Are You Experienced* lançou as bases do universo hendrixiano e também do repertório dos shows, pois a maioria das canções tocadas ao vivo, como "Foxy Lady", vinha desse álbum. *Are You Experienced*, aliás, nasceu diretamente no palco. Mitch Mitchell confirmou isso no livro *The Experience Hendrix*: "Apesar de certa dose de experimentação em estúdio, *Are You Experienced* era a Experience ao vivo em disco. Tocamos a maioria das músicas em shows, algumas ocasionalmente, como 'Manic Depression' ou 'Third Stone From The Sun', mas no geral ele se tornou a base de nossas performances por um bom tempo. Havia algumas que não tocávamos em shows, como 'Remember' ou 'May This Be Love', porque, com toda franqueza, eram para encher, e não porque não podíamos retomá-las no palco".[83]

Podemos nos deter por um momento nesse disco, em sua concepção; ela denota a força musical de Hendrix, seu engajamento, seu senso de inovação. Os recentes avanços tecnológicos permitiram a criação de estúdios de gravação bastante aperfeiçoados. O desenvolvimento da gravação analógica em multicanais, a partir de meados dos anos 1960 até os dias de hoje, e o surgimento do digital, abriu possibilidades teoricamente ilimitadas. Nos estúdios Abbey Road, os Beatles, com o produtor George Martin, experimentaram e inovaram. No álbum *Sgt. Pepper's Lonely Hearts Club Band*, considerado a trilha sonora do "Summer of Love", lançado em 1º de maio de 1967, ou seja, menos de três semanas depois de *Are You Experienced*, os Fab Four aproveitaram ao máximo as possibilidades do estúdio, em especial os *overdubs*: do tradicional gravador em 4-canais, passaram para um 16-canais virtual. A técnica do *re-recording* (literalmente: regravação) consistia em gravar sons acrescentados a outros sons já gravados a fim de misturá-los durante a mixagem. Sidney Bechet, por exemplo, havia realizado sessões de *re-recording* em abril de 1941 – uma estreia na história do jazz. Ele gravou os dois lados de um disco com "The Sheik Of Araby" e "Blues Of Bechet", tocando sucessivamente seis instrumentos: clarinete, saxofone soprano, saxofone tenor, contrabaixo, bateria e piano.

Hendrix investiu no estúdio, que logo se transformou em laboratório; tornou-se um espaço de possibilidades, ou melhor, de todos os possíveis. O estúdio foi para o guitarrista um instrumento, um elemento de pleno direito em sua criação musical. E, coisa importante, primordial para uma boa compreensão do processo musical que tinha início quando ele entrava no estúdio, pois Hendrix era um músico rigoroso, perfeccionista. "Era um perfeccionista, ele sempre achava que podia fazer melhor", confirma John McDermott. "Ele nunca estava satisfeito, como guitarrista, compositor, produtor ou cantor."[84] O potencial do estúdio era utilizado ao máximo. Os *overdubs* lhe permitiam criar matérias sonoras inauditas. A ideia era surpreendente, e alguém precisava imaginá-la: na canção que dava título ao álbum, "Are You Experienced", Hendrix rodou as faixas gravadas ao contrário e criou um material musical inédito em cima do qual apôs um solo magistral.

As sessões de gravação de *Are You Experienced* ocorreram entre novembro de 1966 e abril de 1967, em Londres, em três estúdios diferentes, dentre os quais o Olympic, em Barnes, subúrbio londrino. Chas Chandler foi o produtor, atormentado pelos parcos recursos financeiros disponíveis. Por isso a necessidade de mudança de estúdio e a qualidade de som aproximada, devido à urgência. O álbum foi gravado em pouco tempo, em condições próximas às do *live*. Hendrix se adaptou bem ao estúdio: cantor complexado que era – tinha consciência de suas limitações vocais –, sabia colocar e moldar bem sua voz. Desnecessário forçá-la ou recorrer ao grito, como às vezes os shows exigiam.

Para algumas sessões de *Are You Experienced*, as dos estúdios Olympic, Chas Chandler chamou o engenheiro de som Eddie Kramer. Este conserva uma lembrança bem vívida do encontro com Hendrix:

> Na primeira vez que ouvi falar de Jimi, em 1966, ele acabava de fazer sucesso com "Hey Joe" e causava sensação na Inglaterra. Comecei a trabalhar com ele em janeiro de 1967. Ele tinha gravado nos estúdios Kingsway e CBS, acho, e Jimi e Chas não estavam satisfeitos com o som. Eles tinham ouvido falar dos estúdios Olympic, tinindo de novos, onde eu trabalhava, lugar que gozava de excelente reputação. Lembro de sua chegada ao estúdio: estava muito calmo, muito tímido, um

pouco desalinhado num impermeável branco, e falava pouco. Vi todos os amplificadores chegarem e me perguntei como conseguiria gravar tudo aquilo. E assim que ele se conectou e comecei a regular o som, imediatamente sentimos uma eletricidade entre nós. A música clássica era meu campo de especialidade inicial, mas eu tinha trabalhado com jazz, blues, vanguarda, pop, então os donos do estúdio me disseram: "Eddie, temos um americano com uma enorme cabeleira afro, você que está acostumado a negócios estranhos, por que não fica com ele?" (risos) [...] Eu me sentia parte integrante do que ele fazia, tinha a sensação de poder ajudá-lo a criar sons: ele tocava algo, eu acrescentava compressão, reverb, ele ouvia e, se gostasse, experimentava outra coisa e brincávamos assim de gato e rato, desenvolvendo uma competição saudável e uma conexão fantástica. Tudo isso para dizer que não estávamos dizendo "Vamos, temos que fazer o maior disco de todos os tempos", mas como era excitante estar em estúdio com ele. Ele era como um deus para caras como Eric Clapton, Jeff Beck, os Stones, os Beatles, então trabalhar com ele era um privilégio. Isso não acontece com frequência, talvez uma vez na vida. Sua música influenciou gerações, qualquer pessoa que comece a tocar guitarra passará por Jimi. E às vezes não entendemos o que ele fazia, sua maneira de tocar rítmica e *lead* ao mesmo tempo, puramente instintiva.[85]

Jimi se entendeu bem com Eddie Kramer, que tinha um ouvido atento e exigente. Ele estava à altura do perfeccionismo de Hendrix. Jimi nunca fugiu do trabalho duro, de passar horas e horas em estúdio. "Sempre estou tentando me aperfeiçoar, mas nunca consegui ficar totalmente satisfeito"[86], ele diria.

Jimi nunca estava satisfeito, tanto instrumentalmente quanto vocalmente. "Ele não deixava ninguém vê-lo gravando sua voz", contou Eddie Kramer. "Ficava incomodado. Achava sua voz horrível. [...] Quando gravava as partes vocais, recusava a presença de todo mundo. Ele achava que tinha a pior voz do mundo e não queria que eu o visse. Nem mesmo Chas. Mandei construir toda uma série de anteparos atrás dos quais ele se escondia. Além disso, ele ficava de costas."[87]

"Foxy Lady", "Manic Depression", "Red House", "Can You See Me", "Love Or Confusion", "I Don't Live Today" no lado A, "May This Be Love", "Fire", "Third Stone From The Sun", "Remember" e "Are You Experienced" no lado B, não há uma única música fraca em *Are You Experienced*, verdadeira joia musical e pedra angular da grande obra hendrixiana iniciada aos 24 anos de idade. Nele encontramos os diferentes temas desenvolvidos nos álbuns posteriores: a música, as mulheres ("Manic Depression"), a ficção científica ("Third Stone From The Sun").

Parece ter havido um *antes* e um *depois* de *Are You Experienced* na história da guitarra. A fada Eletricidade cintilou, emitiu suas mil faíscas. Hendrix se emancipou dos códigos, rompeu as barreiras do som. Na introdução da primeira faixa, "Foxy Lady", o som de sua guitarra é potente, devastador. E de uma liberdade total, de uma intensidade impressionante. O segundo solo de "I Don't Live Today" eleva sua guitarra a espaços supersônicos inauditos. Inovador, seu tocar guitarrístico se beneficia da utilização do *feedback*, que passa a fazer parte da assinatura hendrixiana. No *feedback*, literalmente "retorno", uma parte do sinal sonoro da saída é reinjetado na entrada. De fato, os microfones da guitarra repicam o som na saída do amplificador e criam um *larsen* que é reinjetado no som transmitido pela caixa. Assim, Hendrix usa o *feedback* modulando o volume sonoro, as dinâmicas, as intensidades. A guitarra decuplica o volume sonoro, se lança em improvisações desenfreadas que, em espírito, assemelham-se à fulgurância das improvisações dos anos de fogo do *free jazz* de 1960-1970.

A liberdade de Hendrix, sua intensidade e sua expressividade paroxística às vezes o fizeram ser comparado a um músico de *jazz*, às figuras maiores da New Thing, do *free jazz*, como os saxofonistas John Coltrane, Albert Ayler e Pharoah Sanders. "Adoro ouvir jazz", declarou Hendrix à *Melody Maker* [28 de janeiro de 1967]. "Mas tocar... não penso dessa maneira. Gosto de Roland Kirk: ele é o único cara que realmente compreendo em jazz. A maioria desses caras não toca nada além de blues, é o que penso!"[88]

O espírito jazz, que é moldado pelo blues, parece ser vivido por Hendrix com força. Ele estava ligado à improvisação. Apesar de sempre ter tido um repertório estabelecido – o que é raro em canção e no rock –, ele nunca tocou a mesma música do mesmo jeito. Investida dessa força, dessa energia, a enésima versão de "Red House", por exemplo, adquire um toque inédito e chega ao insólito.

A discoteca de Jimi compreendia tanto *Rip, Rig & Panic*, de Rahsaan Roland Kirk, e *Truth*, de Jeff Beck, quanto os álbuns de Bob Dylan, Albert King, Tim Hardin, Buddy Guy, Muddy Waters, Wes Montgomery, Kenny Burrell e Ravi Shankar. "Quando eu morrer, não quero exéquias, mas uma *jam session*", declarou Jimi à *Melody Maker*. "Roland Kirk estará presente, e tentarei chamar Miles Davis, se ele topar. Para isso vale a pena morrer, só para os seus pêsames..."[89]

> Kirk e Jimi estavam na mesma sintonia, explicou o jornalista Bill Milkowski. Hendrix, que de maneira rotineira justapunha no mínimo três partes de guitarra a suas gravações, sentiu uma afinidade imediata com o iconoclasta do jazz que podia tocar três instrumentos de sopro ao mesmo tempo. E o domínio estonteante de Kirk da respiração circular fazia eco às linhas de guitarras encadeadas de Jimi. Mas o laço mais forte entre os dois era o blues, no centro de seus respectivos estilos.[90]

Em 1º de junho de 1967, o oitavo álbum dos Beatles foi lançado, *Sgt. Pepper's Lonely Hearts Club Band*, gravação histórica. Além de um enorme sucesso comercial (com uma sobrevivência nunca igualada nas *hit parades*), o disco revolucionou a indústria musical (álbum-conceito de escrita complexa, novos tratamentos sonoros, ampla utilização de multicanais, potência dos *overdubs* etc.), e sobretudo confirmou uma nova cultura musical. Nesse aspecto, pois captou o som de uma época tornando-se a trilha sonora do "Summer of Love", *Sgt. Pepper's Lonely Hearts Club Band* (a "fanfarra do clube dos corações solitários do sargento Pimenta") constituiu uma das pedras angulares da música do século XX.

A BBC baniu de suas ondas "A Day In The Life" devido à referência favorável a uma "viagem". E "Lucy In The Sky With Diamonds" parece suspeita a vários ouvintes. Que o título "Lucy In The Sky With Diamonds", de John Lennon, creditado Lennon/McCartney, signifique LSD ou não, pouco importa. Tanto pelas palavras quanto pelo tratamento sonoro, a música é psicodélica e aureolada de substâncias alucinógenas. Está construída como um sonho onde o autor convida o ouvinte a imaginar as situações descritas. John Lennon não escondeu que suas fontes de inspiração vieram de Lewis Carroll (*Alice no país das maravilhas*, *Do outro lado do espelho*). Lennon explicou que a música foi inspirada num relato de seu filho Julian. Então com quatro anos, Julian voltara do maternal no início de 1967 com um desenho que, segundo ele, representava uma de suas coleguinhas chamada Lucy O'Donnell. Julian descreveu o desenho ao pai como "Lucy no céu com diamantes" ("Lucy In The Sky With Diamonds"). É verdade que as iniciais dos substantivos do título da canção formam a sigla LSD. Simples acaso, é provável, pois os Beatles negaram a intenção. Mas o acaso existe? E, ao que tudo indica, foi o ácido que permitiu que essa canção psicodélica, de imagens flamejantes e coloridas, emergisse e desabrochasse. Não é segredo para ninguém que os Beatles consumiram muito ácido. Paul McCartney admitiu à *Life Magazine* ter consumido LSD em 1967: "Aquilo me abriu os olhos. Fez de mim um membro melhor, mais honesto, mais tolerante da sociedade".[91] Segundo ele, "Day Tripper", lançada em *single* em 1965, e "Got To Get You Into My Life", de 1966 e lançada no álbum *Revolver*, faziam claras referências ao LSD e à maconha.

Em 4 de junho, ou seja, três dias depois do lançamento de *Sgt. Pepper's Lonely Hearts Club Band*, a Experience fez dois shows (à tarde e ao anoitecer) em Londres, no Saville Theater, propriedade de ninguém menos que Brian Epstein, empresário dos Beatles. É provável que os Fab Four tenham assistido ao show. Meia hora antes do início, Jimi anunciou a Noel Redding e a Mitch Mitchell que havia pensado numa nova música para abrir o espetáculo: "Pensamos que tivesse enlouquecido"[92], lembrou Noel Redding. Paul McCartney, George Harrison, e também Eric Clapton, Spencer Davis e Jack Bruce estavam no recinto. Jimi entrou no palco, agradeceu ao público por ter ido assistir ao que seriam seus dois últimos shows na Inglaterra "por um bom tempo".[93] E emendou na canção-título "Sgt. Pepper's Lonely Hearts Club Band". "Os Beatles não conseguiam acreditar", lembra Eddie Kramer. "Ali estava Hendrix tocando uma música do álbum deles, que acabara de ser lançado, e se apropriando dela e inventando novos arranjos, que foram uma carnificina. Era muita coragem, muita ousadia."[94] "Tocamos quase de improviso", contou Noel Redding, "mas era assim que fazíamos para quase tudo. Não tínhamos medo de nada."[95]

Durante o show, ao tocar "Are You Experienced" Jimi destruiu sua guitarra, uma Stratocaster que tinha pintado à mão. Um poema havia sido escrito no dorso do instrumento, dedicado à Inglaterra: "Seja amor ou confusão nascida da frustração, sensações arruinadas de não ser capaz de fazer de fato amor físico com a Rainha Universal das Ciganas da verdadeira e livremente expressa música. Minha guitarra querida, que possas repousar em paz. Amém." Naquela noite, a destruição da "guitarra querida" foi uma estreia. Para Hendrix, além do efeito espetacular, que contribuía para o show, a destruição de uma guitarra correspondia ao aniquilamento de uma parte de si mesmo. Tratava-se de destruir, morrer, para melhor renascer.

Depois do show, o trio da Experience foi convidado à casa de Brian Epstein. Paul McCartney recebeu-os com um imenso baseado nos lábios. Passou-o a Jimi, dizendo: "Foi simplesmente genial, cara".[96]

San Francisco

No "Festival Summer of Love" de San Francisco, em 1967, a canção "San Francisco", de Scott McKenzie, imortalizou a Califórnia como terra de acolhida do movimento *hippie*, do qual se tornou o hino, enquanto "Blowin' in the Wind", de Bob Dylan, tornou-se o hino dos militantes pelos direitos civis no sul dos Estados Unidos e em Nova York, mas também o da nova esquerda americana.

> Estávamos todos no mesmo barco nos anos 1960, explicou John Lennon. Um barco que partia para descobrir um novo mundo.[1]

Um novo mundo. Novos mundos. Essa era a aspiração de muitos jovens em meados dos anos 1960. Eles reivindicavam e protestavam. A guerra do Vietnã, iniciada em 1959, unia cada vez mais as consciências num espírito decididamente antimilitarista. "Os brancos enviam os negros para guerrear contra os amarelos para defender uma terra que eles roubaram dos vermelhos!"[2], dizia Stokely Carmichael. Antimilitarismo, movimento de retorno à natureza, crítica ao *establishment*, sátira ao rei dinheiro, emergência das contraculturas, poesia, música pop, rock, ácidos, os espíritos se exaltavam.

Era a época dos possíveis, o futuro era uma esperança, uma promessa. A utopia, ao longe, era uma perspectiva agradável. O hoje, o belo hoje, estava povoado de mil promessas. O pacifismo – concórdia universal, para além do amor entre os homens – era uma denúncia ativa não apenas de todas as guerras, sobretudo das guerras coloniais, mas também e principalmente de todas as formas de opressão. A juventude se mobilizava para dar início a uma nova forma de relacionar-se com o mundo, com a vida, com o amor.

Tratava-se de uma revolução ao mesmo tempo existencial, política e artística. A revolução, desde que não reduzida a um projeto político, era umas das grandes experiências da vida. Jimi Hendrix, que completou 25 anos em maio de 1968, era um filho dessa revolução em marcha. Sem no entanto aderir completamente às ideias hippies, Hendrix participou desse novo mundo.

> O Flower Power. Gosto de tudo, desde que não faça mal a ninguém e que faça as pessoas felizes. Não somos "peace" porque temos os cabelos encaracolados ou porque usamos calças boca de sino. É preciso acreditar. Atirar flores não é suficiente. Apesar desse movimento estar ligado ao consumo de drogas, a ideia de amar a todos faz muito bem. É claro, os hippies são presos o tempo todo, mas nunca por roubo de banco. O consumo de drogas é uma escolha pessoal. Deveríamos poder pensar e fazer o que quiséssemos, desde que não fizéssemos mal a ninguém. A música é uma droga sã. É assim que deveria ser. Ela está na origem do êxtase. A cada um seu barato, na verdade.[3]

Novos mundos. A música, a maconha e o LSD abriam perspectivas de viagens no espaço interior. A música, e especialmente o rock psicodélico, tornou-se o principal meio de expressão e reivindicação. Em San Francisco, nos dois templos do rock psicodélico que eram o Fillmore e o Avalon Ballroom, os hippies iam ouvir música, participar da experiência psicodélica. Grateful Dead, Jefferson Airplane e logo Jimi Hendrix se tornariam pontos nevrálgicos do dito movimento psicodélico.

A música desempenhou um papel central ao longo dos anos de revolta que foram os 1960. "A música", escreveu o compositor Luigi Nono, que dedicou boa parte de sua vida a militar ao lado dos operários e dos povos em luta [sobretudo na América do Sul], "é para mim a expressão e o testemunho de músicos e de seres humanos sobre a realidade atual. E cada um, também no âmbito musical, contribui para determinar a realidade da vida."[4]

A vida era ampla, um sonho comunitário e otimista. A vida corria solta, e a música jorrava desse fluxo. Precisamos insistir no fato de que a música não foi um simples traço dos anos 1960. Ela foi seu vetor central, seu catalisador, seu motor; ela *foi* os anos 1960.

Novos mundos. Novos mundos musicais, mentais, sociais e políticos que abririam caminho às revoltas de 1968. Esses novos mundos eram experimentados na costa Oeste, principalmente em San Francisco, onde eram criadas "famílias de amigos", as chamadas comunidades. Os jovens da nova boemia se apropriaram do bairro de Haight-Ashbury, onde soprava um grande vento de liberdade. Uma filosofia hedonista, dionisíaca e não menos psicodélica ganhava os espíritos. O visual beatnik se impôs: cabelos compridos, camisetas floridas ou com motivos em arco-íris, ponchos mexicanos, sáris indianos, casacos de camurça com franjas, calças de cintura baixa, muito justas, com bocas de sino (*bell-bottoms*) e saias *western* ou minissaias. Os produtos alucinógenos circulavam, como o LSD. Uma nova arte gráfica surgia: cartazes psicodélicos concebidos para anunciar shows ou assinalar a reivindicações políticas, sociais ou ecológicas; uma complicada mistura de dadaísmo, surrealismo, *art nouveau* e Hieronymus Bosch. Shows gratuitos em apoio a diferentes causas comunitárias eram organizados. A música elétrica se espalhava. Bob Dylan tocou no festival folk de Newport com uma banda eletrificada, a Paul Butterfield Blues Band, e provocou um cataclismo tocando guitarra elétrica. Em 1965, o guitarrista Jerry Garcia fundou a banda Grateful Dead em San Francisco. Sob forte influência do ácido, eles faziam um rock psicodélico que misturava folk, blues, rock, bluegrass e improvisações delirantes.

Eram chamados de hippies, beatniks ou *peaceniks*: personificavam a vida, a juventude, sua revolta, seus ideais.

"Ser hippie é acima de tudo uma filosofia e uma arte de viver"[5], explicou o fotógrafo Bernard Plossu, autor de *Le Voyage Mexicain*, publicado na *Rock & Folk* de julho de 1970. Eram jovens rebeldes, exilados no interior em busca de um novo mundo, de novos mundos. "Pouco importa que a imprensa os tenha batizado de hippies, beatniks, *peaceniks*, eles são as crianças-flores", escreve Jean-Marc Bel em *En route vers Woodstock*, "New Mutants, the Hopeful Monster, novos mutantes, monstro de esperança, elos futuros rumo a uma próxima geração, nascidos de uma aceleração da evolução, primeiros espécimes da nova era do amor e da paz."[6]

Um novo vocabulário surgia: *brother*, *sister*, *freak* (monstro, perturbado ou drogado, mas principalmente excêntrico), nome dado por autoderrisão em referência ao filme *Freaks*, de Tod Browning (1932), ou ao álbum duplo *Freak Out!*, a primeira obra discográfica da banda The Mothers of Invention, de Frank Zappa (1966). O próprio Jimi se considerava, não sem humor, um *freak*. O espírito adolescente dos *hippies* foi definido da seguinte forma por Yves Delmas e Charles Gancel no livro *Protest Song*:

> Cabelos compridos (vá ao barbeiro!), higiene duvidosa (lave as mãos antes de comer!), ociosidade (trabalhe duro, meu filho, e você vencerá!), drogas (tenha uma vida saudável, pratique esportes!), liberdade sexual (o tabu absoluto, o Mal), música rock (pare de ouvir essa música de negros!), comunitarismo (segregação, case com alguém de sua rua), expansão tântrica e acidulada da consciência individual (todos na igreja!), e pensamento ecológico (contra a corrida do lucro).[7]

Tratava-se de escolher um lado, entre tradição e modernismo. A New Left emergia. Um movimento lançado em 1964 pelos estudantes de Berkeley resultou na criação do Free Speech Movement. E os *happenings* e *sit-ins* se multiplicavam, ações de resistência pacifista que consistiam em ocupar um local, todos sentados, até serem desalojados pelas forças da ordem.

As tensões sociais se exacerbavam. O *establishment* suportava cada vez menos a contestação sobre as injustiças raciais e a guerra do Vietnã. "Um hippie é uma pessoa que se veste como o Tarzan, usa os cabelos compridos da Jane e fede como a Chita!"[8], disse Ronald Reagan durante o "Bloody Sunday", em 15 de maio de 1969, quando o governador da Califórnia, antigo ator de cinema e futuro presidente dos Estados Unidos, muito crítico em relação aos hippies, aos estudantes esquerdistas, e apoiado pelas ligas da virtude, se lançou na "limpeza" do People's Park, em Berkeley.

Os beats contestavam a ordem moral dominante, os valores tradicionais religiosos de uma sociedade mercantil. Para isso, inflamavam a poesia e o romance. Uma das vozes de protesto era Allen Ginsberg, que em agosto de 1956 tinha publicado *Uivo*, um longo poema épico encantatório e violento, com ares de manifesto. "O que os jovens podem fazer por si mesmos diante dessa triste versão americana do planeta?", dizia Allen Ginsberg. "Os melhores, os mais sensíveis, *largam* essa sociedade. Vagam pelo grande corpo da nação, olhando para os mais velhos diretamente nos olhos. Usam longos cabelos adâmicos e formam comunidades keristanas [Kerista é uma espécie de comunidade-modelo surgida no fim dos anos 1950] nos bairros miseráveis."[9] Censurado por obscenidade e mais tarde autorizado após manifestações e um processo, *Uivo* foi, com *On the road*, de Jack Kerouac, publicado em 1957, e *Almoço nu*, de William Burroughs, de 1959, o livro-manifesto de toda uma geração. Ao que tudo indica, Jimi Hendrix não leu esses livros. Bob Kaufman, Gary Snyder, Lawrence Ferlinghetti e Michael McClure, autor de *Peyotl Poems*, de 1958, tampouco. Mesmo assim, eles marcaram época.

Em 16 de outubro de 1965, no Longshoremen's Hall de San Francisco, teve lugar o primeiro show de *acid rock*, que abriria o caminho para o movimento hippie da chamada *love generation*. "Peace and love" era o slogan dos participantes dessa festa comunal, que dividiam o mesmo ideal de amor e fraternidade universal. O ponto de fixação, o elemento de convergência do movimento hippie era a música. Ele culminaria em 1969 com o festival de Woodstock. Essa manifestação festiva, dançante, foi chamada de "A Tribute To Dr. Strange". Prometia! O LSD circulava em grande quantidade. A banda classificada como fazendo um "rock-blues-folk-psiquê", Les Charlatans, comandada pelo baterista Dan Hicks, e uma primeira formação de Jefferson Airplane (sem Grace Slick), tocou nessa festa, nesse bacanal musical alegre e não menos alucinógeno de que participaram algumas centenas de pessoas.

Foi sob o patrocínio de produtores de grandes salas de shows, Bill Graham e Family Dog Production, que a arte psicodélica se desenvolveu. Os cartazes dos shows eram feitos pelos chamados *Big 5*: Wes Wilson, Victor Moscoso, Rick Griffin, Alton Kelley e Stanley "Mouse" Miller. De 1966 a 1971 cerca de seiscentos cartazes foram concebidos para anunciar os shows dos Les Charlatans, Thirteen Floor, Grateful Dead, Jefferson Airplane, Jimi Hendrix, Quicksilver Messenger Service, Big Brother & the Holding Company, The Doors, Velvet Underground ou ainda Pink Floyd.

Os artistas gráficos concebiam os cartazes psicodélicos que apareciam nas ruas de San Francisco a partir de um repertório de formas em movimento utilizando cores vivas e vibrantes. A experiência psicodélica, resultado da ingestão de LSD, e o jogo de luzes dos *light shows* eram fontes de inspiração direta. Eles se abasteciam nas teorias da cor e dos efeitos ópticos de Josef Albers, antigo membro da Bauhaus, da nascente *op art* e dos cartazistas do movimento vienense (Gustav Klimt, Alfred Roller, Koloman Moser). Alguns tomam do *art nouveau* seus arabescos e motivos florais, outros se apropriam de certas imagens dos cartazes de Mucha.

"O Poeta se faz vidente por um longo, imenso e pensado desregramento de todos os sentidos"[10], escreveu Rimbaud numa carta de 15 de maio de 1871 a Paul Demeny. O desregramento de todos os sentidos, em todos os sentidos, era algo a que Jimi Hendrix e muitos outros músicos de sua geração se dedicavam, às vezes a ponto de queimarem as asas. Drogas e música, "sexo, drogas e rock'n'roll", participavam desse impulso, desse espírito de liberação, desses novos ares que sopravam com força nos anos 1960. As drogas, saídas do gueto, faziam a América branca tremer.

"Se você quiser viajar com uma garrafa de Coca, por que não, mas é muito mais eficaz com produtos psicodélicos!"[11], exclamou o poeta místico Tommy Hall. As drogas, as substâncias alucinógenas, abriam caminho não apenas para outros estados de consciência como também criavam o espírito de festa. Elas também permitiam afastar-se do Velho Mundo e alcançar o Novo Mundo. Por meio do LSD, alguns tentariam ver Deus de frente, um Deus universal, cósmico, fonte de amor e paz; uma experiência mística que levaria alguns à beira da loucura.

Profetas, xamãs e outros mestres proliferavam, do misticismo da mais estrita obediência ao obscurantismo mais total (como o líder da comunidade "Family", Charles Manson, futuro assassino de Sharon Tate), passando pela astrologia de bazar. Lia-se o *Popol-Vuh*, texto sagrado dos Maya Quiché; a *Bhagavad Gita*, que conta a história de Krishna; o *Bardo Thödol*, o livro tibetano dos mortos, texto do budismo tibetano que descreve os estados de consciência e as percepções que sucedem o período que vai da morte ao renascimento, a reencarnação; *A erva do diabo*, de Carlos

Castañeda; a *Autobiografia de um iogue*, de Paramahansa Yogananda; o *Espírito do Zen*, de Alan Watts.

O profeta, de Khalil Gibran, alcançava grande sucesso, assim como Ron Hubbard, fundador de uma seita hoje famosa: a cientologia. E um livro marcou os espíritos, *Do it*, de Jerry Rubin, fundador do Yippie Youth American Party, que criticava o sistema em torno do dinheiro:

> Dinheiro é violência. Ele não mata de maneira tão evidente como o napalm, mas a América mata tanto a tiros de dólares quanto a tiros de bombas. [...] Como o dinheiro é a pedra angular do sistema, as pessoas se avaliam umas às outras e avaliam seu trabalho em termos financeiros. Eles julgam que sua vida é um sucesso ou um fracasso em função da quantidade de excrementos fiscais que acumularam. Nos libertaremos quando cessarmos de trabalhar por dinheiro e fizermos o que queríamos fazer quando éramos crianças. [...] A revolução não é uma opinião, não é o pertencimento a uma organização, não é uma preferência eleitoral – é o que fazemos todos os dias, é a vida.[12]

A época era de buscas espirituais e de paraísos e outros edens artificiais gratuitos, e de abertura das "portas da percepção". *As portas da percepção* (*The Doors Of Perception*) era justamente o título de um livro de Aldous Huxley lançado em 1954. O título fazia referência a William Blake: "Se as portas da percepção estivessem abertas, cada coisa apareceria ao homem tal como é, infinita"[13], excerto da coletânea de textos em verso e prosa intitulada *O casamento do céu e do inferno*. E foi esse mesmo texto de Blake que deu a Jim Morrison a ideia para o nome de sua banda The Doors, em 1965. O livro de Huxley se assemelha a uma dúzia de ensaios de filosofia espiritual. Um destes, o mais conhecido – deu nome à coletânea –, relata a primeira experiência de mescalina do autor. Em *As portas da percepção*, Huxley também descreve sua experiência com o LSD e desenvolve a teoria segundo a qual o cérebro age como um filtro das necessidades da vida cotidiana. Esse filtro não permitiria que as informações essenciais passassem. O LSD afastaria essa tela mental e seria a chave para abrir as portas da percepção. Uma vez abertas, essas portas liberariam um amplo fluxo de sensações, sons, imagens, cores...

Que sensação o LSD provoca? Segundo os que fizeram grande uso dessa droga, bastam alguns minutos para que comece a fazer efeito. Este pode durar de trinta minutos a duas horas. Uma primeira sensação de agitação cede lugar ao sentimento de que o mundo está ligeiramente defasado, visões estranhas, ou bizarras, podem surgir a partir de qualquer objeto, por mais banal que seja. As cores podem ser "ouvidas" e os sons podem ser "vistos", fenômeno conhecido como sinestesia. Além disso, os pensamentos mais simples e mais triviais podem parecer profundos, e os sons mais banais, anódinos, podem se tornar mais ricos. Uma dose de LSD favoreceria "a morte do ego". Livrar-se do peso do próprio ego provocaria uma forte sensação de unidade com o mundo. Talvez seja este o sentimento, a visão oceânica descrita por Hendrix em "Purple Haze", que é justamente o nome do comprimido fabricado especialmente para ele, uma pílula com duas doses, com uma coruja impressa sobre ela. Alguns compararam os efeitos do ácido aos seguintes versos de William Blake:

> Para ver na areia um Mundo em um único grão
> E um paraíso numa simples flor
> Segure o infinito na palma de sua mão
> E a Eternidade em uma hora.[14]

Segundo o baixista e cantor Lemmy Kilmister, fundador da banda de heavy metal britânica Motörhead, criada em 1975, que foi *roadie* de Hendrix em 1967, Jimi teria comprado 100 mil doses de Augustus Owsley Stanley III. Timothy Leary apelidou este último de "agente secreto de Deus". Podemos imaginar por quê. Neto do senador de

Kentucky, excelente químico, Owsley dirigia uma fábrica de LSD e fornecia milhares de "comprimidos Owsley" a, entre outros, Grateful Dead e Hendrix, que teria um provador de ácido para ter certeza da qualidade do que lhe vendiam.

Depois de diferentes pesquisas com, entre os voluntários, André Previn, James Coburn e Jack Nicholson, que escreveu o roteiro para um filme de baixo orçamento de Roger Corman, em 1966, chamado *The Trip*, o dr. Oscar Janiger avaliou que o LSD estimulava a criação. E o dr. Sidney Cohen conseguiu convencer Henry Luce, presidente da *Time Life* e direitista convicto. Sua esposa, personalidade política muito influente, foi da opinião, na época, que o LSD seria benéfico para os médicos e seus amigos da alta sociedade, mas que "não seria bom que todo mundo abusasse de uma coisa boa".[15]

Muito associado aos movimentos de contestação dos anos 1960 e aos músicos de rock e pop (essa droga tornou-se um ingrediente recorrente, ou melhor, permanente dos bastidores e do público dos grandes festivais de pop e rock dos anos 1960 nos Estados Unidos e na Grã-Bretanha), o consumo de LSD, que só foi proibido nos Estados Unidos em 1966, era então muito difundido pela juventude da burguesia branca americana. O uso recreativo do LSD se espalhara rapidamente. A tal ponto que, em 1962, Leary estimou que cerca de 25 mil americanos o haviam consumido. Um estudo realizado em 1965 revelou um número de quase 4 milhões, dos quais 70% estavam no colégio ou na universidade.[16]

Jerry Garcia, guitarrista-vocalista fundador do Grateful Dead em San Francisco, em 1965, declarou: "Foi uma nova libertação, uma nova porta. A primeira me foi proporcionada por um professor quando eu estava no terceiro ano, a seguinte foi a maconha, depois a música, e, a seguir, o LSD. Era como se eu não parasse de abrir portas".[17] Augustus Owsley Stanley III, o "Coelho Branco", estaria à frente de uma grande rede de tráfico nos Estados Unidos nos anos 1960.

As portas da percepção era, segundo Jules Castier, seu tradutor francês, "uma verdadeira introdução à vida mística".[18] De fato, para Huxley as sensações geradas pelo LSD eram portas para outros mundos e êxtases de uma revelação mística. Huxley clamava com toda a sua alma por um retorno mundial à religião, que o LSD e todas as drogas deveriam favorecer. Tratava-se não apenas de romper os grilhões – tanto os grilhões sociais e políticos quanto os mentais: libertação da lógica, emancipação da consciência –, mas também de abrir-se para o Grande Todo da consciência.

No início dos anos 1930, dois cientistas isolaram com sucesso o ácido lisérgico como o nó comum a todos os alcaloides da cravagem, um fungo que nascia no centeio. O químico suíço Albert Hofmann explorou ao longo dos anos 1930 o potencial médico do ácido lisérgico. Ele tentou desenvolver o LSD como estimulante respiratório, mas depois de sintetizar 25 tipos diferentes de LSD sem resultado, interrompeu seus trabalhos.

Mas Albert Hofmann não desistiu. Em abril de 1943, sintetizou uma última fórmula, o LSD-2, nos laboratórios de pesquisa farmacêutica Sandoz, na Basileia. O químico, descobridor do produto, fez o teste em si mesmo. "Na última sexta-feira, 16 de abril de 1943, fui obrigado a interromper meu trabalho no laboratório no meio da tarde e voltar para casa, pois estava extremamente agitado e com leves vertigens", anotou ele. "Em casa, deitei-me e mergulhei num estado próximo à embriaguez, mas agradável, caracterizado por uma imaginação extremamente estimulada. Num estado de vigília, os olhos fechados (a luz do dia era desagradável), percebi um fluxo ininterrupto de imagens fantásticas, de formas extraordinárias com um intenso jogo de cores caleidoscópicas. Depois de cerca de duas horas, esse estado cessou."[19]

"Meu campo de visão ondulava, distorcido como uma imagem num espelho deformante"[20], explicou. O LSD parece ter feito bem a Albert Hofmann, que em 11 de janeiro de 2006 festejou seu centenário. Naquele momento, um simpósio sobre o LSD foi organizado na Basileia. Oitenta especialistas vindos de 37 países participaram. Albert Hofmann insurgiu-se então contra o absurdo da proibição do LSD. Segundo ele, o LSD, além de não tóxico em doses e uso controlados, não provoca nenhuma dependência e é benéfico quando utilizado em certas terapias. No entanto, foi demonstrado que o LSD tem propriedades alucinógenas que podem se revelar bastante perigosas: alucinações, efeitos tardios de pânico ou *flashback* que podem provocar perturbações psiquiátricas irremediáveis.[21]

O psiquiatra Humphry Osmond, por sua vez, estudava os efeitos alucinógenos das plantas "mágicas", especialmente do peiote, de que se extrai a mescalina, encontrada sobretudo no norte do México, nas margens do Rio Grande. Alguns índios consideram o peiote, cacto (*lophophorus*) de nome asteca, como "um amigo dos tempos imemoriais"[22], a "carne de Deus".[23] Humphry Osmond também estudava os efeitos do LSD-25.

Numa carta endereçada ao escritor Aldous Huxley, Humphry Osmond inventou a palavra "psicodélico", que, do grego *psyché* (alma) e *délos* (visível), significa "expansão da consciência" sob o efeito de drogas alucinógenas. Em 1953, Huxley serviu de cobaia a Osmond, que administrou-lhe quatro decigramas de mescalina. Depois dessa experiência, Huxley levou a investigação ainda mais longe e escreveu *As portas da percepção*. Humphry Osmond e Aldous Huxley se correspondiam e trocavam poemas. Um verso de Huxley sugerira a palavra "fanerótimo", que significa "alma aberta à visão": "*To make this trivial world sublime, / Take Half a gram of phanerothyme*" (Para tornar esse mundo trivial sublime, / Tome meio grama de fanerótimo). Osmond respondeu: "*To Fathom hell or soar angelic / Just take a pinch of psychedelic*" (Para sondar o inferno ou chegar aos céus / Tome uma pitada de psicodélico).[24]

Se um homem teve ação determinante na experimentação e na difusão do LSD, esse homem foi Timothy Leary, que o presidente Nixon apresentou como "o homem mais perigoso da América".[25] Timothy Leary era professor de psicologia na Universidade de Harvard, no centro de pesquisas sobre a personalidade (ele foi o inventor do teste de personalidade Leary, utilizado para recrutamento pela CIA). De férias no México, em 1960, Timothy Leary, aos quarenta anos, sem nunca ter tomado qualquer droga, nunca ter fumado maconha, experimentou cogumelos alucinógenos que continham psilocibina. Engoliu sete. "Senti-me carregado por um Niágara sensorial num redemoinho de visões e alucinações transcendentais"[26], explicou. Essa experiência, de ordem científica mas também mística, foi decisiva. Sua vida foi transformada.

De volta a Harvard, Leary montou um projeto de pesquisa sobre a psilocibina. Richard Alpert, professor auxiliar de pedagogia e psicologia, foi seu assistente. Juntos, conduziram pesquisas sobre substâncias alucinógenas, sobretudo o LSD, "vitamina cerebral", segundo a expressão de Allen Ginsberg. Este participou de uma das sessões informais organizadas por Timothy Leary fora de seu laboratório de pesquisas. Ginsberg testou a psilocibina e teve uma visão apocalíptica de uma nova era na qual a paz e o amor invadiriam o mundo, dando fim a todas as guerras.

Timothy Leary foi, com Richard Alpert, o pioneiro do LSD-25. Para ele, o LSD-25 era um meio para a investigação do inconsciente. Chegou a fundar uma liga destinada a facilitar a descoberta espiritual, a League for Spiritual Discovery, que apresentava como de natureza religiosa a fim de evitar entraves jurídicos. Alguns dizem que o nome da liga levou às iniciais LSD. Na verdade, essas três letras significam Lyserg Saüre Diethylamid / Lysergsäure-diethylamid (ácido lisérgico dietilamido). Em 1963, Leary criou a *Psychedelic Review*. No mesmo ano, perdeu o cargo de professor depois de fornecer 3,5 mil doses de psilocibina, em dois anos, a quatrocentos alunos. Em 1966, foi condenado a trinta anos de prisão e a uma multa por tráfico de maconha.

O LSD participou da nascente cultura rock que se desenvolveria ao longo dos anos 1960. Antes mesmo dos músicos de rock, foram os músicos de jazz, alguns próximos a Leary, que primeiro experimentaram as substâncias alucinógenas, como Thelonius Monk, Dizzy Gillespie e John Coltrane, que, depois de uma viagem de LSD, declarou que havia "percebido as inter-relações entre todas as formas de vida".[27] O saxofonista tenor e soprano francês Barney Wilen, companheiro de Miles Davis na trilha do filme *Ascensor para o cadafalso*, intitulou *Dear Prof. Leary* seu álbum gravado em Paris em junho de 1968, aliança inédita do espírito libertário dos anos 1960 com free jazz, rock, rhythm'n'blues e pop. George Clinton, líder do Parliament Funkadelic, muito influenciado por Jimi Hendrix, figura maior do funk, contou sua descoberta do LSD:

> Em 1967, viramos psicodélicos. Vimos que os hippies se vestiam de outra maneira. De onde vínhamos, era preciso ter o ar *clean*: usávamos ternos e gravatas impecáveis. No entanto, jovens brancos vendiam milhares de discos usando jeans furados. Pensamos: "Ei! Também sabemos como ter o ar pobre". Começamos trocando nossos ternos e gravatas por coisas mais coloridas, extravagantes. Todos acharam aquilo *cool*. Depois, literalmente pegamos tudo o que nos caísse nas mãos, como lençóis, cobertas, e confeccionamos um novo *look*. Éramos como garotos que descobriram no sótão uma mala de roupas velhas. Todos tomávamos LSD. Eu já era casado. Com o ácido, vivia na mais absoluta beatitude, tudo

parecia lindo. Não lembro mais de meu primeiro ácido, sei apenas que fui um dos primeiros da banda a experimentar. Na verdade, sempre tinha ficado intrigado com alguns colegas, caras em geral mal-humorados, sempre insatisfeitos, impossíveis de fazer sorrir, e que de repente ficavam num bom humor ininterrupto, com um sorriso até as orelhas. Eu criava um porco em casa. Ora, um de nossos músicos era muçulmano praticante. Ele não tocava no porco por nada no mundo. No entanto, abraçou meu porquinho e brincou com ele. Estava feliz da vida, era milagroso. Ali, disse a mim mesmo que, se aquilo causasse a todos o mesmo efeito, eu precisava experimentar.[28]

Nos arquivos de Timothy Leary – 335 caixas de papelão cheias de cartas, gravações em áudio e vídeo, recortes de imprensa, fotos e textos diversos, vendidos em julho de 2011 à New York Public Library por novecentos mil dólares – havia uma carta do escritor Arthur Koestler, autor de *O zero e o infinito* e de *A torre de Ezra*, que, depois de tomar várias pílulas mágicas de Leary, escreveu: "Na noite passada, resolvi o enigma do Universo, mas hoje de manhã esqueci o que era".[29] Também havia detalhes da experiência de John Lennon e Yoko Ono na cama, em Montréal, em 1969, acompanhados pelo próprio Timothy Leary, que tentava então ser eleito governador da Califórnia contra o futuro presidente americano Ronald Reagan. Leary explicava que foi cantando em coro "Give Peace A Chance" que Lennon tivera a ideia de uma canção adaptada do slogan da campanha eleitoral do amigo (*"Come together, come together right now, join the party"*). Timothy Leary escreveu, na época, que seu "69 foi o momento mais erótico nos anais da raça humana".[30]

Hendrix foi um grande consumidor de LSD. Seu consumo chegava a ser mais que grande, enorme. Foi em Nova York, antes mesmo da viagem a Londres, sua iniciação no LSD pela namorada Devon Wilson, ao que parece. "Ele sempre queria ficar alterado", lembra Alan Douglas. "Mas ele tinha medo das drogas. Não gostava dos traficantes. Quando não conhecia, não confiava. Eu experimentava na frente dele. Assim, ele tinha certeza de não ter uma surpresa ruim. Ele adorava a viagem. Fazia parte do meio".[31] Várias músicas de Hendrix levam a marca de seu gosto pelo ácido.

O título "The Stars That Play With Laughing Sam's Dice", no lado B do quarto *single* da Jimi Hendrix Experience, faz referência direta ao LSD. "A música 'The Stars That Play With Laughing Sam's Dice' era uma piada deliberada, sabe, STP com LSD", contou Mitch Mitchell no livro *The Jimi Hendrix Experience*. "Mas era um tapa-furo, gravado numa única tomada com as vozes de fundo feitas pelas pessoas que estavam no estúdio, velhos amigos de Jimi, como Devon Wilson. Apesar de todos tomarmos LSD com objetivos recreativos, não havia nada a ser compreendido na canção. Foi apenas um lado B escrito às pressas, desnecessário dizer que nunca a tocamos no palco".[32]

Em 10 de setembro de 1970, Robert Lee, membro da FCC, a Federal Communications Commission, organização que emitia as licenças de difusão do governo, enviou uma carta ao senador Frank Moss com uma lista de músicas "que poderiam abertamente fazer o elogio ao consumo de narcóticos".[33] Nela constavam os seguintes títulos: "Happiness Is A Warm Gun", "Everybody's Got Something To Hide Except Me And My Monkey" e "With A Little Help From My Friends", dos Beatles, "Cold Turkey", da Plastic Ono Band, "19th Nervous Breakdown" e "Let's Spend The Night Together", dos Rolling Stones, "Don't Bogart That Joint", da Fraternity of Man, "White Rabbit", da Jefferson Airplane, "The Acid Queen", do The Who, "Mr. Tambourine Man", do The Byrds, "Rainy Day Women", de Bob Dylan, "Cocaine Blues", de Johnny Cash, "The Trip", de Donovan, "Cloud Nine", das Temptations, "I Like Marijuana" e "Alphabet Song", de David Peel & The Lower East Side, "Walking In Space", do Hair, e "Heroin", do Velvet

Underground. Surpreendentemente, nenhuma canção de Hendrix figurava na lista.

Hendrix, que se tornou um símbolo do psicodelismo, disse a respeito de seu primeiro álbum, *Are You Experienced*:

> Eu não gostaria que as pessoas pensassem que é apenas música de hippies. Ele tem apenas duas músicas que podem arrepiar numa viagem: "Are You Experienced" e "May This Be Love". Mas na verdade são músicas muito serenas, relaxantes e propícias à meditação. Uma faixa, "I Don't Live Today", foi dedicada aos índios da América e a todas as minorias oprimidas. Uma música sobre a marginalidade. É o que todo mundo dirá. No início, a expressão *freak-out* queria dizer transar no banco de trás de um carro, na gíria californiana. Depois, minha franqueza bem pode me valer uma expulsão.[34]

A crer num breve comentário no jornal *Libération* (13 de janeiro de 2011), ouvir a música de Jimi Hendrix pode ter o efeito poderoso de uma droga forte: "Substituir uma carreira de cocaína por um trecho de Jimi Hendrix é o que aconselham os pesquisadores da universidade de Montreal. Segundo eles, os efeitos da música sobre o cérebro são comparáveis aos de uma droga psicoativa".[35]

Monterey

Mil novecentos e sessenta e sete foi o ano do Amor. Foi o ano do início do The Doors, do Velvet Underground e do Pink Floyd. O lançamento do primeiro álbum da banda britânica, *The Piper At The Gates Of Dawn*, que significa literalmente "O tocador de gaita de foles às portas da aurora", foi um marco importante na história do psicodelismo. O ano de 1967 foi o ano do movimento hippie. "Naquele ano, fomos visitados por uma energia intensa"[1], explicou Jim Morrison. Um dos hits do ano foi "San Francisco", de Scott McKenzie, anunciado para o festival de Monterey. O ano de 1967 também foi o mais sangrento no Vietnã. O espírito comunitário e pacifista do movimento hippie se espalhou e se intensificou. "Os hippies condensaram a maneira de se vestir dos selvagens de Bornéu, os comportamentos religiosos dos hindus, as práticas sexuais dos coelhos, os rituais de droga dos chineses, os conceitos econômicos dos aborígenes australianos e a gentileza dos primeiros cristãos"[2], disse o *Sunday Mirror* em junho de 1967.

O ano de 1967 culminou em junho com o "Summer of Love" de San Francisco e o "Monterey Pop Festival". O "Monterey Pop Festival" foi montado no grande campo da feira do porto de Monterey, 150 quilômetros a sudeste de San Francisco, de sexta-feira a domingo, de 16 a 18 de junho.

Os organizadores do festival disponibilizaram uma centena de milhares de flores. Uma grande faixa colocada no alto do palco dizia: *Love, Flowers and Music*. Concebido por Lou Adler, Alan Pariser e John Phillips dos The Mamas & The Papas, Monterey foi o primeiro grande festival de rock antes de Woodstock, que aconteceu dois anos depois. Desde 1958 o local recebia a cada setembro o "Monterey

Jazz Festival" (programação da primeira edição: Louis Armstrong, Billie Holliday, Dizzy Gillespie, Cal Tjader, John Lewis e Sonny Rollins), e também o "Monterey Folk Festival", em 1964, quando Bob Dylan causou sensação.

No "Monterey Pop Festival" de 1967, 32 bandas tocaram gratuitamente num ambiente fraterno de festa. Os rendimentos foram destinados a obras de caridade que nunca foram identificadas. Mais de 20 mil ingressos foram vendidos, apesar de as arquibancadas não suportarem mais de 7,5 mil pessoas. Mais de 40 mil pessoas assistiram ao festival. O filme de Alan Pennebaker reconstitui com propriedade o espírito desse alegre evento.

Naquele verão de 1967, o rock estava no auge. Ele tinha se imposto, e o festival de Monterey foi seu estandarte. Monterey teve ampla cobertura midiática internacional, e se revelou um verdadeiro trampolim para várias bandas. Ele propulsionou The Who nos palcos americanos e permitiu sobretudo ao público branco americano descobrir Otis Redding, Janis Joplin, Ravi Shankar (dezoito minutos de antologia com "Dhun Dadra And Fast Teental") e Jimi Hendrix. Foi o primeiro show da Experience nos Estados Unidos. Para o jovem negro de regresso ao país, foi a conquista da América.

"Nossa ideia para Monterey era apresentar o melhor possível, em todos os âmbitos – equipamento sonoro, alojamento, provisões, transporte, serviços que até então nunca tinham sido oferecidos aos artistas antes de Monterey", explicou Lou Adler. "Instalamos um centro de primeiros socorros no local, pois prevíamos que uma vigilância médica seria necessária e que teríamos que lidar com problemas ligados ao uso de drogas, que circulariam. Não queríamos que as pessoas que tivessem problemas com drogas fossem deixadas sem cuidados e sem o apoio de uma equipe médica. Como não queríamos que esse tipo de problema estragasse ou perturbasse os outros espectadores e os artistas... Nossos serviços de segurança trabalhavam com a polícia local de Monterey. As forças de segurança local não esperavam se dar tão bem com os espectadores e com os organizadores. Elas não esperavam que o espírito do *Love, Flowers and Music* se sobrepusesse a suas convicções pessoais e as deixassem ser cobertas de flores pelos participantes."[3]

Sondados e/ou convidados pelo "Monterey International Pop Festival", os Beach Boys (Carl Wilson passaria por um julgamento em 20 de junho), os Kinks, Captain Beefheart, Cream, Dionne Warwick, Donovan, os Rolling Stones (Mick Jagger e Keith Richards tinham perdido o visto devido a viagens ilícitas) e os Beatles recusaram o convite e não participaram do festival. The Doors, por outro lado, foi esquecido. Passaram pelo palco de Monterey: The Association, The Paupers, Lou Rawls, Beverly, Johnny Rivers, The Animals, Simon & Garfunkel (sexta-feira, 16 de junho), Canned Heat, Big Brother & The Holding Company, Country Joe & The Fish, Al Kooper, The Butterfield Blues Band, Quicksilver Messenger Service, Steve Miller Band, The Electric Flag, Moby Grape, Hugh Masekela, The Byrds, Laura Nyro, Jefferson Airplane, Booker T. & The M.G.'s, Otis Redding (sábado, 17 de junho), Ravi Shankar, The Blues Project, Big Brother & The Holding Company, The Group With No Name, Buffalo Springfield, The Who, The Grateful Dead, The Jimi Hendrix Experience, Scott McKenzie e The Mamas & The Papas (domingo, 18 de junho).

A Jimi Hendrix Experience ainda era desconhecida do público americano. Foi a primeira vez que se apresentou em solo americano. Brian Epstein, agente dos Beatles, explicou quem era Jimi Hendrix a um programa de rádio.

> – Inúmeros ouvintes gostariam de saber quem é Jimi Hendrix, de quem preciso dizer que não sou empresário. Ele está

causando furor junto ao grande público inglês. Pode parecer armação, mas ninguém se torna uma estrela da noite para o dia. Ele é um incrível *showman*.
– Você tinha dito que ele tocava guitarra...
– Com os dentes, com os pés, com o amplificador. Ele detona com tudo. Mas não é um truque; ele não quebra a guitarra só por quebrar, como outros fazem. Está mais para um ritual. É um guitarrista genial.[4]

Os bastidores do festival de Monterey submergiram no ácido de Owsley, mas também num novo produto destinado à aristocracia hippie, o STP, uma anfetamina com propriedades psicodélicas. Hendrix escreveu "The Stars That Played With Laughing Sam's Dice", que associava as iniciais STP às do LSD, em referência às duas drogas.

Os responsáveis pelo festival de Monterey haviam chamado Jimi Hendrix por indicação de Paul McCartney e Andrew Loog Oldham, produtor dos Rolling Stones. A Experience deveria tocar no domingo, terceiro e último dia do festival, como The Who.

Que tocaria primeiro, a Experience ou o The Who? Determinou-se que a questão, que se transformou em motivo de disputa, seria decidida na sorte. O vencedor tocaria primeiro, o perdedor, depois. A sorte sorriu para o The Who. "Antes do show em Monterey já se começara a falar na ordem de apresentação", contou o guitarrista do The Who, Pete Townshend. "E não conseguíamos chegar a um consenso. Eu disse a Jimi: 'Não iremos depois de você'. E ele disse: 'Bom, eu não vou depois de vocês'. Repeti: 'Ouça, cara, NÃO iremos depois de você e ponto final'. Mas ele tinha algo de inflexível nos olhos. Sentou-se numa cadeira de seu camarim. Janis Joplin, Brian Jones, Eric Burdon e eu estávamos ali e ele tocou um troço incrível na guitarra. Depois, levantou-se, virou-se para mim e disse: 'Se eu for depois de vocês, vou acabar com tudo'. E foi o que ele fez."[5]

No dia seguinte ao show, Pete Townshend se encontrou com Hendrix no aeroporto. Tentou desculpar-se pelas tratativas da véspera. "'Vamos, sem rancor', disse. 'Eu gostaria de um pedaço da guitarra que você quebrou ontem.' Hendrix lançou-lhe um olhar glacial: 'Ah, é? Vou fazer uma dedicatória para você, *honkie* [caipira branco]'. 'Fui embora quase rastejando', confessou Townshend."[6]

> Ele vinha do meio *black* onde havia acompanhado este ou aquele músico, e aquela era sua chance não apenas de sair da mediocridade como de agir pela causa negra [...], explicou Pete Townshend. Sentíamos a importância para ele de tocar no pátio dos brancos, de vir até nossa casa dizendo: "Você pegou isso, Eric Clapton, e você, sr. Townshend, se acha um grande *showman*. Agora vejam como nós fazemos. Vejam como fazemos quando recuperamos aquilo que nos foi tomado, se não roubado. Recoloquei tudo no lugar e aqui está, todas as coisas sem as quais vocês não podem viver, não é mesmo?". E a cruel verdade era que realmente não podíamos. Havia naquilo uma verdadeira vingança...[7]

Brian Jones, dos Stones, presente como simples visitante, jaqueta rosa, colete amarelo e preto, camisa com gola de renda branca e calça e echarpe vermelhos, foi quem apresentou Hendrix no palco:

> Eu gostaria de apresentar um grande amigo, um compatriota de vocês. Um artista demente no palco, o melhor guitarrista que jamais ouvi. The Jimi Hendrix Experience![8]

A participação de Hendrix no "Monterey Pop Festival" não foi exatamente um show como os demais. Não foi uma simples sucessão de músicas do repertório do disco anterior: Jimi dava, se dava em espetáculo. Foi um show, uma performance, um espetáculo total. O filme de Alan Pennebaker comprova que o carisma cênico do guitarrista era enorme. Para Hendrix, o palco era o lugar onde sua música tomava corpo, onde seu corpo se movia com força criativa e libertadora. Havia em Hendrix a rara capacidade de entregar-se às vertigens do momento. No palco, ele permanecia em movimento, em fase de metamorfose, uma virtude que os músicos em geral, e Hendrix em particular, parecem celebrar com frequência, pois ela está no centro do processo artístico, dedicado à fluidez de um fluxo sonoro em movimento sempre com cores e aparências cambiantes.

Depois de "Killing Floor", que abriu o show com força, e uma discreta "Foxy Lady", seguiu "Like A Rolling Stone", de Bob Dylan, uma música que havia sido pensada para *Are You Experienced*, mas no fim não fora mantida. Num tempo mais lento, lânguido, um acompanhamento de guitarra de grande sobriedade, cheio de nuanças, Hendrix animou a canção com intensidade. Entrava na definição de Alan Lomax do cantor negro que, ao contrário do cantor branco, "se move de maneira sinuosa [...], dentro da música".[9] Era uma belíssima versão que destacava sua voz quente. Nenhum solo de guitarra, mas, ao longo dos sete minutos da música, uma grande e forte presença, tanto cênica quanto musical.

Outro momento alto do show foi sua versão – uma das mais belas – de "Hey Joe", que, ao vivo, foi como que transfigurada. Fez uso de uma voz ampla, soberana, e seus dois solos de guitarra, o primeiro com os dentes, o segundo atrás da cabeça, foram espetaculares e, acima de tudo, de uma grande e bela musicalidade. Seu blues foi eletrizado, sua música cheia de luz foi fulminada por um rock'n'roll incandescente. Hendrix era apenas música, força e graça.

Monterey, junho de 1967, ou Londres, no Royal Albert Hall, em fevereiro de 1969: era preciso ver Hendrix no palco para compreender plenamente aquele fenômeno musical. De onde vinha aquela energia utilizada com tanta potência? Toda aquela energia em expansão – sua urgência, sua velocidade, suas entregas e outras cintilações – era no mínimo extraordinária. O que estava em jogo? Que forças invadiam Jimi para que entrasse de corpo e alma naquela música, fora de si? A que estado de consciência ele chegava? Ao sentimento oceânico que os surfistas descrevem quando estão na crista da onda?

Em julho de 1968, depois do show lendário em Monterey, Philippe Paringaux publicou um artigo sobre Jimi Hendrix na *Rock & Folk*:

> Ele faz amor com as estrelas, é grande o suficiente para isso quando balança num palco e suas mãos negras roçam, acariciam e pinçam as cordas da guitarra, fazendo estranhas notas nascerem e alçarem voo, duas ou três ao mesmo tempo, torturadas, esmagadas, como se Jimi tentasse extrair a essência delas. Ele é grande quando ronrona e sussurra acima das batidas dos pratos, e quando volta ao delírio, até o excesso, mordendo as cordas como um esfomeado. Ele é grande porque sua música é grande, apenas isso. E daí? E daí que é absolutamente necessário experimentar a Experience.[10]

O show de Monterey chegou ao fim com uma extraordinária versão de "Wild Thing", ao longo da qual Jimi fez uma citação de "Strangers In The Night", imortalizada por Frank Sinatra um ano antes. Guitarra ereta, Hendrix se exaltou a tal ponto que na beira do palco um *roadie* precisou segurar os pilares de sustentação para que nada caísse sob seu peso. E, de joelhos na frente da guitarra (desafinada), ele simula o ato sexual com seu instrumento.

A guitarra era a mulher de belas formas arredondadas com a qual ele se entregava a fortes jogos eróticos? Hendrix apresentou sua "Manic Depression" como descrevendo "alguém que fazia amor com a música, em vez de com as eternas mulheres normais...".[11]

Os jogos sexuais que a música provoca são inesgotáveis. Prova disso são tanto as danças populares da Cachemira quanto as performances da cena eletrônica atual. Corpo a corpo com a guitarra lasciva, tumescente, seus shows eram parte das performances mais carregadas de energia sexual que o rock conheceu. Suas versões de "Foxy Lady" são prova disso.

"Ele utilizava tudo o que estivesse à mão", contou Robert Wyatt, baterista do Soft Machine, que o acompanhou numa turnê de um ano. "Era um homem total, um adulto total. Se algo pudesse tornar o show um pouco mais excitante, ele o fazia... e em sua presença de palco, como todos somos animais sexuais, também havia este lado. Era muito divertido, tudo isso."[12]

Andy Warhol e Nico estavam na plateia. Nico descreveu a apresentação de Hendrix em Monterey como "a mais sexual"[13] que jamais assistiu. Depois de entregar-se a uma forte copulação com a guitarra, ponto culminante, paroxístico-orgástico do show, Jimi aspergiu fluido de um isqueiro Ronson no instrumento e movimentou os dedos como um sacerdote vodu. Prendeu logo a sua Stratocaster antes de quebrá-la no chão e na aparelhagem de som. A guitarra de Hendrix inflamou a noite no que se tornou uma cena emblemática da história do rock.

Duas semanas depois do show de Monterey, a Experience tocou em Nova York, no dia 5 de julho, no "Rheingold Central Park Music Festival", ao qual Linda McCartney assistiu. "Jimi era muito sensível e muito pouco autoconfiante", contou ela. "Ele tinha o costume de queimar a bandeira e tocar com os dentes. Em certo momento, me contou que detestava fazer aquilo... Então eu disse: 'Pare de fazê-lo!'. 'Ah, não', ele respondeu, 'eles não virão me ver se eu não fizer isso'."[14]

Em Monterey, antes de colocar fogo na guitarra, ele anunciou ao público que sacrificaria algo de que realmente gostava. Hendrix descreveu então o nome da música que tocaria como uma combinação dos hinos nacionais inglês e americano, depois, com a guitarra saturada percorrida em toda sua extensão, atacou uma vertiginosa e flamejante introdução cheia de efeitos sonoros.

Flamejante, fogo... "Ele incendeia qualquer coisa." "Tudo pega fogo." "Ele toca com a chama dos deuses..." A metáfora do fogo foi muito utilizada: "o grande piromaníaco da guitarra", incandescente, abrasivo, incendiário. "Ele tem o fogo sagrado"[15], disse o guitarrista Carlos Santana.

A cena de Hendrix colocando fogo na guitarra foi citada pelo poeta Zéno Bianu no livro *Jimi Hendrix (aimantation)*, monólogo poético, profundo e sutil retrato de Jimi Hendrix carregado por um sonho "maior do que a vida", que ecoa sua música "blues selvagem".

> como Yves Klein
> que assinou o azul do céu
> assinei o fogo
> num dia de junho de 1967
> em Monterey
> abrasando abraçando
> rebentando
> sacrificando minha Stratocaster
> diante do mundo inteiro
> descobrindo
> o fogo da vida
> do qual todos viemos
> o fogo
> para magnetizar todos os mistérios
>
> não
> não sou o doutor Fausto
> meu nome é Orfeu
> Jimi Orfeu
> sacrifiquei minha guitarra
> ao deus da música
> usei como escala de blues
> as sete cores do arco-íris
> dó violeta
> ré índigo
> mi bemol azul

> fá verde
> sol amarelo
> lá laranja
> si bemol vermelho
> dó violeta
> e toquei como um rei
>
> toquei cores
> não notas
> toquei o que meus ouvidos viram
> uma música de magia pura
> como um dia dirá Steve Lacy
> uma música de verdadeiro canhoto
> um canhoto que ninguém nunca contrariou
> insondável insubmisso
> uma música das profundezas
> uma música que nunca esquece
> o eruptivo
> o fogo fulgurante
> o louco efervescente
> o incendiário impetuoso
> o entusiasta endiabrado
> o ardente encarniçado
> o fervor fulminante
> a vivacidade do violento vibrante.[16]

"Uma música de magia pura", escreveu Zéno Bianu. Naquela noite em Monterey, Jimi Hendrix fez os sutis feitiços da mais negra das magias. A música é uma tormenta, um tumulto, mas também um ritual de magia, uma jubilação, uma epifania, um êxtase, um feitiço. A música, como o ritual vodu, procura libertar forças antagônicas: elãs vitais e pulsões de morte, indissociáveis. Trata-se de reconciliar o homem consigo mesmo restabelecendo-o em seu ser. A emancipação dos espíritos não acontece sem uma total libertação dos corpos. A música é mágica. *Old Black Magic*.

Magia, força da música: além de seduzir, enfeitiçar e perturbar as almas, ela também cura os corpos. O saxofonista Albert Ayler não disse "*Music is the healing force of the universe*" ("A música é a força de cura do universo")[17]? Para Jimi Hendrix, assim como para Albert Ayler, a música com certeza ajuda a restabelecer a ordem cósmica no homem.

Hendrix foi um xamã? O xamã é, literalmente, "o esclarecido", o intermediário entre o homem e os espíritos da natureza. Ele é ao mesmo tempo sábio, terapeuta, conselheiro, curandeiro e vidente. Ele recebe a luz, as visões, detém conhecimentos. Frenesi, transe e possessão do xamã, de "Voodoo Child" ao país dos sortilégios, pés nus sobre a terra sagrada de seus ancestrais cherokees.

É muito provável que Hendrix tenha aderido às palavras do conto indígena dos ojíbuas, a terceira maior nação ameríndia da América do Norte depois dos cherokees e dos navajos: "Restava apenas erigir as grandes leis que animam a natureza, animar a dança dos mundos, das almas e dos humores, tocar a música dos corpos ritmados no tambor perene da vida. [...] Cada palavra é uma flor, uma pedra, um homem. Tem seu lugar na Beleza do Sonho, seu caminho de compreensão. O homem capaz de sonhar deve lançar sua visão interior e dar-lhe vida".[18] À sua maneira, com uma música fortemente impregnada de espírito panteísta, ele deu-lhe vida.

"Voodoo Child (Slight Return)" foi a última faixa do álbum *Electric Ladyland* (1968) da Jimi Hendrix Experience. No palco, Hendrix várias vezes apresentou essa música como "o novo hino americano", dedicando-a "aos que pensam por si mesmos" e a "nossos amigos da África do Oeste".[19] O tom encantatório, quase hipnótico de "Voodoo Child (Slight Return)", com a marca de Hendrix, que evoca suas origens, é acentuado pela força e pela riqueza dos efeitos sonoros da guitarra: pedal wah-wah, saturação do som, reverberação, som panorâmico, *delay*...

Não custa repetir que, mesmo sem ter sido iniciado no vodu, em seus mistérios e em seu impulso insurrecional, o "Voodoo Child" tinha poderes mágicos.

Jimi conhecia os poderes que detinha graças à música: "Por meio da música, expresso tudo com muito mais facilidade. Você hipnotiza pessoas que voltam a seu estado natural, o que é muito positivo", explicou Hendrix. "Elas voltam à infância, por exemplo, que é quando são mais receptivas. A partir desse momento, você pode se expressar em seu subconsciente [...]. Um músico, quando mensageiro, é como uma criança que não foi estragada pelas mãos do homem. É por isso que a música tem muito mais peso para mim do que qualquer outra coisa."[20]

Que poderes mágicos eram esses? O de fazer os sons vibrarem entre as pessoas, de fazê-las se amarem, se abraçarem numa magnífica dança lasciva e dionisíaca, e com isso fazer a música brotar e chegar à explosão, à consumação. O de fazer vibrar as almas, eletrizar as multidões, encher de desejo os corpos das mulheres bonitas, comunicar-se com os espíritos e os planetas (Vênus, Saturno). Para muitos, Jimi foi um intermediário junto aos astros e espíritos, alguém que fazia a luz divina brilhar. Dentre seus inúmeros poderes, havia também – bastante significativo – o de fazer o fogo jorrar e as chamas dançarem.

Jimi tocava com fogo. Música é fogo, energia, combustão. Ela também é transcendência, no sentido em que é superação de si. É sucessivamente, e talvez simultaneamente, festa orgíaca, hino à alegria e grito de prazer. É também, como dissemos, um rito. Um rito de possessão. Até a destruição?

O fogo prometeico ardia em sua música? Amar, viver plenamente a música, seu fogo interior, entrar em seu reino luminoso, não seria também trocar o certo pelo incerto?

"Peut-on illuminer un ciel bourbeux et noir? / Peut-on déchirer des ténèbres / Plus denses que la poix, sans matin et sans soir, / Sans astres, sans éclairs funèbres? / Peut-on illuminer un ciel bourbeux et noir?"*, escreveu Baudelaire no poema "O irreparável", em *As flores do mal*.

A música é um fogo que irradia, um desejo indestrutível. O drama de Hendrix – como o de John Coltrane, comprometido de corpo e alma com uma busca desenfreada pelo impossível, que o fazia libertar-se de seu envoltório terrestre em longas encantações místicas –, talvez tenha sido acreditar na possibilidade infinita de ascensão, chegando a consumir o próprio fogo para alcançar ainda mais luz.

Jimi Hendrix foi como uma borboleta que se dirigia inexoravelmente para a chama, fascinada por seu brilho, e acabou queimando as asas? Era uma vez três borboletas diante da luz de uma chama. A primeira rumou para a luz e voltou, mas com a metade de uma pata, queimada pelo fogo. A segunda borboleta seguiu o mesmo caminho: ficou com a metade de uma asa e duas patas a menos. A terceira borboleta entrou na chama, mas nunca mais voltou. Na Índia, dizem que foi a única a saber. Hendrix, que nos anos 1970 usava roupas multicoloridas, um traje "borboleta" em tons de laranja, rosa e preto, entrou no fogo, não fez de conta. Talvez tenha queimado as asas até se perder. Talvez estivesse consciente. Foi o único a saber.

Em "House Burning Down", composição sua, Hendrix fez referência aos transtornos e tumultos no seio da comunidade afro-americana que se seguiram ao assassinato de Martin Luther King, em 4 de abril de 1968. Faixa que constaria do álbum *Electric Ladyland*. O comportamento da guitarra é no mínimo surpreendente. Graças à técnica do *flanging*, disse o engenheiro de som Eddie Kramer, ele "dava a impressão de que sua guitarra estava pegando fogo".[21]

---

* "Como clarear um céu ao sol indiferente,/ Rasga-lhe as trevas em cortejo,/ Mais densas que o breu, sem aurora e sem poente,/ Sem astro ou fúnebre lampejo?/ Como clarear um céu ao sol indiferente?" (tradução para o português de Ivan Junqueira). (N.T.)

A guitarra incendiária de Hendrix chorava, gritava, eructava. Com sua energia, com sua respiração, ele enunciava um princípio: a música era uma questão de vibração, de espírito. Quem disse que a arte é feita de embriaguez e loucura? Michel Tapié, falando da inebriante anarquia de Dubuffet. E Nietzsche não disse que a arte "faz pensar em estados de vigor animal"?[22] Na música de Hendrix, o aspecto rítmico era essencial. Ele fazia música não na velocidade, mas no movimento, não na violência, mas na expressividade própria de suas cadências e cores, e não numa estética fixa, mas na força da poesia da ação.

À sua maneira, Hendrix foi o poeta ladrão do fogo. Rimbaud disse, ou melhor, escreveu na carta a Paul Demeny de 15 de maio de 1871: "o poeta é o ladrão do fogo".[23] E ele afirmou, em *Uma temporada no inferno*, que nos mais elevados momentos poéticos a consciência se perde num absoluto de realidade: "Vivi, centelha de ouro da luz natureza".[24] Em certo sentido, a música de Hendrix, luminescente, é revolucionária. E se sua música é revolucionária não é no sentido comum, mas em outro sentido, que eu diria de afirmação radiante, de inocência poética.

O músico, como o poeta, se preocupa em inventar. Ou seja, em viver, e não em dizer. Mais que a escrita, a música não diz nada. Nisso reside sua força. A luz se aproxima do mistério, como a claridade dos enigmas. O músico é grande justamente por essa solidão que busca, avança. Não somos filhos do Sol? "Eu afastava do céu o azul, que vem do negro"[25], escreveu Rimbaud. Trata-se de rejeitar o peso, de se libertar do fardo da aparência sensível e de entrar, pela Visão, na profunda liberdade do ser. A guitarra em fogo passa a fazer parte da mitologia hendrixiana, o fogo é o símbolo, o elemento-chave da figura hendrixiana e, a partir de então, da lenda musical. Trinta anos depois, a Fender lançou uma réplica da guitarra em memória ao famoso show de Monterey.

Na verdade, aquela não tinha sido a primeira vez que Hendrix ateara fogo na guitarra. Ele já havia sacrificado um instrumento num show no Astoria, em Londres, em 31 de março de 1967, a conselho do jornalista Keith Altham. Como não poderia deixar de ser, incendiou a guitarra na música "Fire". Hendrix mandou buscar um galão de gasolina. Na plateia, as pessoas ficaram dubitativas, depois horrorizadas. Muitos pensaram que ele se imolaria. Jimi acidentalmente virou gasolina demais sobre a guitarra. Chamas de quase dois metros de altura se elevaram nos ares. A plateia logo se deu conta de que aquilo que poderia parecer uma imolação ou um rito pagão não passava de presença de palco. O efeito foi imediato: a sala exultou. Nos dois casos, no Astoria de Londres e em Monterey, como para oficiar um ritual, Hendrix havia pintado sua guitarra de branco. Flores e corações ornavam o instrumento do canhoto.

O gesto não era anódino. Para Hendrix, não se tratava de uma simples provocação, de um passe de mágica pirotécnico e espetacular para um público desacostumado a sensações fortes. Jimi, como dissemos, tinha uma relação muito particular com o instrumento. A guitarra, para ele, era sagrada. O sagrado, etimologicamente, é "aquilo pelo qual podemos nos sacrificar". "Quando queimei minha guitarra, foi como um sacrifício", explicou Hendrix. "Sacrificamos as coisas que amamos. Amo minha guitarra."[26]

Em 7 de julho de 1969, durante sua primeira aparição na televisão americana, Jimi Hendrix, convidado ao "Dick Cavett Show", foi questionado a respeito da apresentação em Monterey. Eis a transcrição completa da entrevista:

> DICK CAVETT: Meu próximo convidado é um dos grandes astros da *pop music*, ele se chama Jimi Hendrix, veio sem sua banda mas está aqui para nossa grande alegria. Para aqueles que nunca experimentaram a Jimi Hendrix Experience, vejam como apresentação um excerto do filme do *Monterey Pop*, de

D. A. Pennebaker [um trecho do filme é exibido, em que Jimi incendeia a guitarra e a destrói ao fim do show].
Ele não faz apenas isso, e veio aqui hoje sem a Experience, receberemos portanto um Jimi Hendrix simples e inocente. Muito prazer. Você não faz só isso no palco, para aqueles que não o conhecem, pois alguns devem estar aqui. O que significa a destruição à qual você se entrega no palco?
Jimi Hendrix: Bom...
Dick Cavett: Você pode se recusar a responder.
Jimi Hendrix: Eu estava em transe... Vamos ver se me lembro... Se você for a um de nossos shows com sua namorada, será catártico para você nos ver fazendo aquilo... A violência é atuada, e não é expressa na rua, assim, quando você volta para casa, se esvaziou de toda essa tensão.
Dick Cavett: Como uma válvula de escape?
Jimi Hendrix: Sim, podemos chamar assim.
Dick Cavett: Você se incomoda de ter de se explicar? Quase preciso me desculpar por perguntar a artistas como você o que eles querem dizer, pois é como pedir para que reinterpretem o que fizeram. A música tem um sentido?
Jimi Hendrix: Absolutamente, ela se torna cada vez mais espiritual, em breve a música será utilizada para alcançar uma paz de espírito ou, digamos, para encontrar uma direção. Muito mais do que a política, pois a política é uma coisa de ego... Enfim, é minha opinião... É uma coisa de ego completamente inflado.
Dick Cavett: Uma coisa de ego?
Jimi Hendrix: Sim, é a arte das palavras, o que não quer dizer nada, é preciso se voltar para uma substância mais elementar, como a música, a arte, o teatro, o cinema, a pintura, pouco importa...
Dick Cavett: [referindo-se às roupas de Jimi] Você não usava isso com os paraquedistas?
Jimi Hendrix: Acho que não...
Dick Cavett: Você era da paratropa ou paraquedista?
Jimi Hendrix: É a mesma coisa, 101st Airborne, Fort Campbell, Kentucky.
Dick Cavett: Quase coloquei a mesma roupa hoje, teria sido constrangedor.
Jimi Hendrix: [risos]
Dick Cavett: Ele me acha engraçado, que loucura. [risos] Ouvi dizer que sua ambição era criar uma "igreja elétrica". É uma metáfora, uma imagem poética, ou você realmente...

Jimi Hendrix: Não sei, é apenas algo em que acredito, usamos guitarras elétricas, tudo é elétrico hoje, então comunicamos a fé às pessoas sob a forma de eletricidade. Tocamos alto, mas sem agredir os tímpanos, ao contrário de muitas bandas. Elas dizem: "Vamos fazer como os outros, vamos tocar alto". E fazem um som estridente e desagradável. Nós tocamos para que nosso som penetre na alma e desperte alguma coisa no espírito. Há tanta gente adormecida, podemos dizer.

Dick Cavett: Depois de um show, que tipo de elogio você gosta de ouvir?

Jimi Hendrix: Não me alimento de elogios. Aliás, acho isso desconcertante. Conheço muitos artistas ou músicos que pensam "fui bem" se recebem elogios, isso os torna cheios de si. E eles se perdem, eles esquecem de seu talento e começam a viver em outro mundo.

Dick Cavett: É um problema interessante, se alguém dissesse que Janis Joplin se tornou uma superestrela, você a conhece?

Jimi Hendrix: Uma superestrela? Ah, sim...

Dick Cavett: Sim, ela está em meu coração.

Jimi Hendrix: E eu, sou um supernada, nunca esqueça...

Dick Cavett: Nunca esquecer? Eu ia dizer que o sucesso pode se tornar problemático quando suas raízes vêm do blues e de repente você ganha milhares de dólares por ano. Alguém disse que era difícil cantar o blues quando se é rico, admitindo-se que dinheiro seja igual a felicidade...

Jimi Hendrix: Às vezes é fácil cantar o blues, ganhar dinheiro, e há muito dinheiro em jogo hoje. Os músicos, principalmente os jovens, podem ganhar muita grana, e acham isso genial. Repito, eles se perdem e esquecem sua música, esquecem seu talento, sua outra metade. Assim, podem cantar o blues. Às vezes, quanto mais você enriquece, mais pode cantar o blues. Mas a ideia é ver todos esses problemas como etapas da vida. É como o café, se bebermos sem parar partimos para outra dimensão, é como uma fuga.

Dick Cavett: Não sei, mas soa bem... Você é disciplinado? Acorda todos os dias para trabalhar?

Jimi Hendrix: Tento acordar todos os dias. [*risos da plateia*]

Dick Cavett: O que em si exige disciplina.

Jimi Hendrix: Continuo tentando.

Dick Cavett: Você compõe todos os dias?

Jimi Hendrix: Ah, sim!

Dick Cavett: Você quer um serviço de alarme?
Jimi Hendrix: O que isso quer dizer?
Dick Cavett: É uma gíria da hora, não tenho tempo de explicar...
Jimi Hendrix: [fingindo procurar num dicionário] "Da hora", vejamos, ah, sim.
Dick Cavett: Bom, Hendrix, disseram que você iria tocar para nós, mesmo que pareça uma loucura, mas, se for verdade, muita gente ficaria agradecida... Adeus a todos os meus convidados, caso vocês não queiram ficar até o fim...
Jimi Hendrix: [*riso um pouco constrangido*]
Dick Cavett: Você entendeu o que eu disse?
Jimi Hendrix: Acho que sim, não tenho certeza... Olhei para você, então acho que... Falo através da música, passe minha guitarra e direi algo sensato.
Dick Cavett: O palco é seu!
[Jimi se levanta e toca "Hear My Train A Comin'"]
Dick Cavett: Formidável. Só temos mais um minuto. Talvez eu possa cantar... Não vá embora zangado, Hendrix. Voltaremos em breve!
[Fim do programa]
Dick Cavett: Obrigado a nossos convidados, Jimi, obrigado por ter estreado na televisão aqui [eles se apertam as mãos], restam vinte segundos, o suficiente para afinar. Até amanhã, boa noite.[27]

O show de Monterey, que foi o mais "extremo" da carreira de Hendrix, marcou os espíritos. Foi divulgado por dois filmes, *Monterey Pop*, de Alan Pennebaker, lançado em dezembro de 1968, com alguns pontos altos do festival (especialmente "Wild Thing"), e sobretudo *Jimi Plays Monterey*, do mesmo diretor, que reconstitui o show de Hendrix, mas apenas uma parte, pois a apresentação da Experience não foi filmada na íntegra. Na verdade, a equipe de Pennebaker enfrentou problemas durante "Can You See Me", e a versão de "Purple Haze" ficou incompleta. Mesmo assim, a magia do momento de Hendrix em Monterey, um show histórico, foi plenamente reconstituída.

Em agosto de 1970, ou seja, um mês antes da morte de Hendrix, a Reprise Records lançou o álbum *Performances Recorded At The Monterey International Pop Festival*, que estranhamente reúne no mesmo álbum todo o show de Otis Redding, morto num acidente de avião seis meses depois do festival de Monterey, mas apenas quatro músicas do show de Hendrix: "Like A Rolling Stone", "Rock Me Baby", "Wild Thing" e "Can You See Me". Por que tal escolha editorial? Provavelmente, para despertar a paciência dos fãs de Hendrix, que não lançava um disco desde *Electric Ladyland*, em 1968. E é preciso ter em mente que o enorme sucesso do álbum triplo dedicado a Woodstock aguçou os espíritos mercantilistas.

Na resenha do show de Hendrix em Monterey, publicada no *Los Angeles Times*, Pete Johnson escreveu que ao fim de sua apresentação "o futuro pertencia à Jimi Hendrix Experience e o público sentiu isso na hora. Quando Jimi saiu do palco, ele passou do rumor para a lenda".[28] "O festival de Monterey foi legal", comentou Hendrix. "Adoro a West Coast. É ali que gostaria de viver. O tempo é bom e há muitos curiosos. Os carros são geniais; sem muitos Volkswagen, felizmente. E eu ia esquecendo: as garotas. Elas vão aos shows, é o máximo. Não consigo entender!"[29]

O efeito Monterey foi importante, crucial, levou Hendrix à frente da cena musical americana e internacional. O fenômeno Jimi Hendrix estava em marcha. "Assombre seus ouvidos, revire seu espírito, abra a tampa, faça como quiser, mas por favor entre no universo de Hendrix como nunca antes – é simplesmente demais"[30], dizia o *New Musical Express* em 9 de setembro de 1967, sob a pluma de Nick Jones.

"Botamos para quebrar", disse Noel Redding. "Foi o que impôs o grupo na América."[31] Depois do show em Monterey, Hendrix, que deveria ficar apenas alguns dias nos Estados Unidos, permaneceu por três meses. Era chamado por diferentes organizadores de shows. No Hollywood Bowl, em Los Angeles, a Experience abriu o show do The Mamas & The Papas.

De 20 a 25 de junho de 1967, Jimi tocou em San Francisco, no Fillmore Auditorium. Dois shows por noite, junto com Jefferson Airplane e o quinteto do guitarrista Gabor Szabo. Os cinco membros do Jefferson Airplane ficaram tão impressionados com as ousadias de Hendrix que cancelaram sua participação a partir do segundo show – Grace Slick disse estar com um problema na voz. A banda de Janis Joplin, a Big Brother & The Holding Company, foi sua substituta.[32]

Jimi e Janis se encontraram nos camarins do Fillmore. Os dois ícones da música dos anos 1960 tiveram um caso. "Ela e Hendrix ficaram juntos depois de um show", recorda Dave Richards, o artista amigo de Joplin que a apelidou de Pearl. "Logo depois de Monterey, estávamos juntos no Fillmore West, e eles foram embora juntos para o motel."[33] Janis Joplin e Jimi Hendrix pareciam não apenas compartilhar uma paixão comum pelo blues e pela heroína como também, ao que parece, e é compreensível, pelo sexo. "Janis nunca tinha tido uma experiência tão forte até frequentar Jimi Hendrix", contou Linda Higginworth, amiga de infância com quem Janis saía na época. "Ela me contou que tinha uma relação com Jimi e que eles consumiam heroína juntos. Ela também me disse que seus pais com certeza não aprovariam uma relação com um negro."[34]

Janis Joplin, que foi zombada por ter a audácia de cantar como os negros, ficaria transtornada com a morte de Hendrix, em setembro de 1970, apenas um mês antes de sua própria morte, em 4 de outubro. "O que você quer que eu diga? Descanse em paz?", exclamou ela antes de confessar à amiga e biógrafa Myra Friedman: "Não posso partir no mesmo ano, pois ele é mais famoso que eu".[35]

No início de julho, a Experience tocou em Santa Barbara, depois em Los Angeles, no Whisky A Go Go. Os shows do Whisky A Go Go atraíram Jim Morrison e Mama Cass, do The Mamas & The Papas. "Ninguém em Los Angeles o conhecia antes do show. Depois, ficou conhecido por todo mundo"[36], contou a célebre *groupie* Pamela Des Barres, futura participante das GTOs (Girls Together Outrageously), grupo constituído apenas por cantoras, formado por Frank Zappa. Jimi flertou com a bela morena carnuda. "Ele literalmente exalava sexualidade", contou ela. "Tinha um visível magnetismo. Mas, na época, eu não podia."[37] Jimi logo conheceu uma mulher mais disponível, Devon Wilson. Essa alta e bela afro-americana foi considerada uma das primeiras "super groupies" do rock. Seu verdadeiro nome era Ida Mae Wilson, mas aos quinze anos ela havia escolhido o nome Devon, quando começou a se prostituir. Ela foi descrita como uma Joséphine Baker, mas mais bonita. Jimi e Devon se veriam intermitentemente ao longo dos três anos seguintes. Uma história de amor fortemente sexual, sobre um fundo de álcool e drogas.[38]

Depois de alguns shows em clubes de Nova York, os três membros da Experience foram para Jacksonville, na Flórida, para o início de uma turnê em que abririam para os Monkees. Quando seu instigador, Mike Jeffery, informou Chas Chandler sobre os shows, este respondeu: "Tem certeza de não estar perdendo o juízo?".[39] Que estranha associação esta da Experience com os Monkees, notável fenômeno pop da época, sucedâneo medíocre dos Beatles ao estilo "boy band" antes da hora. O jovem público dos Monkees, que alguns consideram os apóstolos do *bubblegum pop*, não apreciou as saraivadas rock de Hendrix, que foi vaiado. "Nosso público não gostava muito de Hendrix", explicou Peter Tork, dos Monkees. Aparentemente, os quatro integrantes dos Monkees o admiravam mais que seu público. "O que Hendrix fazia era simplesmente notável.

Chegávamos mais cedo e o víamos dos bastidores", recorda Peter Tork. "Eu adorava observar o movimento de seus dedos. Ele os mexia com tanta facilidade que nem parecia estar tocando."[40]

Afora o estoque inesgotável de maconha dos Monkees, Jimi não tinha nenhum interesse naquela turnê. Ficou muito irritado de ter que abrir para um grupo de adolescentes na moda. Ele não perdoou a Mike Jeffery, que via naquilo uma operação comercial muito vantajosa. Depois de apenas oito shows, a turnê chegou ao fim. Chas Chandler, que conseguiu convencer os organizadores a dispensar a Experience, publicou um comunicado falso na imprensa: a Experience havia sido dispensada da turnê porque as Daughters of the American Revolution tinham se queixado que seus shows eram eróticos demais.

De volta a Nova York, Jimi logo procurou Charles Otis para devolver-lhe os quarenta dólares que pegara emprestado antes de ir para Londres. A Experience tocou no Village, no Cafe Au Go Go, onde Jimi havia tocado como Jimmy James. O Cafe Au Go Go estava sempre cheio. Foi um enorme sucesso para Jimi. Que orgulho para ele! O músico de segunda classe que vagava pelo Village havia se tornado uma estrela.

Ao longo do mês de agosto, Jimi reencontrou o antigo companheiro musical Curtis Knight. Tocou para ele trechos do álbum em que estava trabalhando, *Axis: Bold As Love*. "Estou realmente fazendo algo, agora"[41], disse-lhe. Jimi e Curtis decidiram sair para jantar. Mas Hendrix estava sem dinheiro no bolso. Curtis Knight sugeriu então que Jimi pedisse emprestado a Ed Chalpin, o mesmo com quem estava ligado por um contrato assinado em 1965. Às duas horas da manhã, Hendrix e Knight bateram à porta de Chalpin. Este vinha tentando impedir novas gravações da Experience. Mesmo assim, Jimi, muito amigável, não demonstrou qualquer ressentimento. Além de passar uma noite muito agradável na companhia de Curtis Knight e Ed Chalpin, Jimi foi para o estúdio no meio da noite e gravou seis faixas suplementares para Chalpin.

Além disso, alguns dias depois voltou ao estúdio para uma segunda sessão de gravação para Curtis Knight e Ed Chalpin. Hendrix avisou Chalpin: "Você não pode, sabe... colocar meu nome no disco. Você não pode usar meu nome em nenhuma dessas faixas".[42] Dessas sessões, Ed Chalpin faria um disco.

O primeiro álbum oficial da Experience, *Are You Experienced*, foi lançado nos Estados Unidos no início de setembro de 1967. "Red House", "Can You See Me" e "Remember" não constavam da versão americana (os americanos não gostariam do blues, disse a Reprise Records, que lançou o disco). Em contrapartida, o álbum americano trazia *singles* que não constavam na versão inglesa: "Hey Joe", "Purple Haze" e "The Wind Cries Mary". A ortografia de duas música foi alterada, "Foxy Lady" se tornou "Foxey Lady" e "Are You Experienced", como o título do álbum, ganhou um ponto de interrogação. A imprensa americana recebeu o disco com entusiasmo. "O álbum em si é um show de pesadelo, luxúria e miséria"[43], disse porém o *New York Times*, que chamou Jimi de hermafrodita. A foto psicodélica de Karl Ferris, tirada de baixo para cima, dava ao grupo uma aparência de *Alice no país das maravilhas* com ácido.

A imprensa americana em geral foi bastante favorável: "Ele tocou sem as mãos, deixando o pedal wah-wah estender o som em linhas melódicas loucamente distorcidas. E tudo isso a pleno volume, com o baixo e a bateria construindo uma parede de ruído negro que ouvíamos tanto pela pressão exercida sobre os globos oculares quanto sobre os ouvidos", dizia um artigo do *New York Times* de 23 de fevereiro de 1968 intitulado "O Elvis negro?".[44]

Axis: Bold As Love, o segundo álbum da Experience, foi lançado na Inglaterra em 1º de dezembro de 1967. Foi um sucesso, chegando ao quinto lugar das paradas, mas foi o menos vendido em vida (menos de 2 milhões de cópias nos Estados Unidos). O álbum saiu nos Estados Unidos um mês depois, em 10 de janeiro de 1968. As versões inglesa e americana tinham uma capa idêntica, de inspiração hindu: Jimi Hendrix, Noel Redding e Mitch Mitchell se multiplicavam em várias divindades hindus, dentre as quais Ganesha, o deus da sabedoria, da inteligência, da educação e da prudência. Não foi escolha de Hendrix, que teria preferido uma capa evocando outros índios, os da América. "Um disco maior, sem sombra dúvida"[45], disse um entusiasmado *Record Mirror*. "Tentamos levar essas músicas bizarras para outra dimensão, para obtermos esse efeito etéreo, como se descessem do paraíso"[46], explicou Hendrix.

Passados apenas sete meses do lançamento de *Are You Experienced*, *Axis: Bold As Love* foi uma prova do grande potencial criativo de Hendrix. Antes mesmo do lançamento do primeiro álbum, a Experience voltava a estúdio. Uma produtividade bastante excepcional. Na época – e isso não mudou muito –, uma banda de rock gravava um disco e depois o fazia sobreviver nos palcos, antes de gravar um novo no mínimo dois anos depois. No entanto, nesses trepidantes anos 1960, os Rolling Stones, os Beatles e The Doors lançavam dois álbuns por ano. Sim, a nova obra discográfica de Hendrix era prova de um grande impulso criativo, mas também de um frenesi, de uma superatividade de sua parte. Tudo ia rápido, muito rápido, para Hendrix. Jimi corria.

Mudança na continuidade, *Axis: Bold As Love* apresentou novidades na trajetória fonográfica do guitarrista. Hendrix se firmou ainda mais como compositor. Especialmente da bela balada "Little Wing" e de "If 6 Was 9", da trilha original do filme *Easy Rider*, de Dennis Hopper. Com exceção de "She's So Fine", de Noel Redding, no espírito do pop inglês do momento, todas as músicas eram de Jimi Hendrix. Estas ganharam em força e complexidade em relação ao álbum anterior.

A grande novidade da gravação residiu principalmente na utilização otimizada dos recursos de estúdio. Ela permitiu que a Experience ampliasse seu espectro sonoro e se abrisse a novas paisagens musicais. A partir da base da música negra americana, o blues, o rhythm'n'blues, ela percorreu com êxito outros espaços sonoros como o soul e o rock.

Axis: Bold As Love foi gravado entre maio e outubro de 1967 nos estúdios Olympic de Londres. Chas Chandler mais uma vez chamou Eddie Kramer.

> Jimi era um sujeito muito tímido e extremamente doce, cheio de delicadeza, recorda Eddie Kramer. A partir do momento em que compreendeu a maneira como eu abordava sua música atrás da mesa, uma relação de confiança se estabeleceu entre nós e assim se manteve. Ele de cara viu que podia relaxar porque eu sabia como interpretar tecnicamente o que ele fazia musicalmente. [...] Jimi era muito exigente em relação à sua música, mas era uma pessoa adorável. Ele não era difícil, mas era preciso estar atento em estúdio, pois ele ficava como que em ebulição quando gravava.[47]

A gravação consumiu intensas horas de trabalho. A Experience entrou em estúdio enquanto *Are You Experienced* ainda não aparecera nas prateleiras. A Track Records pressionou muito Hendrix e Chandler para que o álbum fosse terminado antes do Natal. Insatisfeito, Jimi lamentou – e disse isso – ter sido levado a gravar *Axis: Bold As Love* em apenas dezesseis dias de estúdio.

"Nos dois primeiros álbuns, gravávamos das sete à meia-noite, fazíamos duas músicas", lembra Eddie Kramer. "Depois, quando Jimi começou a fazer sucesso, tínhamos um pouco mais de dinheiro, as sessões eram mais longas.

Mas de maneira geral ele podia terminar uma música em duas horas, pois vinha muito preparado. Às vezes, ficava pouco à vontade com uma canção, pois ela não estava suficientemente polida, e ele a trabalhava por meses. Quando estava o tempo todo na estrada tocando as músicas, a gravação ia muito rápido, como no primeiro álbum. *Axis: Bold As Love* foi muito rápido também: começamos no dia seguinte a *Are You Experienced*, sem interrupção. Mesmo no início de *Electric Ladyland*, fechávamos quatro músicas em poucos dias."[48]

O álbum, explicou Hendrix, "poderia ter sido bem melhor".[49] Talvez pudesse ter sido mais caprichado. Os vocais de apoio poderiam ter sido atribuídos a músicos mais aguerridos, em vez de a Noel Redding, que tinha uma voz bastante fraca. Jimi, como dissemos, era um perfeccionista. Cada trecho de guitarra, cada linha de baixo das músicas exigia um máximo de atenção e cuidado de sua parte. O mínimo detalhe era importante, ele estava sempre aperfeiçoando, retocando. Hendrix ficava irritado com Chas Chandler que, para ganhar em produtividade, o pressionava a ser rápido e eficaz. Chas Chandler era ao mesmo tempo seu diretor artístico, seu amigo e, acima de tudo, seu empregador. Havia uma confiança mútua entre os dois. "Eles falavam de ficção científica, jogavam Risk juntos", lembra Eddie Kramer. "Havia tanta confiança entre eles que, quando Jimi entrava no estúdio, se entregava a Chas para ajudá-lo a gravar a música de seus sonhos."[50] Jimi tornou-se mais confiante. Com a ajuda do sucesso, impunha suas escolhas. "Jimi exercia seu poder", conta Neville Chesters, responsável técnico das sessões. "Ele sabia o que queria e conhecia o som que queria obter. Chas gostava que as músicas fossem concentradas e curtas. Jimi queria músicas desenvolvidas e extensas."[51]

Em um único dia, 31 de outubro, Jimi Hendrix, Chas Chandler e Eddie Kramer finalizaram a mixagem das treze faixas do álbum. Nessa noite de 31 de outubro, Hendrix perdeu num táxi londrino as fitas, as *masters* do primeiro lado do disco. Alguns, como o biógrafo Keith Shadwick, questionaram a veracidade dos fatos contados pelo guitarrista. Jimi teria dito que perdeu as fitas para poder refazer algumas mixagens de que não gostara devido à falta de tempo. A ironia da história é que a nova mixagem foi feita num tempo menor ainda.[52]

Para a gravação desse álbum, Jimi recorreu a outros instrumentos, como o piano em "Spanish Castle Magic", o glockenspiel em "Little Wing", a flauta em "If 6 Was 9". O que em parte explica o fato de haver pouquíssimas versões ao vivo das músicas desse disco. Depois de *Axis: Bold As Love*, o repertório dos shows da Experience permaneceu quase inalterado.

Depois de gravadas as músicas, várias horas foram dedicadas à mixagem. Tudo foi feito com muita atenção. O sucesso comercial de *Are You Experienced* permitiu a Hendrix e Chandler trabalharem esse segundo disco sob boas condições. As tomadas se tornaram cada vez mais numerosas. Não era preciso se apressar, se estressar. A calma reinava no estúdio, mesmo quando as sessões de gravações se transformavam em festas que reuniam amigos dos músicos, penetras e garotas bonitas. Jimi adorava o estúdio, que, como dissemos, se assemelhava a um laboratório. Chas Chandler corria muito, seguindo as diferentes fases da produção do disco, enquanto Eddie Kramer, verdadeiro ourives da mesa de gravação, trabalhava ao lado de Hendrix, completamente envolvido na mixagem do álbum. Eles não fizeram uma mixagem em mono, mas em estéreo. Várias faixas atestam essa mixagem inventiva, como "If 6 Was 9", "You Got Me Floatin'", "One Rainy Wish" e principalmente "EXP", em que o vaivém da mixagem das duas guitarras passa a forte impressão da decolagem de um foguete.

Além das sessões nos estúdios Olympic de Londres, de maio a outubro de 1967, várias outras sessões ocorreram nos estúdio Mayfair de Nova York, durante a estada americana da Experience, em julho de 1967. Nele foram finalizadas as duas faixas que constituiriam seu novo *single*, o quarto, lançado em agosto na Inglaterra: "Burning Of The Midnight Lamp".

"Escrevi parte da música no avião, entre Los Angeles e Nova York, e terminei-a no estúdio, na América", contou Hendrix. "Ela tem coisas muito pessoais. Qualquer um pode entender essa sensação, de quando viajamos muito e não nos sentimos em casa em lugar algum, onde quer que moremos. A sensação que esse homem sente no fundo de sua velha casinha, no meio do deserto, ao queimar da lâmpada da meia-noite!"[53]

"Burning Of The Midnight Lamp" marcou a estreia de Hendrix no pedal wah-wah, que, a partir de então, passou a fazer parte de sua paleta sonora. Utilizado por inúmeros guitarristas, como Eric Clapton, Jimmy Page, do Led Zeppelin, David Gilmour, do Pink Floyd, Frank Zappa e John McLaughlin, na banda de Miles Davis na fase *Bitches Brew*, mas também por violinistas, como Jean-Luc Ponty, o pedal wah-wah fazia a guitarra soar como uma voz humana maleável e potente. Mais que um simples efeito que ampliava a expressividade do instrumento, o wah-wah foi integrado à estética hendrixiana. "Voodoo Child (Slight Return)" foi a prova tangível e sonora disso.

"Burning Of The Midnight Lamp" aparecia no lado A, e "The Stars That Play With Laughing Sam's Dice" no lado B do *single*. STP With LSD. As iniciais do título faziam uma clara referência ao ácido, de que Hendrix era um grande usuário.

O que dizer de *Axis: Bold As Love*, álbum da Experience preferido de Noel Redding? Mais soul que o anterior, que tinha o blues como cor principal, *Axis: Bold As Love* confirmava o lirismo de Hendrix, pela qualidade da escrita das baladas que compunham a maior parte das faixas. "Gosto de escrever canções lentas porque acho mais fácil colocar mais blues e mais *feeling*"[54], explicou ele.

Controlada, sua voz, que às vezes se assemelhava ao *Sprechgesang*, ao canto-falado favorecido pelas baladas do disco, se mostrava com força e simplicidade. "Little Wing", "Bold As Love", "One Rainy Wish" e "Castles Made Of Sand" atestam uma forte dimensão onírica que é característica da originalidade do álbum. "You Got Me Floatin'" e "Spanish Castle Magic" fazem alusão aos paraísos artificiais, o "castelo espanhol mágico" era o desenho impresso nos papelotes de ácido. Em "EXP" o tema é ficção científica, Hendrix encarna o papel de um extraterrestre com o foguete prestes a decolar. E em "Up From The Skies" ele se preocupa com o aquecimento do planeta.

"If 6 Was 9", que alguns acreditam premonitória, pois nela Hendrix anuncia que morreria quando sua hora chegasse, é uma música que coloca frente a frente hippies e conservadores e que se assemelha a um manifesto pela liberdade individual: como a morte está no fim do caminho, podemos viver como bem quisermos!

"Castles Made Of Sand" é um dos grandes êxitos do disco. Tanto pela música quanto pela letra, uma das mais belas de Jimi. Essa canção tem um forte traço de melancolia. O amor, um logro, dura um breve momento. Os sonhos, impossíveis, se chocam contra o muro do real. Para Leon Hendrix, um dos irmãos de Jimi, "Castles Made Of Sand" é uma fábula autobiográfica. O casal descrito na primeira estrofe teria sido inspirado pelas relações tumultuosas entre seus pais. A última estrofe evocaria sua mãe, que estava numa cadeira de rodas na última vez em que ele a viu.[55]

Não havia descanso, não havia trégua para o guitarrista, as sessões de gravação se sucediam aos constantes shows. Dissemos e repetimos, até que fique gravado: Jimi estava na estrada. Em quatro anos, de setembro de 1966 a setembro de 1970, foram cerca de 530 shows, encadeados em velocidade máxima. Jimi Hendrix se tornava um dos músicos mais bem pagos do circuito rock, com um mínimo de 50 mil dólares por show. Jimi corria. Cada vez mais rápido. Estaria com pressa ou saberia que as asas do tempo logo se fechariam sobre ele?

A fadiga era cada vez mais presente. O esgotamento não estava longe. Cuidado, os picos da montanha do show business são perigosos! Para conseguir manter o ritmo dessas turnês sem fim, Jimi e seus companheiros de música recorriam cada vez mais às substâncias químicas e aos calmantes. Estes para dormir, aquelas para acordar. "O problema da minha vida, hoje", contou Hendrix, "é que preciso tomar um comprimido para dormir e outro para tocar."[56] Essa dupla dependência se transformava numa máquina infernal. Enquanto Noel Redding tomava dois comprimidos, Hendrix tomava quatro. Noel Redding explicou em sua autobiografia que tomar remédios se tornara um jogo do tipo "posso tomar mais que você".[57] Os traficantes, e também os fãs e *groupies* de todo tipo, forneciam diferentes substâncias aos três membros da Experience.

Jimi consumia cada vez mais ácido. Para além da própria *trip*, que o levava para longe e às vezes lhe permitia escrever, o ácido tornou-se para ele uma tela protetora diante do mundo e da opacidade do real. "O ácido realmente o libertou", explica Deering Howe, um amigo de Hendrix. "Ele o libertava do fato de ser um astro do rock, de ser negro, da pressão do sucesso. Ele o levava para um território onde estava livre de tudo isso."[58] Para os jornalistas, Hendrix tomava o cuidado de não fazer a apologia dos ácidos: "Se tomo LSD, faço-o apenas por prazer pessoal, ou porque me diverte, e não por motivos psicológicos"[59], ele disse em 1967. Quando o questionavam a respeito do LSD, das drogas, ele geralmente desconversava: "A música é uma droga saudável".[60] Ele contou à *Melody Maker*, no final de dezembro de 1967:

> Eu gostaria de fazer uma pausa por seis meses para fazer aulas de solfejo numa escola de música. Estou cansado de tentar escrever coisas e perceber que não consigo. Quero escrever histórias mitológicas em música, baseadas em algo planetário e na minha imaginação. Não seria como a música clássica, mas eu utilizaria cordas e harpas, com texturas sonoras extremas e opostas.[61]

O cansaço do grupo se tornava cada vez mais aparente. Grande parte do tempo fora dos palcos era dedicado a viajar. O itinerário das turnês era estranho: eles percorriam longas distâncias para dar um show e voltavam sobre seus passos no show seguinte. Por exemplo para um show em Seattle, em fevereiro de 1968, em que a Experience pegou o avião de Santa Barbara a Seattle, antes de voltar a Los Angeles no dia seguinte. A Experience às vezes viajava de avião, mas a maior parte do tempo era de carro, uma perua alugada, que os músicos se deslocavam.

Em janeiro, durante uma turnê pelo norte da Europa, assim que chegaram na Suécia os três músicos se embebedaram. Jimi destruiu o quarto do hotel. "Estávamos completamente bêbados", lembra Noel Redding em suas memórias. "Jimi havia saído com um jornalista sueco, que era gay. Talvez ele tenha influenciado Jimi, não sei, mas Jimi sugeriu que nós quatro nos beijássemos."[62] Por mais que o sueco insistisse, nada aconteceu. Difícil saber se essa história deve ser atribuída ao delírio (ele fez várias tentativas do gênero) ou a uma bissexualidade. Preso depois da destruição do quarto de hotel, Jimi levou uma multa que privou a banda de um terço dos rendimentos da turnê.

No final de janeiro de 1968, um fato político marcante perturbou os Estados Unidos. O Vietcongue e o exército norte-americano deram início à grande Ofensiva do Tet nas grandes cidades do sul e na base americana de Khe Sanh. O presidente Lyndon Johnson se envolvia cada vez mais num política de assalto ao Vietnã. Mais de 58 mil soldados perderiam a vida ao longo da guerra. Quatro meses depois, em maio de 1968, na França, estudantes e operários foram às ruas de Paris e das grandes cidades com o objetivo de implodir a chapa de chumbo moral, política e religiosa que sufocava o país. No palco do Capitol Theater, em Ottawa, dois meses depois, Jimi Hendrix declarou: "Em vez de toda essa agitação por lá, por que as pessoas simplesmente não vão para casa, e em vez de fuzis-metralhadoras M16, granadas de mão e tanques, por que não voltam com guitarras e um *feedback*? Melhor do que armas".[63] Os *buttons* de seu chapéu diziam: "Make Love, Not War" ("Faça amor, não faça guerra"), "LBJ is a Bag" (Lyndon Baines Johnson é um mala), "Stoned" ("Chapado") e "Let's Brag A Little".*[64]

Seria um eufemismo dizer que Jimi estava sobrecarregado: sua vida era frenética. Num lapso de tempo relativamente curto de pouco mais de dois meses (66 dias), de 1º de fevereiro a 6 de abril de 1968, a Experience fez 47 shows. Essas grandes séries de apresentações também deram consistência à música da banda, cada vez mais coesa. "Som após som, eles avançam, avançam, e ninguém pode dizer onde esses roqueiros vão parar – enquanto os jovens continuarem gastando seus trocados com um espetáculo de quarta categoria"[65], disse a *Variety*, em março de 1968.

Os shows se sucediam. Durante a turnê americana, Jimi tocou com Albert King e John Mayall. E, em abril, participou de uma *jam session* com B.B. King no Generation Club de Nova York. Jimi rodou pelo oeste dos Estados Unidos, por Santa Barbara, Chicago e Seattle, onde, em 12 de fevereiro, tocou no estádio da cidade, o Seattle Center Arena.

Foi uma grande emoção para Jimi, que não colocava os pés na cidade natal fazia sete anos. Recebeu uma

---

* Vamos nos gabar um pouquinho. (N.T.)

distinção, as chaves da cidade. "As únicas chaves que eu esperava receber eram as da prisão"⁶⁶, disse não sem humor ao *Sunday Mirror* aquele que havia deixado Seattle em 1960 sob a ameaça de cinco anos de prisão.

O show teve todos os ingressos vendidos. Al e Leon Hendrix sentaram na primeira fila. Al estava vestido com elegância, foi a primeira vez que Jimi viu o pai usando gravata. Toda a família estava reunida. Uma família ampliada, pois Al havia se casado de novo e Jimi tinha uma nova madrasta, June, e cinco meios-irmãos e meias-irmãs. "Ele usou um chapéu gigante e uma camisa de veludo vermelho. E, com todo aquele cabelo, tinha uma aparência selvagem!"⁶⁷, lembra Leon, que tinha vinte anos e vivia de um emprego numa sala de bilhar e de pequenos bicos. "Ele tinha um ar tão adulto", observou a tia Delores. "Mas parecia um hippie!"⁶⁸

> "Bem-vindo à nossa casa, filho", disse-lhe Al. O reencontro foi caloroso. "Revi toda a família e estávamos felizes, pela primeira vez. Eu disse a meu pai: 'Eu poderia comprar uma casa para você, quero comprar uma casa para você nesse inverno.' Tenho uma irmã de seis anos, Janie, que eu nunca tinha visto. Ela nasceu quando fui embora. É uma garotinha adorável. Ela guarda todos os artigos e fotos sobre mim. Tenho uma foto dela, tão bonitinha."⁶⁹

No dia seguinte, estava previsto um show na Garfield High School. Jimi queria tocar de graça no colégio de sua infância. Mas passou a noite toda na casa de Al, eles jogaram Monopoly e beberam muito *bourbon*. Não dormiu à noite. Pela manhã, com a mente turvada de álcool, não estava em condições de tocar. Aliás, nem Mitch Mitchell, nem Noel Redding, nem nenhum técnico da equipe estava, não compareceram. O show se transformou num simples reencontro. Jimi estava receoso, balbuciou algumas palavras. Declarou ter escrito "Purple Haze" para Garfield (as cores da escola eram violeta e branco). O encontro durou apenas cinco minutos. Sete anos antes, Jimi saíra de Seattle à força, correndo o risco de ser preso, e se tornara um astro do rock.

E dizer astro do rock não é apenas dizer sexo e drogas, mas também dinheiro. Jimi ganhava bem. As vendas de discos e, principalmente, as turnês americanas nos teatros e grandes estádios geravam lucros importantes. É verdade que Jimi não andava de Rolls-Royce e não morava em Graceland, mas gastava sem pensar. Como na música e no sexo, Jimi vivia o imediatismo do prazer. O dinheiro queimava seus dedos. Jimi era generoso, muito generoso. Depois do retorno a Seattle e do reencontro com a família, enviou 10 mil dólares ao pai para que ele comprasse um carro novo. Em 1968, ele pagou o aluguel de Fayne Pridgeon para agradecer sua ajuda quando ele tinha precisado. Discretamente, Jimi apoiava diferentes causas. "Ganhar dinheiro serve para fazer coisas melhores"[70], disse ele.

"Jimi podia gastar 10 mil dólares numa loja para presentear uma garota que recém tinha conhecido e nunca mais veria"[71], lembra Trixie Sullivan, a assistente de Mike Jeffery. Além disso, os gastos com alimentação e as notas de limusines se elevavam a vários milhares de dólares. E um processo havia sido iniciado contra Ed Chalpin a respeito do contrato que ligava Jimi à PPX Productions. Os gastos com advogado eram de vários milhares de dólares.

Como dissemos e repetimos, os shows se sucediam. A Experience fez trinta shows em catorze dias. "Depois de um tempo, você se lembra das cidades em que passou pelas garotas que conheceu", contou o guitarrista. "Você chega numa nova cidade e não há mais nada a fazer além de paquerar as garotas, e é disso que lembramos, o problema é que, ultimamente, comecei a confundir as garotas e as cidades."[72]

As turnês proporcionavam muito sexo aos três integrantes da Experience. Aquilo acabou se transformando numa competição entre eles. No livro *Are You Experienced?*, Noel Redding descreve as turnês como "overdoses de sexo". O sexo era fácil, sem culpa. Os rapazes não precisavam passar horas cortejando as jovens espectadoras, que, a cada noite, depois do fim do show, se amontoavam para conhecer os astros do rock. As *groupies* se ofereciam a eles sem cerimônias. "Eles dividiam as garotas entre eles", contou Trixie Sullivan. "A garota dormia primeiro com um técnico e subia na hierarquia até chegar aos músicos. A grande piada era quando todos precisavam ir ao médico porque uma *groupie* tinha gonorreia."[73]

Em Chicago, em 25 de fevereiro de 1968, a Experience fez dois shows com lotação esgotada na Civic Opera. Depois do primeiro, a banda voltou para o hotel de limusine. No caminho, na Michigan Avenue, a limusine cruzou com o carro das Plasters Casters of Chicago. "Nós somos as Plasters Casters of Chicago!, gritou Cynthia 'Plaster Caster' Albritton, de 22 anos, estudante de arte e líder do grupo, e queremos fazer um molde de seus atributos."[74]

No quarto 1628 do Conrad Hilton, Cynthia "Plaster Caster" tirou o molde do instrumento de Hendrix, de seu segundo instrumento. Ela também disse que o experimentou. Albritton fazia moldes de gesso das partes genitais de estrelas do rock (cerca de sessenta, dentre os quais o baterista Rick Fataar, dos Beach Boys). "Veja que a ideia era, acima de tudo, ir pra cama, hein"[75], disse ela. A banda Kiss dedicou a canção "Plaster Caster" à obra dela.

"Não estávamos preparadas para o tamanho dele", Cynthia escreveu mais tarde. "Ele tinha o maior pau que eu tinha visto. Preenchia o molde todo."[76] Enquanto ela preparava o gesso, uma das três garotas estimulava Jimi com carícias buco-genitais. Depois que o sexo se ergueu, elas colocaram um vaso cheio de gesso dentário em torno do pênis e disseram-lhe para ficar parado por um minuto, enquanto o gesso secasse. "Gesso seca rápido, é preciso sincronia", explicou ela. "O melhor é que uma chupe o cara enquanto a outra prepara a mistura. Ah, sim, e não se deve esquecer de colocar óleo nos pelos, senão eles ficam grudados."[77] "Não era muito sexy, na verdade" recorda Cynthia. Jimi, que não foi um modelo cooperativo, usou o molde depois de seco para se masturbar.[78] O modelo genital de número 00004 é a peça principal da coleção, "o Jimi Hendrix", ao lado do "Noel Redding" (Lovin'--Spoonful). "Minha contribuição ficou insólita: o resultado se assemelhava a um saca-rolhas", lembra Noel Redding. Mitch Mitchell, por sua vez, educadamente declinou do convite. Quando os moldes de Cynthia "Plaster Caster" foram expostos numa galeria de arte, um jornal apelidou Hendrix de "Pênis de Milo".[79]

Durante os quatro dias de pausa dessa turnê americana, Jimi poderia ter descansado. Mas não: nos dias 13 e 14 de março, ele entrou em estúdio para novas sessões de gravação. No Sound Center, sem a Experience, gravou uma belíssima versão de "Somewhere", que não foi integrada ao álbum em curso, *Electric Ladyland*, mas figurou na caixa *The Jimi Hendrix Experience Box Set*, com quatro discos, lançada em 2000.

Em 5 de abril, grande foi a emoção na sala de Newark onde a Experience tocou. O pastor batista Martin Luther King havia morrido na véspera, assassinado em Memphis, no Tennessee. "Essa canção é para um de meus amigos"[80], anunciou Hendrix antes de iniciar um melancólico blues instrumental. A música levou vários espectadores às lágrimas. Depois de uma hora de show, Jimi saiu do palco. O momento era de recolhimento, não houve aplausos. Alguns dias depois, com toda discrição, Jimi enviou 5 mil dólares a um fundo criado em apoio à ação não violenta do militante pelos direitos civis dos negros nos Estados Unidos. Como um eco do assassinato de Martin Luther King e das revoltas provocadas por sua morte, as palavras das músicas de Jimi se tornaram cada vez mais políticas. Em "House Burning Down", de seu álbum seguinte, *Electric Ladyland*, ele conclamava as pessoas a "aprender em vez de queimar".[81]

Entre as sessões de *Electric Ladyland*, a Experience fez dois shows em Nova York, em 10 de maio, no Fillmore East, uma nova sala que Bill Graham acabara de abrir. Uma segunda turnê americana foi de 30 de julho a 15 de setembro. Música, música e mais música, Jimi vivia a cem por hora. Foi um período frenético, as coisas se aceleravam para Hendrix. A música e as substâncias químicas o faziam viver em outro ritmo, difratado, desacelerado. Jimi explicou ao *New York Times*:

> Cara, é a música, é isso que vem primeiro. As pessoas que criticam a atuação no palco são pessoas que não sabem utilizar os olhos e os ouvidos ao mesmo tempo. Elas têm um interruptor nas escápulas que as faz utilizar um ou outro... Qualquer um pode ir para o exército, eu fui obrigado a ir, mais do que os outros, mas, cara, como me entediei! [...] Dylan realmente me excitou – não com suas palavras, ou sua música, mas ele me tocou. Um sujeito assim pode fazer isso. [...] Na vida, precisamos fazer o que temos vontade, precisamos deixar o espírito e a imaginação flutuando, flutuando, livres.[82]

Em 25 de outubro de 1968 foi lançado o terceiro álbum de Hendrix, *Electric Ladyland*. Coroação da carreira da The Jimi Hendrix Experience, *Electric Ladyland* é o grande clássico hendrixiano, seu disco mais pessoal. Ele se impõe como uma obra-prima imperecível que o tempo não pode alcançar. Tanto pelas canções, e interpretações, quanto pela produção – um uso sutil do estúdio, em que Hendrix se tornou um perito –, *Electric Ladyland* é um grande êxito. "Musicalmente, *Electric Ladyland* é o disco mais bem-acabado da Experience", escreveu Régis Canselier em *Jimi Hendrix, le rêve inachevé*. "Hendrix prolonga os avanços alcançados nos dois primeiros álbuns sem jamais se repetir. A obra constitui, portanto, uma síntese e, ao mesmo tempo, uma superação de *Are You Experienced* e *Axis: Bold As Love*. O guitarrista consegue de fato encontrar um equilíbrio exemplar entre a grande espontaneidade de peças gravadas em condições *live* e a extrema sofisticação de composições elaboradas graças às tecnologias mais modernas da época."[83]

Na Inglaterra, *Electric Ladyland* chegou ao quinto lugar das paradas. Lançado nos Estados Unidos alguns dias antes, em 16 de setembro de 1968, o disco chegou ao primeiro lugar da *Billboard*. Nas lojas de discos americanas, em 4 de setembro, o *single* que reunia "Burning Of The Midnight Lamp", no lado A, e uma versão de "All Along The Watchtower", no lado B, fez grande sucesso. Este foi, aliás, o único 45 rotações da Experience que chegou ao Top 40. Na Europa, "All Along The Watchtower" foi acompanhado de "Long Hot Summer Night" e conheceu um sucesso considerável; o *single* chegou ao quinto lugar das paradas inglesas.

Dos álbuns de estúdio, *Electric Ladyland* foi o que mais correspondeu às intenções de Hendrix, que afirmou que "todas as faixas são muito pessoais, elas nos representam".[84] Pela primeira vez, foi possível ler no LP duplo: "Dirigido e produzido por Jimi Hendrix". Seu projeto: criar "um conceito de música pop completamente diferente do que foi ouvido até então. [...] Ele terá mais partes longas e instrumentais, pois é simplesmente impossível expressar-se em dois minutos de música"[85], avisou.

Hendrix não estava totalmente satisfeito com seus dois álbuns anteriores, *Are You Experienced* e *Axis: Bold As Love*. "Insatisfeito com os dois!, ele disse. Chas Chandler, produtor das sessões, não tinha a verdadeira manha quando girava os botões da mesa."[86] Em *Electric Ladyland*, ele foi o "único responsável pela maior parte, do início ao fim"[87], o disco "representa exatamente o que [o guitarrista] sentia na época da produção".[88] As relações entre Jimi e Chas Chandler, produtor até então, tinham se tornado difíceis. As inúmeras tomadas feitas por Hendrix, que tocava para um grupo de amigos convidados, tudo isso irritava Chandler, que era cada vez menos ouvido. "Quando começamos a trabalhar no álbum *Electric Ladyland*, eu poderia muito bem não estar ali, ele não me ouvia mais"[89], lembra Chandler. Exasperado, Chandler, que preferia viver na Inglaterra enquanto Jimi queria se instalar em Nova York, deixou o estúdio. Decidiu parar de produzir as sessões. Hendrix tornou-se então o único produtor do álbum. Chandler também abandonou seu papel de agente do guitarrista e vendeu seus direitos de agenciamento a Jeffery por 300 mil dólares. Jimi podia escolher entre Chas Chandler e Mike Jeffery, e escolheu Jeffery. Chandler nunca o perdoou. E acusou Jeffery de se tornar "um parceiro de ácido"[90] de Jimi para garantir seus favores.

Com a partida de Chas Chandler, responsável pela criação da The Jimi Hendrix Experience, uma página foi virada. "Chas era uma das únicas pessoas que falava francamente com Jimi", observou Kathy Etchingham. "Quando Jimi o perdeu, ficou cercado apenas por puxa-sacos."[91]

Jimi firmou sua personalidade, suas escolhas. "Jimi tinha tentado tomar o poder", contou Noel Redding. "Eu saía com frequência das sessões, se não, preciso admitir, as coisas teriam desandado com Jimi."[92] Furioso, ele saiu de uma sessão no início do mês de maio e faltou à gravação de "Voodoo Chile". "A pressão do público para criar algo ainda mais genial a cada vez, ao mesmo tempo exigindo que continuássemos os mesmos, era esmagadora"[93], reconheceu o baixista.

A gravação de *Electric Ladyland* foi feita em Londres, de 20 de dezembro de 1967 a 28 de janeiro de 1968, mas também, e principalmente, em Nova York, ao longo do segundo trimestre de 1968. "Quando gravamos *Electric Ladyland*, estávamos em turnê", recorda Hendrix. "Isso é muito difícil, pois é preciso se concentrar em duas coisas. É preciso ser bom no palco à noite, e no dia seguinte às seis horas é preciso estar no estúdio. Foi duro. Gravei a metade das músicas que tinha previsto gravar."[94]

Em Nova York, as sessões de gravação foram no Record Plant, um estúdio novíssimo, um dos únicos a ter um 12-canais na inauguração. O álbum se beneficiou dos avanços tecnológicos, sobretudo na utilização dos *overdubs*. Hendrix explicou que em "House Burning Down" fazia "a guitarra soar como se estivesse em chamas. As alturas mudam constantemente e, bem no topo, a guitarra corta a massa".[95]

Somente uma parte das músicas resultaram das sessões inglesas. O resto do álbum foi gravado no Record Plant de Nova York. Na verdade, algumas faixas foram gravadas em 4-canais na Inglaterra, retrabalhadas em 12-canais e depois em 16-canais em Nova York. Hendrix teve mais recursos em estúdio para *Electric Ladyland* do que para os dois discos anteriores. A produção do disco chegou a 70 mil dólares, logo reposta pela venda de álbuns e shows, essa quantia, astronômica na época para a produção de um disco, pode ser explicada pelo grande número de dias passados em estúdio.

"A gravação do álbum não foi fácil", lembra Noel Redding, que se afastava cada vez mais do trio. "Era preciso fazer malabarismos entre a turnê americana e as 'jornadas' em estúdio. Além disso, as sessões eram praticamente 'entrada livre'! Muitos amigos de Jimi apareciam... Era bom para o *groove*, mas não para a concentração..."[96] As sessões de gravação se transformavam em noites de excesso. Remédios, LSD e heroína circulavam.

Na época em que gravou *Electric Ladyland*, Hendrix frequentava com assiduidade um clube da moda em Nova

York, The Scene. Ele simpatizava com pessoas e as convidava para irem vê-lo em estúdio. Jimi era um homem doce, gentil. Era discreto, calmo, tímido, como dissemos. Não sabia dizer "não", evitava confrontos e conflitos. Era de fato por meio da música que dava livre curso à plena expressão de seus sentimentos. "Jimi tinha muita dificuldade em dizer não às pessoas que se mostravam *cool* com ele – era seu problema, mesmo ele percebendo os inconvenientes que aquilo representava", confirmou Eddie Kramer. "Como ele não queria ser o malvado, confiava aos outros a função de se livrar dos parasitas."[97]

"Ele tinha um encanto crístico", recorda o guitarrista de jazz Larry Coryell, que foi um desses "parasitas" que assistiram às sessões em estúdio transformadas em festas. "Ele era mais que um simples guitarrista. Tinha o tipo de carisma que, imagino, Charlie Parker devia ter."[98] À imagem de um Charlie Parker entregue a uma improvisação flamejante a partir de um simples blues, Hendrix improvisava como nunca fizera em disco. "Voodoo Chile" era o material de base sobre o qual ele fazia improvisações extraordinárias.

Larry Coryell assistiu à gravação da versão de "Voodoo Chile", longo blues improvisado de mais de quinze minutos, que destaca sobretudo o duo composto por Jimi Hendrix (guitarra e voz) e Steve Winwood no órgão Hammond. "O fluxo de energia passava de um para o outro", lembra Larry Coryell. "Bem que eu gostaria de ter entrado e tocado com Jimi, mas ele dizia tudo, outro guitarrista atravancaria seu caminho. Naquela tomada, lembro que ele utilizou o wah-wah. Ele realmente trabalhava o wah-wah, não era apenas um truque, ele foi o primeiro a utilizá-lo com seriedade e a passar horas praticando."[99]

Uma certa tensão reinou dentro da Experience durante as gravações de *Electric Ladyland*, feitas sob condições especiais. "Não que eu não gostasse de festejar; eu gostava, mas com certeza não era uma maneira de trabalhar", declarou Noel Redding, que acrescentou: "Jimi trabalhava bastante nas bandas. Às vezes, passávamos uma noite inteira refazendo um dos canais. Nada acontecia, ou, se acontecia, levava tanto tempo que nem percebíamos".[100]

A relação entre Noel Redding e Jimi Hendrix se desgastava. Amigos, cúmplices por algum tempo, eles se tornavam antagonistas. Tudo parecia separá-los. A dissolução da Experience parecia inevitável. Noel Redding sentia dificuldade em encontrar um lugar no trio, do qual Hendrix era o líder inconteste. Mesmo assim, ele conseguiu impor uma composição sua, "Little Miss Strange", mas, guitarrista de formação, seu simples papel de baixista o frustrava. A convocação de outros músicos, e o fato de que Hendrix às vezes duplicava as linhas de baixo, quando não regravava as linhas de baixo de Redding que não o satisfaziam, não ajudava. Além disso, Jimi se comportava cada vez mais como uma estrela, o que tendia a irritar Noel Redding. Este, quase sempre contrariado e drogado em estúdio, manifestava seu descontentamento. Por isso surgiam tensões e embates cada vez mais frequentes. "Mitch e Noel querem seguir seu próprio caminho. [...] Portanto logo, sem dúvida perto da virada do ano, dissolveremos a banda – a não ser para alguns shows específicos"[101], declarou Hendrix à *Melody Maker*, em 16 de novembro de 1968.

Talvez tenha sido camaradagem, uma coesão de fachada, mas uma Experience por inteiro se apresentou no dia 3 de maio para as câmeras do canal de televisão americano ABC, que fazia uma reportagem sobre a banda. Os três músicos eram seguidos passo a passo no processo de criação, na gravação do álbum em estúdio, no Record Plant. Foram filmados os ensaios, a gravação e a mixagem de "Voodoo Child (Slight Return)", que, como "Voodoo Chile", foi gravada em condições *live*. Perdido, destruído ou roubado, o filme não está acessível. Mas a gravação sonora de "Voodoo Child (Slight Return)", de mixagem sutil, foi preservada; é um dos auges da discografia hendrixiana. Ao público que foi ouvi-lo no Konserthuset de Estocolmo, em 9 de janeiro de 1969, ele declarou que em seu último disco havia "uma única música da qual lembramos"[102], "Voodoo Child (Slight Return)".

"Voodoo Child (Slight Return)", que teve uma mixagem de alta-costura, fala de uma montanha dividida com a palma da mão. A montanha são os problemas que todos precisam enfrentar. Em janeiro de 1969, ele dedicou "Voodoo Child (Slight Return)" a "todas as pessoas que sentem e pensam realmente por si mesmas".[103] Mais tarde, em junho do mesmo ano, durante um show em Newport, ele disse: "É uma música de militante negro, nunca esqueçam!".[104] Em janeiro de 1970, ele diria inclusive que era "o hino nacional dos Black Panthers".[105] A ortografia *Chile*, e não *Child*, refletia a pronúncia de Hendrix para *Child*, como antes no título de "Highway Chile".

"Voodoo Child" fala do novo mundo a que ele se dirige. Alguns – na verdade muitos, que consideram Hendrix um ser torturado, suicida – viram nisso uma premonição. Sobretudo porque vários fãs do guitarrista só conheceram a música quando do lançamento do *single*, depois de sua morte. Na verdade, a música foi gravada em 1968, e só foi lançada como *single* depois da morte de Hendrix, em 1970.

Outros viram nessa canção uma mensagem política direta à comunidade negra americana. Era a primavera de 1968. Nos Estados Unidos, havia revoltas por todo o país, que continuava atolado na guerra do Vietnã. Em 4 de abril, o líder negro pacifista Martin Luther King fora assassinado em Memphis. Em 5 de abril, num show em Newark, Jimi prestou-lhe uma vibrante homenagem. Na ausência de uma gravação, é impossível saber qual foi seu teor.

Na gravação de *Electric Ladyland*, Jimi controlou as diferentes fases da produção; foi uma primeira vez. Além de compositor, letrista, guitarrista e vocalista, também foi, ocasionalmente, baixista. "Jimi era um excelente baixista", disse Mitch Mitchell, "um dos melhores, com um estilo muito Motown".[106] Jimi se transformou num verdadeiro homem-orquestra em "Crosstown Traffic", tocando até kazoo. E em "And The Gods Made Love", faixa que abre o álbum, ele tocou guitarra, baixo e tímpanos.

Em 29 de junho de 1968, quando chegou ao estúdio Record Plant, Jimi exclamou: "Hoje vamos gravar uma coisa completamente diferente do que fizemos até agora".[107] "At The Last Beginning" se tornaria "And The Gods Made Love" ("É como quando os deuses criaram o amor"). A respeito do um minuto e vinte e quatro segundos desse aglomerado de sons barulhentos cheio de distorções e múltiplos *overdubs*, à maneira um organismo vivo que ele apresenta como "uma pintura dos céus"[108], escolha muito ousada para abrir um álbum, Hendrix explicou à imprensa: "Vocês ficarão desapontados e surpresos com a primeira faixa do álbum, que começa com noventa segundos de música do paraíso. Sei que é o tipo de coisa que as pessoas logo criticarão, então foi por isso que a colocamos no início".[109]

Os rolos giram constantemente no Record Plant. Jimi era um perfeccionista, como dissemos. Mais de vinte tomadas foram necessárias para o acompanhamento à guitarra de Dave Mason em "All Along The Watchtower". E 43 tomadas foram necessárias para "Gypsy Eyes", cuja produção absorveu Hendrix de 24 a 27 de agosto de 1968. Tanto do ponto de vista musical (a composição, os arranjos) quanto do ponto de vista estritamente vocal, "Gypsy Eyes" foi um grande êxito.

"O álbum *Electric Ladyland* não é apenas um álbum, é um conceito", explicou Hendrix. "Poderíamos ter ficado um ano em estúdio e ainda não o teríamos concluído. Quando penso que passamos apenas quatro meses!"[110] Ele deveria ter sido finalizado em 21 de julho, mas a turnê americana da Experience fez as coisas se arrastarem.

Seria um álbum duplo, um projeto bastante audacioso em si mesmo.

A concepção de *Electric Ladyland* pode ser entendida sob o signo da experimentação devido aos arranjos sofisticados, à mixagem muito elaborada, aos inúmeros efeitos, às diferentes invenções (sirenes em "1983", graças à técnica do *feedback*, o soprar do vento feito apenas com a boca), mas também e principalmente devido à sua liberdade. Hendrix não declarara, em dezembro de 1967: "Não passo de um velho campeão frustrado. Só isso. É assim que me sinto... Não estou nem aí para o meu futuro e minha carreira. Quero apenas ter certeza de poder lançar o que eu quero"[111]? Gerry Stickells, *road manager* de Hendrix, confirmou seu agudo desejo de liberdade, declarando que "disciplina não teria combinado com esse álbum, Jimi precisava daquela liberdade".[112] Chas Chandler de lado, Hendrix ficou com plena liberdade de ação. Além disso, ele se libertou da formação em trio, que considerava cada vez mais estreita, uma prisão. O trio seria dissolvido no ano seguinte. Em "Still Raining, Still Dreaming" e "Rainy Day, Dream Away" restou do trio apenas seu líder. No entanto, nunca a banda pareceu tão unida.

Enérgico baterista de rock, em grande forma, Mitch Mitchell garantia a base rítmica da Experience e impulsionava Hendrix. "Mitch está se tornando um pequeno monstro na bateria", contou Hendrix numa entrevista à *Melody Maker* de julho de 1968. "Ele faz uma coisa à Elvin Jones. Fico preocupado em perdê-lo. Ele se torna tão intenso atrás de mim que dá medo."[113] Dentro desse contexto, Hendrix desabrochava com plenitude. Natural, com grande fluidez, sua maneira de tocar ganhou em maturidade, se adensou. Sutil quando desenfreada, aliando refinamento e potência, sua música estava cada vez mais em estado de graça.

Convidar músicos solistas para participar de sessões de gravação era uma prática ainda rara no fim dos anos

1960. Ela se desenvolveu no jazz e no rock ao longo dos anos 1970. Os músicos convidados por Hendrix em *Electric Ladyland* atendiam pelos nomes de Dave Mason (guitarra), Chris Wood (sax tenor e flauta; pode ser ouvido em "1983... [A Merman I Should Turn To Be]") e Steve Winwood (cantor multi-instrumentista: guitarra, órgão Hammond). Os três, fundadores da banda Traffic, participaram de várias sessões de gravação ao lado, entre outros, dos Rolling Stones, de Eric Clapton e de George Harrison. Sondado para tocar piano, Brian Jones, embriagado, não foi mantido, enquanto Noel Redding batia a porta do estúdio após uma disputa com Hendrix.

Também participaram das sessões de *Electric Ladyland* Jack Casady (baixista da Jefferson Airplane e futuro fundador da Hot Tuna, pode ser ouvido em Vodoo Chile), o baterista Buddy Miles e Al Kooper, tecladista que tocou órgão Hammond em "Like A Rolling Stone" no álbum *Highway 61 revisited* (1965), de Bob Dylan, que Hendrix ouviu muito. "Gosto de Dylan", contou Hendrix à revista *Rolling Stone*. "Vi-o uma única vez, há alguns anos, no Kettle of Fish, na MacDougal Street. Foi antes de eu ir para a Inglaterra. Acho que nós dois estávamos bastante altos, ele nem deve se lembrar."[114]

Para a concepção da capa do álbum *Electric Ladyland*, Hendrix deixou instruções exatas por escrito. Ele queria que fosse utilizada uma foto de Linda Eastman, futura Linda McCartney, sentada com crianças na estátua "Alice no país das maravilhas", em Nova York, no Central Park. Apesar do desejo de Hendrix, a foto nunca foi utilizada. Nos Estados Unidos, a Reprise Records escolheu uma foto de Karl Ferris, uma imagem desfocada do rosto de Hendrix em cor vermelho-amarelada. Na Inglaterra, a Track Records reproduziu uma foto de David Montgomery de dezenove mulheres brancas e negras, nuas, deitadas sobre um fundo preto, três delas segurando os álbuns anteriores da Experience. Hendrix declarou que não tinha "nada a ver com essa capa estúpida".[115]

> Para nós, os álbuns são como um diário íntimo, explicou ele durante uma entrevista à televisão. É por isso que gosto de todas as nossas músicas. Não digo que são as melhores. Sou muito apegado a tudo o que gravamos. Quando o álbum foi lançado, Noel, Mitch e eu estávamos na capa. Me falaram da capa inglesa, da qual eu não sabia nada. Eu não tinha a menor ideia que dezenas de mulheres nuas apareciam na foto.[116]

"Não quero nem falar sobre isso"[117], acrescentou, aparentemente furioso. Hendrix também manifestou seu descontentamento com a baixa qualidade da prensagem do vinil, que não correspondia ao "som em três dimensões"[118] que ele havia concebido.

Electric Ladyland foi de fato um álbum de maturidade. Em plena posse de suas capacidades guitarrísticas e vocais, ele se revelou um grande improvisador, como em "Voodoo Chile". A sequência, constituída por "1983... [A Merman I Should Turn To Be]" e "Moon, Turn The Tides... Gently, Gently Away", confirmou Hendrix como compositor.

Segundo Hendrix, o título do álbum fazia referência ao nome que ele dava a suas *groupies* ("Alguns as chamam de *groupies*, mas prefiro o termo Electric Ladies"[119]). O disco contava com apenas duas regravações, "Come On", de Earl King, e "All Along The Watchtower", de Robert Zimmerman, vulgo Bob Dylan, de seu disco *John Wesley Harding*, de 1967. "As pessoas que não gostam das canções de Bob Dylan deveriam ler suas letras", disse Hendrix. "Elas são feitas das alegrias e dos pesares da vida. Sou como Dylan, nenhum de nós dois consegue cantar normalmente. Às vezes, toco músicas de Dylan, e elas se parecem tanto comigo que tenho a impressão de tê-las escrito. Vejo 'Watchtower' como uma canção que eu poderia ter escrito, mas que tenho certeza de que nunca teria terminado.

Quando penso em Dylan, com frequência penso que nunca poderia escrever as letras que ele consegue fazer, mas eu gostaria que ele me ajudasse, porque tenho muitas canções que não consigo terminar. Coloco algumas palavras no papel e não consigo ir adiante. Mas agora as coisas estão melhorando, estou um pouco mais confiante."[120]

Dentre as inúmeras versões de "All Along The Watchtower" – de Neil Young, XTC, U2, Dave Matthews Band, Keziah Jones, Eddie Vedder ou Grateful Dead –, a de Hendrix sempre foi a preferida do compositor, Bob Dylan. Este chegou a copiar as inflexões de Hendrix ao interpretá-la em seu "Never Ending Tour". "Gosto da versão de Jimi Hendrix e, desde que morreu, toco-a à maneira dele", explicou. "O sentido da canção não foi alterado, como acontece quando alguns artistas retomam músicas de outros. Quando a canto, mesmo que isso possa parecer estranho, sempre tenho a sensação de estar de certa forma prestando uma homenagem a ele."[121]

Boatos sobre o fim da Experience começavam a circular. "Não é totalmente verdade", desmentiu Hendrix. "O que é verdade é que cada um vai trabalhar por si. Noel Redding está escrevendo canções e procurando músicos, e vocês provavelmente o verão no palco com sua banda. Idem para Mitch Mitchell e para mim também. São projetos solo, mas continuamos a banda, pois ainda não chegamos realmente ao fim de tudo o que uma formação em trio permite."[122]

Prova disso é que a Experience excursionava. Ao fim da segunda turnê americana, em 15 de setembro, em Sacramento, Hendrix ficou em Los Angeles. Os três integrantes da Experience tiraram alguns dias de férias no Havaí antes de um show em Honolulu. "Quando estava no Havaí, vi uma coisa lindíssima... Um milagre", conta Hendrix. "Havia um monte de anéis ao redor da lua, e esses anéis eram rostos de mulheres. Se ao menos eu pudesse contar isso a alguém."[123] Depois, a Jimi Hendrix Experience tocou em San Francisco, no Winterland, nos dias 10, 11 e 12 de outubro de 1968. Dois shows por dia, com a Buddy Miles Express abrindo a primeira parte. Para muitos, esses shows, que marcaram o segundo ano de vida da Experience, não foram grande coisa. Mas a imprensa se entusiasmou. "Tudo faz sentido se considerarmos o superastro sr. Hendrix como um grande virtuose clássico", escreveu Robert Shelton no *The New York Times* de 29 de novembro. "Ele rebenta cordas, como Paganini. Ele se comporta como Liszt. Ele gosta de progressões tonitruantes, como Beethoven."[124]

A má qualidade das apresentações podia em parte ser explicada pela degradação das relações entre Jimi Hendrix, Noel Redding e Mitch Mitchell. Humana e musicalmente, nada parecia ir bem entre os três. "Havíamos ultrapassado a fase em que ainda éramos capazes de subir ao palco e deixar nossos problemas de lado para fazer boa música", contou Noel Redding, que admitiu ter tocado mal de propósito para aborrecer Hendrix. "Eu ficava ali, incomodado por um ressentimento profundo. Definitivamente, não aguentava mais o estilo de Jimi e suas mudanças de humor."[125]

Em 28 de dezembro de 1968, Hendrix foi eleito melhor artista do ano pela revista americana *Billboard*. Seu sucesso de público era cada vez maior. No ano de 1968, mais da metade de seus shows tinham os ingressos esgotados duas semanas antes da data da apresentação. Naquele fim de ano, cansado das turnês, Jimi parou um pouco. Na noite de Natal, caiu de uma escada e torceu o joelho. O show da Experience no festival de Utrecht, na Holanda, foi cancelado. Cerca de 15 mil pessoas o esperaram em vão.

No final de 1968, Jimi anunciou o fim da Experience: "Mitch e Noel têm seus próprios projetos... Agenciar e produzir outros artistas, por exemplo. Vamos nos separar no início do ano, portanto, mas respeitando as datas dos shows previstos. Fiquem tranquilos, vou continuar trabalhando, aqui e ali. Mas outros palcos nos atraem...". "Não sei o que guardo da Experience, mas não acredito que teríamos conseguido continuar por mais tempo. Agora, a Experience é um fantasma. Como as páginas amareladas de um velho diário. Quero fazer coisas totalmente novas, e o que passou já não me interessa."[126]

Em 7 de janeiro, três dias depois de um show transmitido pela BBC em que a Experience tocou "Voodoo Child", "Hey Joe" e "Sunshine Of Your Love", que Jimi dedicou a Eric Clapton, Ginger Baker e Jack Bruce, o guitarrista concedeu uma longa entrevista na televisão a Hugh Carry, do Canadian Broadcasting Channel. Hendrix falou sobre seu conceito de *sky church music*, sua "música da igreja do céu", ou "música da igreja elétrica": "Fazemos nossa música, a música da igreja elétrica, pois é como uma religião para nós", explicou ao jornalista. E quando Hugh Carry sugeriu que *sky church music* teria sido um título melhor para o álbum *Electric Ladyland*, Jimi sorriu e disse: "Ora, para nós algumas *ladies* também são igrejas".[127]

A última turnê europeia da Experience ocorreu de 8 a 23 de janeiro de 1969. O show de Estocolmo, em 9 de janeiro, foi filmado pela televisão sueca para o programa "Number One". O show foi bem ruim. "Hendrix estava agitado e cansado", escreveu Ludvig Rasmusson. "Parecia não estar presente no que fazia. Não havia alegria de tocar. Tocou sem convicção... Não havia nada: vida, envolvimento, audácia ou poesia."[128]

O clima reinante no trio era péssimo. Nenhum dos três músicos escondia sua falta de entusiasmo em tocar com os outros. "Não tocamos juntos há seis semanas", contou Hendrix no início do show. "Então hoje à noite vamos fazer uma *jam*, e ver o que acontece. Espero que tudo bem? Vamos improvisar e ver o que acontece."[129]

Jimi dedicou o primeiro dos dois shows em Estocolmo a Eva Sundquist, sua *groupie* preferida na Suécia. "Ela é uma deusa de Asgard"[130], disse ele. Uma semana antes, ele tinha declarado seu amor a Kathy Etchingham pela imprensa. Mesmo assim, Hendrix, para quem o amor sempre foi livre, passou a noite com Eva Sundquist, que engravidou. Os shows seguintes, em Düsseldorf (dia 12), Münster (dia 14), Nuremberg (dia 16), Frankfurt (dia 17), Stuttgart (dia 19) e Viena (dia 22), foram melhores, conforme atestado por gravações piratas. Talvez não tenha sido a Experience dos grandes dias, mas parecia cheia de ímpeto. A energia voltara ao *supertrio*, que tocava com força total. Um técnico do Falkoner Centret, em Copenhague, onde a Experience tocou no dia 10 de janeiro, avaliou que o volume sonoro chegou a no mínimo 130 decibéis, um nível de intensidade sonoro insuportável para o ouvinte médio.[131]

Em 18 de fevereiro, a Experience tocou no palco do Royal Albert Hall, em Londres. Nas três semanas anteriores, ociosas, Jimi aproveitou para voltar aos Estados Unidos. Gravou com o amigo Buddy Miles, que preparava *Electric Church*, segundo álbum de sua banda, a Buddy Miles Express. E, no dia 14 de fevereiro, a Experience voltou a estúdio em Londres, no Olympic, para trabalhar em novas músicas. Sessões que, segundo Noel Redding, teriam sido infrutíferas. Não de todo infrutíferas, pois permitiram que a banda ensaiasse na véspera do show no Royal Albert Hall. "Levamos esse show muito a sério", confirmou Noel Redding, "a ponto de ensaiarmos."[132]

Foi um show importante, uma data marcante na história da Experience. Além de o Royal Albert Hall ser uma das mais prestigiosas salas de espetáculos do mundo (sua capacidade era então de 8 mil lugares), a Jimi Hendrix Experience não tocava em Londres, onde havia conhecido a glória, desde julho de 1968, durante o "Woburn Music Festival". Hendrix era muito esperado pelo público londrino.

Todos os ingressos tinham sido vendidos em tempo recorde. Decidiu-se organizar um segundo show para a semana seguinte. E um acordo foi feito: um filme seria rodado no Royal Albert Hall, dirigido por Steve Gold e Jerry Goldstein. Em 1971, um ano depois da morte de Hendrix, esses últimos fizeram valer os direitos exclusivos que tinham sobre o show. Assim, lançaram o disco *Experience – Original Soundtrack From The Feature Length Motion Picture*, gravação do segundo show no Royal Albert Hall, que teve inúmeras gravações piratas.

Na véspera do show, Hendrix chamou Chas Chandler para que este supervisionasse a organização dos espetáculos. Ele precisou enfrentar vários problemas técnicos. O primeiro show no Royal Albert Hall, em 18 de fevereiro, não se anunciava muito auspicioso. Foi um mau show, "um dos piores"[133], para Chandler. "Sem brilho"[134], segundo Noel Redding. Para alguns, a responsabilidade por esse fiasco foi de Jimi, que teria cheirado cocaína demais ("Ele estava tão chapado que não se aguentava em pé", contou Trixie Sullivan. "Precisei empurrá-lo para o palco."[135]). Para outros, a responsabilidade não foi de Hendrix mas de seus companheiros músicos, que teriam acabado com a coesão do conjunto. "Eles estavam sem vida"[136], disse Chas Chadler, que também declarou que teria dispensado os dois se ainda fosse agente da banda.

Mesmo assim, o público londrino gostou do show e aplaudiu ruidosamente. A imprensa aprovou ("Ele é o Segovia ou o Manitas de Plata da guitarra elétrica. Na sala lotada, o público, em pé, rugia a cada um de seus gestos"[137], escreveu Richard Green no *New Musical Express* de 22 de fevereiro). Hendrix estava "relaxado e feliz"[138], contou Noel Redding. Mitch Mitchell disse que foi uma daquelas apresentações em que "queremos poder voltar ao palco no dia seguinte para podermos nos corrigir, mas tivemos de esperar uma semana".[139]

Na semana seguinte, em 24 de fevereiro, o show foi completamente diferente. E entrou para a história, com um grande H, pois a última apresentação europeia da Experience em Londres foi considerada seu melhor show. Alguns chegaram a dizer que foi um dos pontos máximos da história do rock, nada menos. O show foi inesquecível. As paredes do Royal Albert Hall guardam sua marca. Uma excelente qualidade de áudio reconstitui os 150 minutos gravados, filmados em cores. A câmera segue Jimi por toda parte, no aeroporto assinando autógrafos, em seu apartamento londrino improvisando sobre "Hound Dog" no violão acústico e nos bastidores.

Bem conhecido pelos aficionados, nunca lançado apesar de várias décadas de tratativas e negociações jurídicas, *The Last Experience* continua desconhecido do grande público. Noel Redding assistiu a uma projeção privada da montagem do filme, em Los Angeles. Entusiasmado, declarou que "a qualidade é absolutamente extraordinária. As cores são vibrantes, o som é fantástico".[140]

Foi "um de seus melhores shows filmados, ao lado do de Monterey, tanto no nível da qualidade da apresentação musical quanto no das imagens, que são impecáveis"[141], disse Yazid Manou, grande especialista em Jimi Hendrix. A meia-irmã de Hendrix, Janie Hendrix, que gerencia sua herança, explicou que as imagens dos shows de 18 e 24 de fevereiro de 1969 no Royal Albert Hall foram montadas com material filmado no mesmo ano durante a turnê europeia, à maneira, diz ela, de "um dia na vida de Jimi Hendrix".[142] Janie Hendrix informou à revista americana *Billboard* que "quatro câmeras seguiram Jimi e sua banda em turnê pela Europa e em dois shows no Royal Albert Hall".[143] Podemos vê-lo, contou ela, "descendo de trens, aviões e automóveis, assinado autógrafos, preparando-se no *backstage*, fazendo *jams* improvisadas em casa com os amigos, e tocando no Speakeasy".[144] "Jimi esquece a câmera", acrescentou ela, "e vemos suas diferentes facetas, sua gentileza com as namoradas – há várias no filme – e como ele se comportava com os amigos."[145]

A tensão estava no auge antes de eles entrarem no palco naquele 24 de fevereiro. "Todo mundo estava nervoso", contou Noel Redding. "Jimi estava molhado de suor."[146] Havia muito em jogo, e também, ao que parece, a vontade de se redimir do show da semana anterior, fraco para uns, medíocre para outros. Os três membros da Experience estavam com muita gana. Fizeram um show extraordinário. Da introdução do poderoso blues "Lover Man" ao "Star Spangled Banner" final como fogos de artifício sonoros, passando por "Stone Free", "Get My Heart Back Together Again", "I Don't Live Today", "Red House" (uma belíssima versão de forte espírito jazzístico), "Foxy Lady", "Sunshine Of Your Love", "Bleeding Heart" (Hendrix se revela um virtuose, majestoso), "Fire", "Little Wing" (Hendrix, magnífico cantor, presenteia o público com um antológico solo de guitarra), "Voodoo Child (Slight Return)", que revelava a forte coesão do trio para esse show, "Room Full Of Mirrors" (Hendrix perguntou se "Alguém quer tocar guitarra, porque estou morto!"[147], mas fez um solo vigoroso, ao lado de três convidados: o guitarrista Dave Mason, o flautista Chris Wood e o percussionista, ali tocando conga, Rocky Dzidzournou), "Purple Haze" (a primeira das três músicas do bis) e "Wild Thing", que deu lugar a um número guitarrístico de alta voltagem, um verdadeiro festival de energia musical pura, ao mesmo tempo tensa e natural, ao qual assistiram os milhares de espectadores do Royal Albert Hall. Em plena posse de suas habilidades guitarrísticas e vocais, Hendrix, perfeitamente acompanhado e estimulado por Mitch Mitchell e Noel Redding em grande forma, chegou ao topo de sua arte.

O show terminou com "Star Spangled Banner", versão supersônica e não menos apocalíptica do hino americano. A Fender Stratocaster pagou a conta. Logo depois de tocar as primeiras notas do hino, Hendrix destruiu a guitarra nos amplificadores Marshall e atirou o braço do instrumento para o público. Uma parte dos espectadores aproveitou para tentar subir ao palco. Confusão total.[148]

Apesar da tensão e dos conflitos no seio da banda, a Experience fez o melhor show de sua história. Essa história acabaria quatro meses depois, em junho de 1969, com a dissolução da banda. Na mesma medida em que a relação de Hendrix com Mitch Mitchell era satisfatória, a relação com Noel Redding era difícil. Noel Redding, como dissemos, o sabotou em vários shows para manifestar seu descontentamento.

Em sua biografia de Hendrix, *'Scuse Me While I Kiss The Sky – The Life of Jimi Hendrix*, que é a edição aumentada de seu livro *Jimi Hendrix: Voodoo Child*, de 1978, um livro muito controverso, David Henderson deu outra explicação para o desentendimento entre Hendrix e Redding. Ela teria se originado do relativo desprezo do inglês pelo americano. Henderson citou um comentário de Noel Redding, que teria chamado Jimi Hendrix de "*coon*" (negro), e que Hendrix teria ouvido. David Henderson viu nessa observação a prova de um complexo de inferioridade de Redding. Vale notar que essa palavra, hoje claramente racista, provavelmente soava diferente nos anos 1960 e seria mais a expressão de um insulto do que racismo.

Depois de tocar o hino americano e sacrificar sua guitarra ao fim do show no Royal Albert Hall, Hendrix voltou ao palco acompanhado de Noel Redding e Mitch Mitchell. Ele agradeceu ao público e mencionou "Chris Wood e Rocky, Dave Mason também e Mitch Mitchell". Não citou Noel Redding, omissão que revelava o estado da relação entre os dois.

Os motivos para a dissolução da Jimi Hendrix Experience foram tanto musicais quanto humanos. O nome da banda, e mais ainda seu funcionamento, era prova de que Hendrix era o líder inconteste. A ausência de igualdade entre os três integrantes com certeza foi um problema. Quando a Experience foi criada, em setembro de 1966, os três homens se entendiam bem nos planos pessoal e profissional. Mais que um duo – que pode se transformar em duelo –, um trio permite uma boa circulação de ideias, de energias. O baixista é o pilar do edifício musical, o guardião da lógica do discurso, o controlador da pulsação, enquanto o baterista é o guardião do tempo, cumprindo a função metronômica de marcação do tempo mas também de estimulador do guitarrista líder. É verdade que a Experience não alcançou o nível de coerência e a unidade do trio do pianista Bill Evans nos anos 1960, associado ao contrabaixista Scott LaFaro e ao baterista Paul Motian. Bill Evans deu início a esse triângulo em que cada instrumentista é como um músico de música de câmara e em que o contrabaixista tem tanta importância quanto o pianista e o baterista, com uma maneira de tocar centrada na troca, no diálogo. Cada músico, livre de qualquer ideia de ordem e hierarquia, reinventa sua relação com o outro, a cada instante, num trílogo magnífico. A Experience não chegou a esse nível de interação no tocar coletivo, mas o trio era sólido.

Guitarrista de formação, é provável que Noel Redding tenha se sentido frustrado por ficar no baixo, e também que tenha sentido ciúme de um guitarrista como Hendrix. Além disso, havia uma divergência artística entre os dois homens. Redding queria dirigir a música da banda para o pop – o que tocava com a Fat Mattress –, e Hendrix, como Mitchell, preferia seguir a via da improvisação desenfreada.

Em 13 de março de 1969, a banda pegou o avião para um mês de sessões de estúdio em Nova York, para depois começar a turnê americana de abril. Em 25 de março, durante uma *jam session* na Record Plant, Jimi tocou com o guitarrista John McLaughlin, que havia chegado da Inglaterra no início de fevereiro a convite do baterista Tony Williams para se unir à sua nova orquestra, a Lifetime. Um mês depois, o guitarrista gravou com Miles Davis um disco que marcou sua época: *In A Silent Way*. Durante a gravação daquele que se tornou um manifesto do jazz-rock, logo refinado pelo álbum posterior, *Bitches Brew*, de 1970, Miles murmurou ao guitarrista: "Toque como se não soubesse tocar".[149]

Outro músico inglês participou da *jam session* com Hendrix e Buddy Miles, o baixista Dave Holland. Restou apenas meia hora da gravação dessa *jam session* sob os auspícios do blues ("Driving South"), da improvisação desenfreada. O som é ruim. Em fevereiro de 1970, McLaughlin gravou seu segundo álbum solo, *Devotion*, produzido por Alan Douglas, ao lado de Buddy Miles. John McLaughlin disse a respeito da *jam session* com Hendrix:

> Foi em 1969 que fiz uma *jam session* em estúdio com Jimi Hendrix, Dave Holland e Buddy Miles, na época da segunda banda de Jimi, The Band of Gypsys. Toquei numa grande Hummingbird. O volume sonoro era colossal. Conectei minha guitarra, mas era muito difícil tocar. Havia mulheres, garotas e jovens, não sei como dizer, era uma espécie de *big party*. Eu deveria ter pegado uma guitarra emprestada, talvez tivesse conseguido tocar... Aquilo foi gravado, mas não valeria para um álbum, foi apenas uma improvisação. Na verdade, Jimi improvisava mas não era um guitarrista de jazz. Na segunda vez que o vi, não tocamos juntos, apenas conversamos. O jazz, o rótulo, Jimi não estava nem aí. O jazz é uma disciplina. Sou um fã incondicional de Jimi. Tenho certeza de que ele ouviu jazz, mas ele não conhecia nem os recursos nem as bases harmônicas necessárias para se tornar um músico de jazz. Ele tinha recursos estonteantes para tocar sua própria música. Foi um revolucionário: abriu toda a guitarra para os sons elétricos. Antes dele, ninguém tocava assim. Buscava-se. Depois de 1962, tentei tirar sons estranhos com o *feedback*.

Estávamos cansados do "soft jazz", do "jazz chichi". Víamos um mundo de loucos governado por loucos. Queríamos quebrar tudo, era a época. Lembre-se bem, não sei se você é um velho hippie como eu... Foi um período louco! Digo isso com muita nostalgia e ternura. Jimi estava bem no meio daquilo, foi rejeitado pela América e veio para a Inglaterra, onde formou seu trio com Mitch Mitchell, um de meus velhos amigos da época em que eu tocava na banda de Georgie Fame. Ele então cristalizou tudo. Libertou a guitarra, mudou o som para um blues vigoroso. Sua influência aparece nas primeiras gravações da Mahavishnu Orchestra, no início dos anos 1970. Em 1969-1970, eu estava com Miles, falei sobre Jimi. Ele vivia em seu mundo, nunca o tinha visto, apenas havia ouvido falar nele. Fiquei surpreso, então peguei o jornal e, naquele momento, no Village, estava passando o filme *Monterey Pop*. Miles e eu fomos vê-lo. Miles ficou siderado, embasbacado, entendeu tudo. Ele foi um dos homens mais inteligentes que conheci. Ele era muito inteligente, muito curioso, principalmente por música. Quando o conheci, ele ouvia muito James Brown, mas também Sly Stone, que nos fazia ouvir com frequência.[150]

Um mês depois, sempre no Record Plant de Nova York, em 14 de abril de 1969, foi com o organista Larry Young que Hendrix fez uma *jam session*. Parte da sessão foi lançada sob o nome *Hendrix/Young* no álbum *Nine To The Universe*, em 1980, e, mais recentemente, em 2010, com o nome Jimi Hendrix/Larry Young, numa caixa: *Record Plant Sessions 1969*. Billy Rich estava no baixo e Buddy Miles na bateria. Membro fundador, em 1969, ao lado de McLaughlin, da Lifetime de Tony Williams, Larry Young era, na linhagem de Jimmy Smith, o organista modelo do jazz dos anos 1960. Seja como *sideman* ou como líder (*Unity*, 1965), ele se tornou muito conhecido no selo Blue Note.

Aquela foi uma das *jam sessions* mais importantes do guitarrista. Ela mostra um Hendrix improvisador muito inspirado, que teria feito maravilhas ao lado do Miles Davis do período elétrico (*Bitches Brew*). Imersa no blues, sua música cintila uma energia solar, uma beleza convulsiva.

Tocando oitavas, acordes, seu estilo guitarrístico vigoroso, muito rítmico, é o de um músico completo que, impulsionado pela interação, improvisa com liberdade.

Kathy Etchingham foi se encontrar com Hendrix em Nova York. "Ele era seguido por uma multidão de pessoas, como o dono heteróclito de um circo de horrores...", contou ela em sua autobiografia *Through Gypsy Eyes*. "Nunca havia menos de vinte pessoas à sua volta."[151] Segundo Kathy Etchingham, as mulheres eram "visivelmente putas, e os caras, cafetões ou *dealers*, com seus óculos de sol e pequenas colheres penduradas no pescoço".[152] Quando ela lhe perguntou quem eram, Jimi respondeu: "Meus amigos".[153]

Jimi tocava, mais e mais. Os shows e as sessões de gravação se sucediam às *jam sessions* noturnas. "Para o núcleo duro e muito volátil constituído pelos fãs de catorze a dezenove anos, Jimi representa, mais do que uma experiência, uma ameaça para a saúde pública", disse a *Look* em março de 1969. "Ligado na eletricidade, aparência extenuada, basta que pise no palco – o que faz como um galo se pavoneando para uma espiga de milho – para despertar uma paixão histérica."[154]

Jimi estava cansado, muito cansado, à beira do esgotamento. Sua corrida desenfreada custava caro. Ele só parecia aguentar em pé graças às doses de LSD e aos soníferos, que engolia em grandes quantidades. Ele falava de sua enorme fadiga com os amigos e com os jornalistas que encontrava. "O que eu quero é descansar completamente por um ano", explicou em abril de 1969. "Preciso fazer isso. Talvez algo aconteça, e eu quebre as regras que fixei para mim mesmo, mas preciso tentar. Preciso pensar no preço físico e emocional que corro o risco de pagar."[155]

A turnê americana da primavera viu a banda dar não menos que 29 shows em dez semanas. Depois do de Oakland, em 27 de abril, Hendrix recebeu nos bastidores uma mensagem de Diana Carpenter, sua antiga namorada de

Nova York. Eles não se viam havia três anos. Encontraram-se no aeroporto. Diana mostrou-lhe uma foto. "É sua filha, Tamika", disse ela. "Está com dois anos". "Ela tem meus olhos"[156], observou ele. Com a cabeça nos joelhos de Diana Carpenter, Jimi se soltou, falou de seu cansaço, da fadiga com os shows, com seu modo de vida atual, estafante.

Na estrada. Como dissemos e repetimos, Jimi estava o tempo todo na estrada, num movimento incessante e numa sucessão constante de shows, *jam sessions* e sessões de gravação. Tempo desdobrado, dilatado, morto.

Toronto

Em 3 de maio de 1969, às nove e meia, Jimi Hendrix, Noel Redding e Mitch Mitchell aterrissaram no aeroporto internacional Pearson de Toronto, vindos de Detroit. Um show estava previsto para o mesmo dia na cidade canadense. Na alfândega, as bagagens de Hendrix foram revistadas e confiscadas para um exame suplementar. Ele foi preso e acusado de posse de heroína.

Hendrix foi julgado dois dias depois, liberado após o pagamento de uma fiança de 10 mil dólares. Mas foi autorizado a continuar com a turnê. Numa audiência em 19 de junho, o julgamento foi fixado para o dia 8 de dezembro, ou seja, sete meses depois. Esses sete meses não foram fáceis para Jimi, nada fáceis. A sentença poderia chegar a dez anos de prisão. A situação lhe era insuportável. No tribunal, Jimi argumentaria que algum fã havia colocado a droga em sua mala quando ele estava em Los Angeles. Privadamente, ele acusaria uma *groupie* que, descontente, teria escondido a heroína em sua bolsa antes de chamar a polícia canadense.

Na mesma noite, no palco do Maple Leaf Gardens de Toronto, Jimi declarou: "Quero que vocês esqueçam o que aconteceu ontem, e amanhã, e hoje. Essa noite vamos criar um mundo totalmente novo".[1] Durante o show, um tanto sarcástico, adaptou as palavras de "Red House" fazendo alusão a seu possível encarceramento.

As circunstâncias da detenção de Hendrix, por policiais e não por agentes da alfândega, foram estranhas. "Normalmente, a polícia não espera no aeroporto para encontrar droga, como aconteceu no caso de Jimi"[2], escreveu a revista *Rolling Stone*. Jimi negou a acusação de posse de drogas. Além disso, antes de chegar a Toronto a banda havia sido avisada de uma possível revista. Com exceção de Jimi, todos os membros da banda cuidadosamente verificaram o conteúdo de suas bagagens. "Dentre as coisas que fiz de errado", ele disse, "cair na heroína não foi uma delas. Tenho medo de agulhas. Sempre tive. Drogas deveriam ser algo agradável. Já vi *junkies* de verdade. Se injetando nos esgotos de Nova York. Nada tinham de agradável. Sim, conheço pessoas que usam heroína."[3] Ele sempre negou usar heroína, e acrescentou: "Aceito me apresentar completamente nu a esse tribunal. Eles não encontrarão nenhuma marca de picada!".[4] Apesar de não usar heroína, ele era conhecido – nunca escondeu isso – por fumar maconha regularmente e consumir LSD. "As drogas em geral são uma experiência bastante misteriosa", explicou Hendrix. "Utilizo-as apenas para algo específico, como um degrau para outros caminhos. Todos os índios utilizam diferentes tipos de estímulo, seus próprios degraus rumo a Deus, rumo a outras formas espirituais... A alma deve governar, não a droga."[5] Durante as turnês, era comum que os membros do círculo de Hendrix, organizadores de turnês ou *roadies*, menos suscetíveis de serem revistados, transportassem as drogas. Além disso, fãs e *groupies* com frequência ofereciam droga a Hendrix, onde quer que ele estivesse. Então, por que teria corrido o risco de transportá-la consigo?

No livro *Jimi Hendrix, l'homme, la magie, la vérité*, Sharon Lawrence, jornalista, amiga de Hendrix, relata fatos que validam a tese de uma armação. Sem provas, por meio de simples suspeitas. Uma jovem, uma hippie com um grande colar de pérolas, teria colocado a droga nas bagagens de Hendrix sem ele saber. "Enquanto tentávamos fazer a entrevista em Los Angeles e você fazia as malas para partir, havia uma garota na porta que se esgueirou para dentro, e ela carregava um frasco com uma tampa amarela"[6], contou ela.

O caso de Toronto foi no mínimo enigmático. Alguém levantou a teoria de um complô. Mike Jeffery, agente do guitarrista, seria o grande suspeito de ter feito uma armação para o protegido por medo de perder Hendrix, temendo vê-lo voltar para seu antigo sócio, Chas Chandler. Hendrix estava de fato cada vez mais insatisfeito com a maneira como Jeffery geria seus negócios. Envolvido num julgamento, precisaria dele. As discussões ligadas à sua saída cessariam e, se Hendrix fosse liberado, ficaria muito agradecido.

A banda voltou imediatamente à estrada. Em 18 de maio, Hendrix tocou em Nova York no palco do Madison Square Garden. Um show com lotação esgotada para 18 mil espectadores. Naquela noite, Jimi não parecia de bom humor. Afetado por seus problemas pessoais – o caso de Toronto o obcecava –, ele se irritou com espectadores que usavam flashes, bem como com os que não ficavam sentados. A *set list* foi a seguinte: "Lover Man", "Come On (Part One)", "Red House", "Fire", "Spanish Castle Magic", "Hear My Train A Comin'", "I Don't Live Today", "Voodoo Child (Slight Return)" e a definitiva "Purple Haze". O show da Experience ocorreu num palco giratório. O que explica as flutuações do volume sonoro dos três instrumentos nas gravações piratas. E apesar de uma belíssima versão de "Fire", com um solo de guitarra que acertou em cheio, não foi um show memorável.

Depois de uma apresentação sem brilho em Newport, em 20 de junho, a Experience fez um show em 29 de junho em Denver, no Colorado. Em cartaz no "Denver Pop Festival", que ocorreu nos dias 27, 28 e 29 de junho, várias figuras marcantes do blues e do rock do fim dos anos 1960: Tim Buckley, Joe Cocker, Taj Mahal, Johnny Winter, Crosby, Stills & Nash e Jimi Hendrix. Foi um grande show da Experience, que apresentou belíssimas versões de "Fire", "Spanish Castle Magic" e "Red House". Foi seu último show com a formação original, com Noel Redding e Mitch

Mitchell. Antes de deixar o palco do Mile High Stadium de Denver, que continha nada menos que 25 mil espectadores, Jimi declarou: "Sim, foi a última vez que tocamos nos States. E como dissemos, foi um grande prazer, e por aí vai. Noel Redding montou seu esquema, que se chama The Fat Mattress, vamos atrás. Mitch Mitchell reuniu um esquema que se chama Mind Octopus".[7]

Noel Redding não faria mais parte da banda de Hendrix. Como dissemos, fazia vários meses que os dois não se entendiam mais. Aparentemente houve uma discussão entre os três integrantes da Experience. Hendrix, líder da banda, tomou sua decisão. A Experience foi dissolvida em 29 de junho. "A Experience não me dizia mais nada", contou Hendrix. "Poderíamos ter continuado. Mas por quê? Para quê?" "A Experience está morta. É como as páginas amareladas de um velho diário"[8], disse Hendrix à *Melody Maker* (15 de abril de 1970)

Jimi pensou num amigo de infância, Billy Cox, para substituir Noel Redding. "Billy é um baixista sólido, e ele ouve"[9], disse. "Saí do exército um mês depois de Jimi e comecei a tocar baixo", lembra Billy Cox. "Eu estava num inferno, na época, o tempo todo me perguntando como pagaria a próxima refeição, quando Jimi me telefonou de Nova York e me convidou para ir até lá."[10]

Em junho de 1969 começaram os trabalhos no estúdio Electric Lady, nas ruínas do antigo Generation Club, comprado por 50 mil dólares, no Greenwich Village, no número 52 da West 8th Street, no mesmo lugar onde, meses antes, Jimi gostava de improvisar. A ideia inicial era reabrir o clube, mas outra ideia se sobrepôs a essa: construir um estúdio de gravação de última geração. O estúdio foi financiado principalmente por Mike Jeffery, mas também por Jimi. O arquiteto e especialista em acústica John Storyk assinou a concepção.

Para Jimi, que estava sempre na estrada, que não tinha domicílio fixo, o Electric Lady foi como uma casa. Perfeccionista, Hendrix passava horas e horas em estúdio. Em primeiro lugar tratava-se de economizar dinheiro evitando despesas consideráveis com material, deslocamentos de um estúdio a outro, etc., avaliadas em cerca de 300 mil dólares por ano. A construção do estúdio levou mais tempo que o previsto. Durante a demolição, o local foi inundado devido a fortes chuvas, e bombas precisaram ser usadas para drenar a água. Um empréstimo de 300 mil dólares junto à Warner Brothers foi necessário para salvar o projeto. O orçamento final da construção do estúdio chegou a 1 milhão de dólares, três vezes o orçamento inicial.

Eddie Kramer foi encarregado da parte técnica. Engenheiro de som, nascido na África do Sul, ele era músico de formação; quando jovem, havia tocado violino e piano. Estudou na South African College of Music e depois, aos dezenove anos, foi para a Inglaterra, onde criou um *home studio* para gravar os grupos de jazz locais. A seguir trabalhou com Rolling Stones, Traffic, Joe Cocker, David Bowie e Beatles, mas também com Led Zeppelin e Kiss. Apesar das difíceis condições técnicas, foi o responsável pela gravação do show de Woodstock.

"O estúdio acima de tudo não devia ser dominado por técnicos, com cabos por toda parte", explicou Eddie Kramer. "Nós o construímos para que Jimi se sentisse em casa, num ambiente favorável à criatividade. Ele havia especificado que queria janelas redondas."[11] A pintura do estúdio, de tema espacial psicodélico, foi feita pelo artista Lance Jost.

O Electric Lady tinha um 32-canais tinindo de novo e uma máquina capaz de propiciar um ambiente luminoso numa miríade de cores; estava à altura de Hendrix. "O que detesto nos estúdios é que eles são impessoais", explicou o guitarrista. "Eles são frios, vazios e, depois de alguns minutos, perco toda minha motivação e minha inspiração. O Electric Lady é diferente. Nele fiz belas coisas. Ele tem muito clima e é muito confortável. Nos sentimos em casa. Quero que esse estúdio se torne um oásis para todos os músicos de rock de Nova York."[12] O Electric Lady era a casa de Jimi. Como ele disse, era seu lugar, onde tocava e gravava a qualquer hora do dia e da noite. O Electric Lady era um antro de criação, um laboratório de experimentação, um refúgio de paz e recolhimento que contrastava com o ritmo desenfreado do palco; o espaço das possibilidades.

Foi o estúdio mais moderno da época. No térreo ficavam os estúdios A e B. O primeiro andar era utilizado para os escritórios. O segundo andar servia de apartamento. Jimi o utilizava com frequência, apesar de ter outro nas redondezas. Ele passava muito tempo no Electric Lady. Ali se sentia bem, se sentia livre. Jimi tocava o tempo todo. As bandas passavam o tempo todo. No estúdio, gravou em abundância. Experimentava, convidava músicos para improvisar.

"Às vezes, Miles e eu íamos juntos ao estúdio de Nova York que pertencia a Jimi Hendrix, no Village, o Electric Lady", recorda o percussionista Airto Moreira. "Miles era amigo de Jimi Hendrix, gostava muito de seu uso do pedal wah-wah. Então comprou um e começou a utilizá-lo. Íamos ao Electric Lady, ele conversava com Hendrix e às vezes improvisávamos. Ele me levou com ele duas ou três vezes, eu morava perto de sua casa."[13]

Vários discos, entre os quais *South Saturn Delta* e *First Rays of a New Rising Sun*, resultaram das sessões e improvisações de Jimi no Electric Lady. Independentemente de seus shows gravados ao vivo, Hendrix deixou não apenas um álbum inacabado mas centenas de horas de gravação em estúdio, seiscentas, segundo Alan Douglas. Material para vários discos mais ou menos bons.[14]

O Electric Lady foi inaugurado oficialmente em 27 de agosto de 1970. O lugar oferecia um ambiente de convívio diferente da atmosfera confinada e estressante dos outros estúdios. Jimi não o aproveitou por muito tempo, apenas quatro semanas. Fez sua última gravação em estúdio, uma música instrumental intitulada "Belly Button Window", e voltou a Londres para tocar no festival da ilha de Wight. Vários músicos gravariam ali, como John Lennon, que esteve presente na festa de inauguração acompanhado por Yoko Ono, Curtis Mayfield, Frank Zappa, David Bowie, os Rolling Stones, The Clash e Patti Smith.

Durante o verão de 1969, Hendrix tirou alguns dias de férias com amigos na África do Norte, nove dias no Marrocos. "Seus camaradas têm de fato o dom de encontrar o destino ideal", exclamou Henry Steingarten, o advogado encarregado de seu processo. "Nada como uma viagem para a capital mundial da droga para piorar uma situação já ruim."[15]

Foi o amigo Deering Howe, conhecido em Nova York em 1968, quando a banda alugou seu iate para um cruzeiro de um dia, que o convenceu a se unir a ele. Howe se tornou próximo de Jimi. "Acho que em parte o que o atraía em mim é que eu vinha de um meio abastado e não esperava nada dele", lembra Deering Howe. "Não tínhamos quase nada em comum, a não ser o amor pela música."[16] No Marrocos, eles se encontraram com Colette Mimram e Stella Douglas, que tinham uma loja da qual Jimi era cliente. Eles se viam com frequência em Nova York, formando um grupo animado de amigos. "Acho que ele nos frequentava porque estávamos fora de seu mundo", avalia Colette Mimram. "Em seu mundo, todas as pessoas esperavam algo dele, ele era o único que trabalhava e pensava que todos queriam viver a suas custas."[17]

Foram praticamente as únicas férias que Jimi tirou na vida. Chegando a Casablanca de avião desde Paris, Deering Howe e Hendrix alugaram uma limusine com motorista e foram ao encontro de Colette Mimram e Stella Douglas, que não sabiam da vinda deles. Eles foram para o deserto, se hospedaram em diferentes hotéis chiques, como o Hôtel des Îles, em Essaouira, e o La Mamounia, em Marrakesh. Reza a lenda que, na antiga cidade de Mogador, atual Essaouira, fundada pelos portugueses, belíssima aldeia de pescadores banhada pelo oceano Atlântico, onde Orson Welles rodou o filme *Othello*, Jimi tocou com músicos gnawas. Não é verdade. Caesar Glebbeck, considerado um dos maiores especialistas em Hendrix no mundo, provou que não. Jimi estava de férias, e não em turnê. Não levou nem mesmo a guitarra consigo.

Passeios, descanso, boas refeições, compras (tapetes e roupas), os quatro amigos aproveitaram o bom tempo sob o belo sol marroquino. "Jimi se divertiu como um louco", lembra Deering Howe. "Era divertido vê-lo descobrir a África, como homem negro. Ele adorava a cultura e as pessoas, e nunca o vi rir tanto." "As férias o regeneraram. Elas o encheram de ânimo"[18], contou Colette Mimram, com quem Jimi teve um caso.

Durante essa viagem, Jimi conheceu a nova mulher do avô de Colette Mimram. A velha senhora, vidente renomada, era consultada pelo rei do Marrocos. Sem nem mesmo conhecê-lo, ela disse que ele tinha uma fronte que indicava o gênio artístico. Continuou sua consulta e correu os dedos por sua cabeça. "Em menos de um ano, você não será mais amiga desse homem, por causa de outras mulheres"[19], predisse a vidente a Colette Mimram. Conhecendo Jimi, insaciável mulherengo, desnecessário ter dons de vidência para fazer tal profecia. Jimi se entregou à brincadeira. A mulher pegou o tarô. A primeira carta que tirou foi a Estrela, declarando que a carta significava "graça" e que ele logo se veria cercado de muita gente. A carta que ela tirou depois foi a da Morte. A velha senhora assinalou que aquela carta não queria dizer que Jimi morreria logo: ela também significava o renascimento. Antes mesmo que Colette traduzisse suas palavras para o inglês, Jimi, estupefato, exclamou: "Eu vou morrer!".[20] Ao longo dos meses seguintes, Hendrix não cessaria de dizer e repetir que estava condenado. "Às vezes, era: 'Vou morrer em três meses'. Outras vezes ele só tinha mais seis meses", contou Colette Mimram. "Mas ele não parava de repetir que morreria antes dos trinta anos."[21] Colette Mimram disse-lhe: "Não fale assim, Jimi, é tão negativo". E ele respondeu: "Não é negativo. É assim. É uma pena. Não estou pronto para partir."[22]

Durante esse mesmo verão de 1969, decididamente erótico, Jimi teria tido uma aventura com Brigitte Bardot. No dia 6 de agosto, Jimi deixou os amigos continuarem com as férias e pegou o avião. Na escala em Paris, conheceu a estrela francesa e perdeu o avião para Nova York. Por dois dias, teriam tido uma aventura secreta. Ela negou. Questionada por um jornalista de *Paru-Vendu*, ela explicou: "É completamente mentiroso e falso. Se fosse verdade, eu diria! Tive muitos amantes, mas não esse. Na época, eu não gostava do que ele fazia. É uma fantasia coletiva. Os amantes que tive são conhecidos, e falei a respeito... As estrelas despertam fantasias, todos sabem... e mesmo hoje."[23]

Segundo o *roadie* de Jimi, James "Tappy" Wright (em seu livro *Rock Roadie*), de cujas palavras pode-se duvidar, a aventura com Brigitte Bardot teria sido o motivo de seu atraso na chegada aos estúdios da BBC, em Londres, em certo dia de 1969. E, segundo Charles R. Cross, Hendrix teria dito que sua ligação com Brigitte Bardot também explicava seu sumiço de dois dias ao voltar das férias no Marrocos.

De volta aos Estados Unidos, Hendrix se instalou na pequena cidade de Shokan, perto de Woodstock, ao norte do estado de Nova York. Mike Jeffery havia encontrado uma velha casa de campo. Ali trabalharam Jimi, Mitch Mitchell, Billy Cox e o guitarrista rítmico Larry Lee. Gypsy Sun & Rainbows era o nome da nova banda de Hendrix. Jimi também tocou e gravou com o percussionista Juma Sultan. "Foi apenas com seu violão acústico e minhas percussões", lembra Juma Sultan. "Foi fenomenal: um som do tipo Wes Montgomery ou Segovia, mas com uma influência marroquina."[24] Na verdade, as várias faixas gravadas revelam um Jimi na guitarra elétrica.

O julgamento de Hendrix em Toronto fora marcado para o dia 8 de dezembro. Quando chegou à cidade canadense para as audiências, Jimi foi preso de novo na alfândega. Cúmulo da ironia, por posse de drogas. Como a substância encontrada num violão era "minúscula"[25] e não identificável, ele foi solto e obrigado a ficar no hotel Four Seasons até que as análises fossem realizadas.

Sharon Lawrence, amiga de Jimi, repórter da United Press International, foi ao hotel. À pergunta "O que você colocou no violão?" ele respondeu: "Algo para resolver tudo definitivamente se eu for condenado."[26] Ele disse que não aguentaria a prisão, e mencionou uma conversa que havia tido com Mick Jagger alguns dias antes. Na noite de seu aniversário, 27 de novembro – 27 anos –, Hendrix assistiu a um show dos Rolling Stones no Madison Square Garden, em Nova York. Nos camarins, conheceu o novo integrante dos Stones, o guitarrista Mick Taylor, e saudou os amigos. Todos se encontraram, depois do show, num grande apartamento de Manhattan, na festa que Devon Wilson havia preparado para Jimi por seu aniversário, e também para Mick Jagger, por quem se apaixonara. Hendrix e Jagger se isolaram para conversar. Não para disputar Devon, como alguns pensaram. Mick Jagger expressou sua simpatia por Hendrix, sua preocupação em relação ao processo em poucos dias, e contou-lhe de sua experiência na prisão.[27]

Em fevereiro de 1967, a polícia de Sussex havia feito uma busca na casa de Keith Richards e encontrara droga. Mick Jagger foi então o principal acusado da posse de quatro comprimidos de *speed* encontrados no bolso de um casaco que, na verdade, pertencia à sua namorada, Marianne Faithfull. Keith Richards, por sua vez, foi acusado de ter autorizado os convidados a fumarem resina de cannabis em sua casa. Jagger foi condenado a um ano de prisão e a uma multa de quinhentas libras, e Richards a três meses de prisão e a uma multa de cem libras. Tal severidade para delitos menores provocou protestos na Inglaterra. William Rees-Mogg escreveu um célebre editorial no *London Times*: "Quem mata uma borboleta com um lança-chamas?". Tratava-se, para ele, de um dos "casos de drogas mais irrisórios jamais levados a tribunal". E afirmou: "Nesse caso, devemos suspeitar que M. Jagger sofreu uma condenação mais severa do que a que teria sido julgada adequada para qualquer jovem anônimo".[28] No fim, os dois Rolling Stones foram soltos por uma fiança de 7 mil libras. Veredicto final: suspensão condicional da pena de um ano para Jagger, soltura para Richards.

Mesmo assim, os dias passados na prisão tinham sido traumáticos para Mick Jagger e Keith Richards. "Mick me contou que chorou no tribunal quando foi condenado", Jimi contou a Sharon Lawrence. "Ele e Keith ficaram terrivelmente assustados. Mas tudo se arranjou, porque era uma injustiça. [...] Eles eram ingleses, e estavam na Inglaterra. No Canadá, eu sou o inimigo. Não posso..."[29]

Hendrix era acusado por duas violações da lei canadense a respeito dos narcóticos: posse de heroína e posse de maconha. A pena poderia chegar a dez anos de prisão. Jimi foi interrogado: havia comprado ou não heroína no Canadá, com conhecimento de causa? Ele afirmou que não sabia da presença da droga em suas bagagens. Seu advogado disse que se tratava de um caso de *mens rea* ("mente culpada"): se Hendrix não sabia que transportava droga, como poderia ser considerado culpado por posse deliberada?

Os advogados de Hendrix não podiam negar a presença da heroína em sua mala. A defesa se baseou, então, no fato de que ele ignorava o que havia ali dentro. Afirmaram que os fãs tinham o costume de dar presentes aos músicos. No banco dos réus, Jimi fez uma descrição de suas turnês, e enumerou os diferentes presentes que seus fãs lhe davam, como ursos de pelúcia, lenços e bolos de haxixe. Ele declarou ter recebido LSD pelo correio. A respeito de seu consumo pessoal de drogas, disse ter experimentado cocaína duas vezes, LSD cinco vezes, e ter recentemente fumado maconha e haxixe. Mas jurou nunca ter consumido heroína ou anfetaminas. Contou que havia pouco se queixara de dores de cabeça em Los Angeles, e que uma garota lhe dera uma caixa com o que ele pensava ser remédios para dor de cabeça. Fora essa caixa que ele colocara na mala, acabando por esquecê-la.

"O senhor é acusado de um delito grave e seu testemunho consiste em dizer que não sabe como as provas chegaram em sua mala? [...]" "Sim"[30], respondeu Jimi.

Sharon Lawrence, chamada a testemunhar, confirmou estar presente no quarto de hotel quando Jimi se queixara de dores de cabeça. Ela se lembrou que uma fã lhe dera uma caixa.[31]

Chas Chandler foi a Toronto apoiar o amigo naquela provação. Mike Jeffery não se manifestou. Chandler explicou ao juiz que a Experience estava sempre recebendo presentes, e que na época dos Animals "a regra era nunca comer bolos enviados aos camarins". "Jimi, Noel e Mitch foram revistados de alto a baixo várias vezes em viagens pelo mundo inteiro", enfatizou Chas Chandler na audiência. "Isso também aconteceu comigo! Vocês também ficariam furiosos se fossem tratados dessa maneira. Todos os músicos sabem que suas malas e bagagens de mão serão revistadas nas fronteiras. Jimi não é um imbecil!"[32]

Depois de oito horas de deliberação, ao fim de um processo bastante longo, sete meses ao longo dos quais a ideia de ser preso o consumiu, Jimi Hendrix foi declarado inocente.

Woodstock

Um simples final de semana no campo, um "fim de semana de amor, paz e música". Assim foi apresentado Woodstock, que entrou para a história e se tornou o símbolo da revolução da juventude dos anos 1960. Musical, social e politicamente, Woodstock aconteceu em plena guerra do Vietnã, quando se assistia a uma radicalização de uma parte da juventude americana contra a intervenção militar lançada pelo presidente democrata Johnson e continuada pelo republicano Nixon.

A experiência Woodstock foi uma verdadeira onda de choque que, dos campos do estado de Nova York, chegou ao primeiro plano da aldeia global, à consciência dos cidadãos do mundo inteiro, representando toda uma geração e adquirindo a força de um mito.

Woodstock foi, conforme anunciado, "Três dias de Paz e Música" (*Three Days of Peace and Music*)[1], e, para alguns, mudou a face do planeta. A atmosfera era amigável, a energia era esfuziante – o momento era de festa, fraternidade, amor. No entanto, o mau tempo (uma chuva abundante) e a lama decorrente, o enorme número de participantes, a falta de comida, o lixo acumulado, a falta de sanitários, tudo isso fez de Woodstock um caos organizado. Mais que um verdadeiro festival, Woodstock foi a manifestação de um estado de espírito, a expressão de uma cultura, de um modo de vida. Mas nem por isso deixou de ser o maior festival de música jamais organizado no mundo.

Woodstock foi também o triunfo de uma música, o rock, que repercutiria pelo mundo inteiro graças às imagens do hoje lendário filme *Woodstock*, de Michael Wadleigh.

O mundo inteiro pôde descobrir Jimi Hendrix, Janis Joplin, Joe Cocker, Santana ou Crosby, Stills & Nash. E também a reivindicação pacífica de outra maneira de viver, de estar junto, que foi a matriz de todas as aglomerações futuras da juventude do fim do século XX – e do início do seguinte.

Woodstock foi o coroamento da carreira de Hendrix. Nunca um músico negro havia feito tanto sucesso junto ao público branco. O lugar no meio do nada transformado em grande festa ao ar livre não deixou de ser comparado ao paraíso terrestre. Sexo, drogas e rock'n'roll estavam na ordem do dia. Bebidas e drogas circulavam. "Bastava respirar para ficar chapado", contou um participante. Os parceiros sexuais eram intercambiáveis. A chuva abundante transformou a planície em verdadeiro lodaçal, principalmente no último dia. Daí os banhos nus coletivos que eram improvisados nos diferentes pontos de água da planície. Foi ao mesmo tempo uma festa, um caos, um delírio, uma grande alegria coletiva. Além de um simples acontecimento musical, Woodstock foi uma experiência única. Uma experiência mística, quase religiosa.

"Quando me perguntam como foi, sempre respondo que foi como um piquenique em família", escreveu Pete Fornatale. "Muitas pessoas me dizem que lamentam não terem ido, e eu respondo que não devem fazer isso. Conheci centenas de Woodstock, antes e depois. Em todo o mundo, em lugares grandes e pequenos. Para mim, tudo se resume a boas vibrações, música de qualidade, ar livre e coisinhas para comer. É o que basta."[2]

Em *Back to the Garden: The Story of Woodstock*, esse jornalista americano reuniu os testemunhos dos principais protagonistas de Woodstock quarenta anos depois. "Além de todo o resto, Woodstock nos fez sentir o êxtase de estarmos vivos"[3], acrescentou Pete Fornatale depois de citar um excerto do livro *O poder do mito*, de Joseph Campbell, que, à imagem de sua filosofia do "Siga a sua felicidade", fazia então grande sucesso. ("Dizem que todos buscamos um sentido para a vida. Não penso que seja isso que realmente buscamos. Penso que buscamos nos sentir vivos, a fim de que nossas experiências de vida no plano puramente físico ecoem no mais fundo de nosso ser e de nossa realidade, de maneira a sentirmos de fato o êxtase de estarmos vivos."[4]) "Também partilhei do sonho coletivo do *peace and love* com a maior parte das pessoas de minha geração", explicou Pete Fornatale. "Durante três dias, conhecemos a paz e o amor. Bem no meio de um país cheio de ódio e violência, de confusão e desespero, mais de meio milhão de pessoas viveram três dias inteiros de paz e amor."[5]

A antropóloga americana Margaret Mead, conhecida por seus estudo sobre a Oceania, sobretudo no livro *Coming of Age in Samoa*, publicado em 1928, que caiu como uma bomba na América puritana dos anos 1920 (ela descrevia o amor sob as palmeiras oceânicas, uma sociedade de tolerância, sem conflito, em que "a atividade sexual é uma coisa natural e agradável"[6] à qual em especial os adolescentes se entregam livremente), analisou o fenômeno Woodstock. No número de janeiro de 1970 da revista *Redbook*, ela escreveu: "Não acredito que o festival de Woodstock tenha sido um 'milagre' – uma coisa que só pode acontecer uma vez. Tampouco acredito que os participantes tenham estabelecido uma tradição da noite para o dia – uma maneira de fazer as coisas que determine o esquema dos acontecimentos futuros. Ele simplesmente confirmou que essa geração tem sua própria identidade e tem consciência dela. Ninguém pode dizer o que resultará disso; ainda é cedo demais. A doçura deles me faz pensar na máxima 'Vejam como crescem os lírios do campo...' e espero que nós – como eles – possamos continuar acreditando no sentimento comunitário que fez tantas pessoas dizerem que foi magnífico".[7]

Magnífico. Para muitos, o festival de Woodstock foi incomparável. Tudo parecia em união. Sexo, drogas e rock'n'roll, como dissemos. O rock'n'roll como força de expressão, contestação e emancipação. Muitos compartilhavam então da profunda sensação de que a música podia tornar os homens livres. A revista de rock *Rolling Stone* se entusiasmou: "Num grito de alegria que durou três dias, os herdeiros da terra vieram ao mundo num campo de alfafa perto de Bethel, no estado de Nova York. O rock'n'roll americano do festival de Woodstock soprou a centelha da vida aos recém-nascidos. E o Mr. Jones de Dylan, que entendeu o que acontecia mas preferiu se queixar de que era imoral criar confusão com seus valores, foi forçado a reconhecer esse nascimento e sua legitimidade [...]. Lama, fome e sede, apesar da chuva e de engarrafamentos dignos do fim do mundo, para além das *bad trips* e de uma evidente desordem, uma nova nação surgiu à luz da mídia aparvalhada".[8]

O festival de Woodstock, nos dias 15, 16 e 17 de agosto de 1969, aconteceu num imenso campo no sudoeste do estado de Nova York, cerca de trezentos quilômetros ao norte da Big Apple. Woodstock era a pequena cidade em que o festival deveria ocorrer. Na verdade, este aconteceu em White Lake, na fazenda de 250 hectares de Max Yasgur, em Bethel, condado de Sullivan, estado de Nova York, a cinquenta quilômetros de Woodstock, que era o local de residência da boemia hippie. Ali viviam Janis Joplin, Jimi Hendrix e Bob Dylan. Dylan, o guru, vivia com a mulher Sarah e os quatro filhos. Ele se destacava como cantor de protesto. Era espiado, seus atos e gestos eram dissecados, suas palavras eram esmiuçadas. Alguns o consideravam um profeta, a voz da contestação planetária. Bob Dylan escreveu em suas memórias:

> No início, Woodstock se revelou muito acolhedora. Eu havia descoberto o lugar muito antes de me instalar ali. Voltando de

carro certa noite de um show em Syracuse, falei a respeito a meu agente, pois a estrada passava por ali. Ele me disse que estava procurando uma casa no campo. Atravessando a cidade, viu uma que lhe agradou e comprou-a na hora. Encontrei uma para mim a seguir, e desconhecidos a invadiam noite e dia. A tensão subiu quase que imediatamente e, desde então, acabou-se a tranquilidade. Tínhamos encontrado um porto de paz, mas não durou. O mapa de acesso à fazenda deve ter sido afixado nos cinquenta estados, para uso dos perdidos e dos drogados. Os parasitas e os malucos vinham em peregrinação da Califórnia. Havia arrombamentos a qualquer hora da noite. Os primeiros eram simples vagabundos que violavam a propriedade – aparentemente inofensivos, mas logo seguidos por esquerdistas sórdidos que vinham ver o príncipe da contestação, pessoas com as roupas mais estranhas, mulheres com cabeça de gárgula, espantalhos, vadios decididos a pilhar a despensa e fazer a festa. Peter LaFarge, um *folk singer* amigo meu, me deu dois *colts* de tambor, e eu tinha uma grande Winchester automática em algum lugar. Era horrível pensar no que poderiam fazer. As autoridades, o chefe da polícia (havia cerca de três policiais em Woodstock), tinham me dito que se alguém fosse ferido, se uma advertência saísse mal, eu é que me veria na delegacia. E não era tudo: se algum dos imbecis que arrastava as botas em meu teto caísse, ele também poderia me levar ao tribunal. Realmente perturbador. Eu tinha vontade de incendiar aquelas pessoas. Aqueles intrusos, aqueles doentes, aqueles parasitas, aqueles oportunistas perturbavam nossa vida e, se eu os mandasse pastar, eu é que seria acusado. A coisa não me agradava em nada. Era um inferno a cada hora do dia e da noite. Tudo estava errado, o mundo era absurdo, eu era encurralado num beco sem saída. Nem os amigos próximos me traziam consolo.[9]

Além disso, a vizinhança imediata de Dylan não era das mais simpáticas. "Os vizinhos nos odiavam", escreve Dylan. "Deviam me achar um monstro do carnaval – um fugitivo do Palácio das Maravilhas. Toda vez que passavam por mim, me olhavam como se eu fosse uma cabeça reduzida pelos índios amazônicos ou o rato gigante da selva.

Eu fingia que não era comigo."[10] Exasperados, Dylan e a família acabariam deixando Woodstock e encontrando refúgio em Fire Island, uma pequena ilha situada ao largo de Long Island.

O festival de Woodstock aconteceu por iniciativa de quatro pessoas: John Roberts, herdeiro muito rico que deixaria de sê-lo, Joel Rosenman, brilhante diplomado da Yale, Michael Land, organizador do "Miami Pop Festival" e Artie Kornfeld, vice-presidente da Capitol Records. John Roberts, iniciador do festival, primeiro teve a ideia de vender a um produtor de televisão um projeto de folhetins cômicos. Tendo isso em mente, colocou um pequeno anúncio em dois jornais, em março de 1968. O anúncio, que dizia "Jovens que dispõem de um capital ilimitado procuram oportunidades de investimento sérias e interessantes, propostas de empresa"[11], recebeu várias respostas. Algumas, bastante estapafúrdias, como a do homem que propôs o financiamento de uma fábrica de bolas de golfe biodegradáveis. Dois jovens se apresentaram: Artie Kornfeld, 25 anos, um dos responsáveis pelos discos Capitol e autor de canções, e Michael Land, de longa silhueta hippie, agente de uma banda de rock que, pouco tempo antes, havia organizado um festival de rock em Miami. Assim, em março de 1969 tomaram a decisão de organizar um festival de rock no campo, numa pequena comuna a cinquenta quilômetros da cidadezinha de Woodstock. Orçamento do festival: 100 mil dólares. Algumas bandas, como Ten Years After, não ganharam nem mil dólares. Hendrix recebeu o maior cachê, 18 mil dólares.

Sessenta mil ingressos adiantados foram vendidos, e 100 mil pessoas eram esperadas. Centenas de milhares de jovens da costa leste, atraídos pelo anúncio de um festival de folk, blues e rock psicodélico, se dirigiram a Woodstock para ouvir, entre outros, Joan Baez, Janis Joplin, Jefferson Airplane, Carlos Santana, The Who e Jimi Hendrix. Eles seriam 500 mil. Poucos foram os que pagaram os dezoito dólares do ingresso para os três dias.

Woodstock foi uma festa descomedida. Música quase ininterrupta por três dias, a partir das sete horas da manhã. Programação do festival para a sexta-feira, 15 de agosto: Joan Baez, Ario Guthrie, Tim Hardin, Richie Havens, Incredible String Band, Ravi Shankar, Sly & The Family Stone, Bert Sommer e Sweetwater. Sábado, 16 de agosto: Canned Heat, Creedence Clearwater, Grateful Dead, Keef Hartley, Janis Joplin, Jefferson Airplane, Mountain, Quill, Santana e The Who. Domingo, 17 de agosto: The Band, Jeff Beck Group, Gypsy Blood, Sweat & Tears, Joe Cocker, Crosby, Stills & Nash, Iron Butterfly, Ten Years After, Johnny Winter e Jimi Hendrix. Depois do show da Experience de 29 de junho de 1969, no "Denver Pop Festival", o trio tinha se separado definitivamente. Jimi estava com uma nova formação.

Atrás do palco foi instalado um pequeno acampamento que fazia as vezes de bastidores. Foi ali que Alan Douglas, amigo de Michael Land, que mais tarde conceberia vários álbuns de Jimi, conheceu Hendrix. "Todo mundo ficava por ali durante os shows", lembra Alan Douglas. "Jimi estava programado para a meia-noite. Conversamos muito naquela noite, e foi assim que nos tornamos amigos."[12] Jimi Hendrix e Alan Douglas se tornaram muito próximos. "Ele morava em Nova York", acrescenta Alan Douglas. "Ele não conhecia ninguém, não tinha família ali, nem amigos próximos. Minha mulher e uma amiga dela tinham uma loja onde vendiam roupas para músicos de rock. Ele ia lá com frequência e comprava magníficas jaquetas de couro com franjas – a que ele usou em Woodstock vinha de lá. Ele passava as noites em casa, jantávamos quase todas as noites juntos. Nos tornamos como uma família."[13]

Jimi estava programado para o domingo, para o encerramento do festival. Com o fim da Experience, Jimi escolheu formar um novo trio com seu amigo do exército Billy Cox e com Buddy Miles, com quem havia feito amizade. "Ele queria uma banda negra e um baterista negro", recorda Buddy Miles. "Ele queria um retorno às raízes, um retorno ao que realmente amava, ao soul, ao rhythm'n'blues e ao blues."[14]

Hendrix explicou ao jornalista Al Aronowitz, do *New York Post*, numa entrevista concedido após o segundo show da Band of Gypsys no Fillmore East, no fim de 1969:

> Quero voltar às coisas reais. Quero voltar ao blues, pois é o que eu sou.[15]

A sucessão dos palcos atrasou muito, e Mike Jeffery não quis que Jimi tocasse à meia-noite. Hendrix, que disse ser ele quem queria tocar em pleno dia, tocou pela manhã, às nove horas, diante de um público ralo e semiadormecido de cerca de 40 mil pessoas (muitos trabalhavam na segunda-feira e tinham ido embora). Jimi estava cansado. Quando começou sua apresentação, não dormia havia três dias. Quando saiu do palco, após um longo show de duas horas, desmaiou de cansaço.

No momento de entrar no palco, precisou enfrentar problemas técnicos. Também precisou controlar o *stress*: tocava com uma nova seção rítmica. Ao voltar do Marrocos, Jimi trabalhou, ensaiou. Fez testes para encontrar um novo baterista, mas por fim acabou chamando Mitch Mitchell de novo. "A banda não era nada especial, uma verdadeira bagunça"[16], escreveu Mitch Mitchell em 1990, no livro *The Experience Hendrix*, em colaboração com John Platt. Na verdade, a banda ensaiava havia apenas uma semana, o que era pouco.

"The Jimi Hendrix Experience" foi anunciada às oito e meia da manhã de segunda-feira. Jimi, com a Stratocaster na mão, usava uma faixa vermelha nos cabelos, uma camisa branca com pérolas e franjas e uma calça azul. Hendrix anunciou o nome de sua nova banda, Gypsy Sun & Rainbows.

Hendrix apresentou os músicos a sua volta: Billy Cox, no baixo, Mitch Mitchell, na bateria, Larry Lee, na guitarra rítmica, Jerry Velez, na percussão, e Juma Sultan, membro dos Black Panthers, também na percussão. "E vosso humilde servidor! All right!" Enquanto ele falava, alguém do público gritou: "Jimi, você está chapado?". Ele ignorou a pergunta e continuou: "Ok, um minuto e meio para afinarmos. Fizemos apenas dois ensaios, então vamos fazer principalmente coisas rítmicas, mas, quero dizer, são os primeiros raios de um novo sol. Não importa. Então seria bom começar com a Terra, que é o ritmo, não? Vocês conseguem captar isso?".[17] E Hendrix atacou "Message To Love", a primeira das dezessete músicas de um show que durou duas horas, o mais longo de toda a sua carreira, junto com o da Ilha de Wight.

Antes de subir ao palco, Jimi escreveu um *setlist* de oito músicas. Dezessete foram tocadas: "Message To Love", "Hear My Train A Comin'", "Spanish Castle Magic", "Red House", "Master Mind" (com o guitarrista Larry Lee, que tocou errado na maior parte do tempo), "Lover Man", "Foxy Lady", "Jam Back At The House", "Izabella", "Gypsy Woman / Aware Of Love", "Fire", "Voodoo Child (Slight Return) / Stepping Stone", "The Star Spangled Banner", "Purple Haze", "Woodstock Improvisation", "Villanova Junction" e "Hey Joe".

O álbum *Woodstock*, lançado em junho de 1970, gravado ao vivo durante o festival, mas o som é pouco satisfatório, e faltam algumas músicas ("Fire", "Red House", "Voodoo Child (Slight Return)" e "Woodstock Improvisation"). Em 1994, a fim de celebrar o 25º aniversário da apresentação da Gypsy Sun & Rainbows em Woodstock, Alan Douglas lançou um disco da performance do sexteto de Jimi Hendrix: *Jimi Hendrix: Woodstock*. Esse álbum, com grande qualidade de áudio, foi unanimemente saudado por público e crítica. Em 2004, uma caixa com dois DVDs, *Live At Woodstock*, foi lançada pela Experience Hendrix LLC.

Não houve pausas ao longo desse show histórico, que foi muito bem cadenciado. Magia do *live*, do presente musical, amplo espaço dado à improvisação. Fluidez do tocar interativo, apesar de evidentes problemas de desencontro (era uma nova banda que, como dissemos, ensaiara pouco) e guitarras desafinadas. O próprio guitarrista riu durante o show: "Nos contentamos em tocar tranquilos e desafinados". Não importa, uma maravilhosa energia perpassa a banda e desabrocha. "Nenhuma das peças se manteve realmente de pé. Foram longas improvisações"[18], explicou Mitch Mitchell.

Que energia invadiu o guitarrista naquela manhã? Hendrix foi majestoso. Sua guitarra foi vigorosa, brilhante pela variedade, pela precisão, pela riqueza colorida. Como, um mesmo movimento, tanta força pode também conter tanta graça? Hendrix era, acima de tudo, um músico de palco. "Quando estou no palco, sou completamente natural. Mais que na vida corrente"[19], ele dizia. A duração de um show era o momento da verdade, e aquele em particular, pois ele se colocava em perigo, em jogo. Era *in situ*, como em transe, carregado pelo redemoinho, pelo próprio movimento da música, por seus arrebatamentos, rupturas, improvisações, bifurcações, dissonâncias e ritmos, longos encantamentos, que ele mostrava do que sua arte era plenamente capaz. Ali, a grande arte de Hendrix consistiu numa maestria total e, no mesmo movimento criador, de uma espontaneidade absoluta. Se havia gênio Hendrix, ele estava ali, no impulso e na maestria, na forma e no elã. Essa arte, suprema, pode ser comparada à do arqueiro ou à do calígrafo. Na música, como na caligrafia, a beleza está primeiro no gesto, na amplidão, na fulgurância do traço.

Ela se manifestou plenamente naquele dia com a interpretação de "The Star Spangled Banner". Não foi a primeira vez que ele tocou o hino americano no palco. Ele o tocava em shows havia um ano. "Sou americano, então o toquei", explicou numa entrevista à televisão. "Eu cantava o hino americano na escola. Éramos obrigados, na época... É uma volta ao passado."[20] Três semanas depois, numa coletiva de imprensa, declarou: "Todos somos americanos... Nós o tocamos de modo a que ele refletisse a América de hoje".[21] Explosões de bombas em sequência, chamas crepitando, gritos de moribundos, o voo ameaçador de helicópteros, sem contar o *feedback* da guitarra, que soava como pessoas chorando e gritando em aldeias bombardeadas pelo napalm, o hino americano, tal como tocado por Hendrix naquela manhã, foi chocante. As imagens foram difundidas para o mundo inteiro graças ao cinema, ao filme *Woodstock*, de Michael Wadleigh, que faria um enorme sucesso e ampliaria a lenda Hendrix. O impacto dessa versão do sacrossanto hino americano foi ainda mais forte porque Jimi utilizou com perfeição a potência dos amplificadores à sua disposição. No show, ele intensificou os sons da guitarra graças a uma parede de amplificadores Marshall superpotentes. Essa violência sonora era inédita para a época. "Quando eu tentava testar seu equipamento, tudo o que eu ouvia era o *larsen*", conta Eric Barret, o *road manager* de Hendrix. "Jimi conseguia controlá-lo. Com os dedos, nunca entendi como ele fazia aquilo."[22] "A maneira como ele domava o *larsen*, dando-lhe inclusive um acento sinfônico, é incompreensível"[23], declarou George Clinton, líder da Parliament & Funkadelic, por algum tempo muito inspirada pelo universo hendrixiano. O artista plástico Jean-Jacques Lebel relembra:

Em Woodstock, ao amanhecer, ouvi esse gênio transformar o hino nacional americano (por definição ignóbil e irrisório) em grito de revolta dadaísta, em música das esferas "cósmicas".[24]

Al Aronowitz escreveu em sua crítica do *New York Post*:

> Foi o momento mais eletrizante de Woodstock, e sem dúvida o maior momento dos anos 1960. Finalmente entendemos essa canção: você pode amar seu país e detestar seu governo.[25]

Em plena guerra do Vietnã e no momento em que o movimento pelos direitos civis se intensificava, a versão de Jimi Hendrix do "The Star Spangled Banner", que originalmente é um canto de paz, se revelou uma violenta denúncia, um poderoso manifesto pacifista. Essa versão do hino americano não foi apenas o momento alto do show de Woodstock, foi o momento inesquecível da obra hendrixiana, e também seu auge, sua apoteose.

> O hino americano tocado por Jimi Hendrix naquela manhã de 18 de agosto de 1969 não teria sido um dos gestos políticos de maior repercussão no século XX? Numa entrevista concedida a mim, Lydie Salvayre respondeu:
> "The Star Spangled Banner" foi justamente o pivô de meu romance *Hymne* [2011]. E estou convencida de que foi um ato político ainda mais estrondoso porque não foi reivindicado como tal por Hendrix. É preciso, para compreender sua importância, recuperar o contexto. Estamos em 1969, isto é, em plena guerra do Vietnã (esta começou em 1959, e os acordos de paz foram assinados em 1973). Hendrix viu na televisão algumas imagens da guerra (trata-se, lembremos, da primeira guerra transmitida pela televisão), mas, acima de tudo, ouviu do amigo músico Larry Lee, que tinha voltado do Vietnã, os horrores lá vividos. Hendrix sabia, além disso, que eram enviados para o front, na grande maioria, os negros e brancos das classes pobres, enquanto os jovens das classes médias e ricas, inscritos na universidade, escapavam ao recrutamento. Então

Hendrix fez o seguinte: injetou, no hino dessa América que dizia fazer uma guerra justa e libertadora, o ruído dos aviões de guerra que sobrevoavam o Vietnã, o estouro das bombas que explodiam, e os gritos das populações apavoradas. Assim, em apenas três minutos e 43 segundos, Hendrix, com apenas uma guitarra elétrica, compôs uma versão moderna do Apocalipse e prestou contas da selvageria do mundo melhor que todos os discursos antiguerra sustentavam na época. Mas ele fez mais ainda. Nesse hino de música 100% branca para uma América 100% branca, Hendrix, cujo sangue carregava sangue negro, sangue cherokee e algumas gotas de sangue branco, Hendrix injetou os antigos sons do blues cantado pelos escravos negros nas fazendas de algodão, os sons novos do *free jazz* que Ornette Coleman fazia em Nova York, o lamento das melopeias ameríndias com que sua avó Nora o ninava quando criança. Assim, em apenas três minutos e 43 segundos, Hendrix, com apenas uma guitarra elétrica, deu vida a essas Américas negra e indígena que a América branca ignorava, quando não as maltratava. É preciso lembrar que, nos anos 1960, nos EUA, os negros eram regularmente expulsos das escolas para brancos, expulsos das igrejas para brancos, expulsos dos hotéis para brancos, expulsos dos bares para brancos, expulsos dos cemitérios para brancos, expulsos de todos os lugares, e que alguns deles lutavam para que seus direitos civis fossem respeitados. Os índios, por sua vez, apodreciam em reservas e dançavam aos domingos a dança da coruja para os turistas brancos de classe média. Isso já seria suficiente para fazer de "The Star Spangled Banner", inegavelmente, um gesto político. Mas o que me toca é o fato de Hendrix não reivindicar isso. E quando um apresentador da televisão americana o questionou sobre as razões que o levaram a compor um hino tão *extravagante* (usou essas palavras), Hendrix respondeu apenas que o havia feito pela beleza. Devemos acreditar. E lembrar das palavras de Kafka: a beleza, última vitória possível do homem que não tem mais esperança.[26]

Na virada do ano de 1969, foi com uma nova formação que Jimi Hendrix tocou em Nova York, com a Band of Gypsys, trio composto exclusivamente por músicos negros americanos: Billy Cox no baixo e Buddy Miles na bateria e na voz (Mitch Mitchell voltara para a Inglaterra em outubro de 1969). Alguns viram nisso a fidelidade de Hendrix ao Black Power, que várias vezes havia se aproximado dos Black Panthers. Conhecendo o espírito de independência do guitarrista, é pouco provável. Alan Douglas desmentiu os rumores que circulavam, segundo os quais Hendrix teria formado uma banda 100% negra por pressão de militantes do Black Power. "É mentira, absolutamente mentira", disse Alan Douglas. "Ele nunca teria cedido a essas pressões. Nunca."[27]

Nos dias 31 de dezembro de 1969 e 1º de janeiro de 1970, a Band of Gypsys fez quatro apresentações no Fillmore East de Nova York. Abrindo os shows, The Voices Of East Harlem. "Havia pessoas na sala que não sabiam como olhar para esse grupo", lembra Billy Cox. "E havia outras que ficaram admiradas, de boca aberta. Impressionaram bastante gente. Jimi viu a reação do público e disse: 'Vamos intensificar nossa maneira de tocar para impressioná-los ainda mais'."[28]

O álbum *Band Of Gypsys* foi lançado. Era o preferido de Miles Davis. No entanto, foi muito controverso. Com exceção de "Machine Gun", a segunda faixa do disco, que se impunha com a força de uma obra-prima, as outras faixas do álbum foram alvo da crítica, causando desapontamento, controvérsia.

"Machine Gun", vasto turbilhão sonoro em que as duas partes em conflito se inflamavam no uníssono, era claramente dedicada aos soldados que combatiam no Vietnã. Foi uma de suas músicas mais políticas, ao lado de "House Burning Down", em que condenava a violência cega e, num pacifismo de combate, retomava a mensagem de Martin Luther King.

Lançado em 1970, ainda em vida de Jimi Hendrix, *Band Of Gypsys* foi o primeiro disco ao vivo de Hendrix, uma seleção das gravações dos quatro shows feitos entre 31 de dezembro de 1969 e 1º de janeiro de 1970 pelo trio

Band of Gypsys – Jimi Hendrix, Billy Cox, Buddy Miles – no Fillmore East de Nova York. Apesar do grande sucesso comercial (chegou ao quinto lugar das paradas nos Estados Unidos e ao sexto no Reino Unido), a recepção da crítica foi mais branda. Na maioria das vezes decepcionada, a imprensa rock viu em *Band Of Gypsys* um recuo criativo em relação ao álbum anterior, *Electric Ladyland*. À frente da Band of Gypsys, Jimi revelava uma sensibilidade mais funk. Ele lançaria as bases para o funk rock de Parliament & Funkadelic (George Clinton nunca escondeu sua dívida para com Hendrix) e do jazz-rock (o Miles Davis da fase elétrica, o álbum *A Tribute To Jack London*, a Mahavishnu Orchestra de John McLaughlin).

A Band of Gypsys foi uma banda muito polêmica (alguns dizem que Buddy Miles trabalhava para transformar a banda de Hendrix na Buddy Miles Band). Ela desconcertava. Ela questionava as fronteiras do rock, do rhythm'n'blues, do jazz e do funk e, de certo modo, as ultrapassava, as transcendia. Ela levava Hendrix para outras esferas musicais; o groove vigoroso e tenso de Buddy Miles, que era ao mesmo tempo compositor, baterista e cantor, fazia o seu papel.

Jimi passava por uma fase difícil, estava perturbado. Primeiro, pelo processo por posse de heroína, ao fim do qual foi absolvido. Havia também o litígio que opunha os advogados de Jimi ao produtor Ed Chalpin, a respeito de um álbum de Curtis Knight. Jimi de fato ainda devia um álbum à Capitol Records para se liberar de suas obrigações. Hendrix na verdade havia sido obrigado a lançar um novo disco. Por isso lançara aquele álbum, para acabar com o processo. "Não fiquei muito satisfeito com o álbum *Band Of Gypsys*. Se dependesse apenas de mim, nunca o teria lançado"[29], explicou Hendrix numa entrevista a Keith Altham logo antes da "The Cry Of Love Tour".

A Band of Gypsys foi dissolvida em 28 de janeiro de 1970, depois de um show caótico no Madison Square Garden de Nova York. Naquela noite, contou Buddy Miles, Mike Jeffery teria dado LSD demais a Hendrix, pensando em sabotar o show e acabar com a banda. Pouco depois, Jeffery dispensou Buddy Miles. "Buddy foi posto para fora", contou Billy Cox, de volta a Nashville, "e acho que eles queriam me dispensar também."[30]

Falou-se então no retorno da Jimi Hendrix Experience. Mike Jeffery fez um anúncio a respeito em fevereiro de 1970. Uma "Experience Reunion Tour" foi organizada. Noel Redding e Mitch Mitchell viajaram a Nova York e deram uma entrevista ao lado de Jimi. Mas este acabou mudando de ideia: não queria que Noel Redding fizesse parte da banda. Jeffery se encarregou de comunicar-lhe o fato. Como um condensado das duas anteriores, a nova banda de Hendrix era formada por Mitch Mitchell e Billy Cox. "No fim, acabamos chamando aquilo de 'Jimi Hendrix Experience' com Billy Cox, um novato"[31], lembra este último.

O *setlist* do novo trio compreendia músicas antigas (ele se sentia obrigado a tocar os sucessos "Hey Joe" e "Voodoo Child", futuro hit póstumo que dedicara aos Black Panthers, em Monterey), mas mais da metade das músicas era inédita, como "Machine Gun" e "Message To Love", do álbum *Band Of Gypsys*, e "Straight Ahead" e "Hey Baby (Land Of The New Rising Sun)". A turnê "Cry Of Love" teve início em 25 de abril de 1970, em Los Angeles. Fez grande sucesso e suscitou inúmeros comentários entusiasmados. "Hendrix é uma potência dinâmica feita de sexo e som"[32], escreveu Robert Hilburn no *Los Angeles Times* depois do primeiro show.

Cocaína, heroína, maconha, sempre havia drogas no camarim. "Ele passava dos limites", lembra Luther Rabb, antigo companheiro de música de Jimi na época de Seattle, nos Velvetones, um dos integrantes da banda Ballin'Jack, que Hendrix havia escolhido para dividir o palco de um show em Los Angeles. "Ele tinha consciência de que aquilo lhe fazia mal. Ele se esforçava, mas de um modo ou de outro, através da produção ou quem quer que fosse, sempre havia alguém para lhe fornecer drogas."[33] Luther tentou fazê-lo tomar consciência do perigo que as drogas o faziam correr. "Ele disse que iria parar, só para me fazer ficar quieto."[34]

Depois de apenas uma semana de turnê, Jimi ficou aborrecido e cansado. Em Madison, Wisconsin, subiu ao palco bêbado. Declarou que a guerra do Vietnã poderia ser o fim da América. Que substância teria misturado ao álcool para ficar naquele estado? Antes de interpretar "Ezy Rider", declarou que a música era inspirada no filme, e falou da morte. "Tentei nos ajudar, mas, no fim, tudo desabou, vocês entendem o que quero dizer? Estávamos no primeiro terço de nossas vidas, e explodimos, e depois tentamos ir para algo melhor, não é mesmo? Claro que sim. Se vocês não acreditam nisso, melhor morrer imediatamente. Ó, Senhor, estou morrendo."[35]

Em 30 de maio, Hendrix tocou em Berkeley, Califórnia. Os dois shows organizados no Community Theater foram marcados por uma série de incidentes. Muitos acharam que 5,30 dólares era caro demais para um ingresso e tentaram entrar de graça. Houve enfrentamentos. Hendrix não viu nada, chegou ao local numa grande limusine com Devon Wilson e Colette Mimram. Há imagens que atestam isso, pois os shows de Berkeley foram filmados. O segundo show mostra um Hendrix num traje azul, um terno grande ornado com libélulas concebido por Emily "Rainbow" Touraine. Apesar de Jimi não estar em forma – parece fraco, lívido –, os shows foram excelentes e contam entre os melhores *live* filmados do guitarrista.

Jimi apresentou "Hear My Train A Comin'" como "a história de um sujeito vagando pela cidade, e sua coroa não o quer mais. E todas as pessoas que ele encontra pelo caminho o rebaixam. E ninguém quer admitir que esse cara tem alguma coisa, só que todos estão contra ele porque o sujeito é um vodu, e quando ele volta é um garoto mágico. Agora, está esperando na estação, esperando o trem chegar."[36] Como dissemos e repetimos, Jimi Hendrix foi o homem dos sapatos de fogo, que estava sempre na estrada. A metáfora parece clara, o "sujeito vodu" que se tornou "um garoto mágico", "que espera na estação"[37], não era o próprio Hendrix?

Os dois shows de Berkeley impressionaram muito o guitarrista Carlos Santana, que comparou Jimi Hendrix a John Coltrane: "Pouquíssimas pessoas tocam rápido e intensamente. A maioria toca rápido e vazio. Mas Coltrane tocava rápido e profundo, como Charlie Parker, e como Jimi."[38]

Durante a primavera e o verão de 1970, Jimi passou a maior parte do tempo em estúdio, preparando um novo álbum. Ele logo gravaria em seu próprio estúdio, o Electric Lady, que, como dissemos, foi aberto oficialmente no dia 27 de agosto de 1970. "Ele tinha muito orgulho desse estúdio", contou Eddie Kramer, com quem Jimi trabalhava. "Ganhar muito dinheiro, ter seu próprio estúdio em New York City era para ele o auge do sucesso. Ele tinha apanhado muito, mas naquele momento estava no topo."[39]

Nesse estúdio, que se tornou sua casa, seu lar, ele trabalhou muitíssimo. Uma dúzia de canções estavam em andamento, dentre as quais "Angel", "Ezy Rider" e "Dolly Dagger". Jimi queria gravar um álbum triplo intitulado *People, Hell and Angels*. "Ele adorava esse estúdio", recorda o amigo Deering Howe, com quem ele havia tirado férias no Marrocos. "Ele se entregava a uma música e passava três dias em cima de oito compassos."[40] Em 1º de julho, gravou nada menos que dezenove tomadas de "Dolly Dagger". A música foi escrita para Devon Wilson, sua namorada nova-iorquina e companheira de drogas.

O verão de 1970 foi de trabalho. Quando não estava em estúdio, Jimi estava na estrada. Dallas, Houston, Boston, Seattle, San Diego e outras cidades, os shows não paravam. Jimi não iria mais rápido que a música? Em 17 de julho, tocou em Randalls Island, na cidade de Nova York, no "New York Pop Festival". Várias bandas, como Black Panthers e Young Lords, exigiram que a renda do show fosse redistribuída. Contestadores entraram sem pagar. Tenso, Hendrix não subiu ao palco antes das quatro horas da manhã. Quando dedicou "Voodoo Child" a Devon, Colette e Deering, o público o vaiou. "Vão se foder, são meus amigos." O show acabou mal. Ao fim da última música, interferências e o som de uma emissora de rádio invadiram os amplificadores. A guitarra de Jimi ficou inaudível. Suas últimas palavras em Nova York foram: "Vão se foder, e boa noite".[41]

No show em San Diego, em 25 de julho, Hendrix confessou a um jornalista: "Eu era como um escravo, cara. Só trabalhava. No início, era agradável, mas agora chegou a hora de ir embora para poder recuperar o prazer. Agora me retiro. Será o prazer *primeiro*. Chega de trabalho".[42] No dia seguinte à entrevista, Jimi voltou à estrada.

Jimi não sabia dizer não. A qualquer pessoa. E sobretudo a Mike Jeffery, que multiplicava o número de shows e acumulava dólares. Essa turnê, que parecia um "Never Ending Tour" antes da hora, foi extenuante. O momento do show, que era acima de tudo, para Hendrix, um prazer extremo – um espaço de música, festa, intensidade, transgressão –, se transformou em obrigação, em suplício. Ele escreveu "*SOS*" várias vezes em seu diário, para "*Same Old Shit*", "a mesma merda de sempre"[43], mas mais parecia um pedido de socorro...

Jimi fez um show em Seattle em 26 de julho. Reencontrou a família e os amigos. Brigou com o pai e entrou em contato com uma antiga namorada, Betty Jean Morgan. Teve uma conversa com Freddie Mae Gautier, cuja mãe havia cuidado dele na infância. Ela o achou melancólico, triste. Sua passagem por Seattle foi uma oportunidade para voltar à infância infeliz: ele perambulou pela cidade, passeou por todos os bairros, percorreu os caminhos de seu passado. "Foi como se ele tentasse aceitar seu passado", contou Dee Hall, um de seus amigos de Seattle. Jimi insistiu em visitar o túmulo da mãe, que nunca tinha visto. "Rodamos por uma hora, procurando", lembrou Dee Hall. "Estava escuro, era um canto perdido, sem luz."[44] Jimi nunca veria a sepultura da mãe.

Em 28 de julho, Jimi chegou a Maui, a segunda maior ilha do arquipélago do Havaí, para a filmagem de *Rainbow*. A ideia de Chuck Wein era fazer o encontro de várias personalidades do surfe, da yoga e das artes. Quando foi lançado, em 1972, a revista *Rolling Stone* descreveu o filme como "lembranças de viagens de ácido". Jimi gostou de Maui. Divertiu-se. Por um semana inteira, descansou, comeu pratos vegetarianos. No menu, também havia cocaína, LSD e baseado. "Ele gostou muito de Maui", recorda Melinda Merryweather, que fazia parte do elenco do filme. Mas ele a surpreendeu quando, alguns dias depois, contou-lhe que logo "deixaria" seu corpo. "Não estarei mais aqui"[45], ele disse.

Certa noite, Jimi, um pouco alto, propôs ao produtor Chuck Wein e à atriz Pat Harley que eles se suicidassem. Chuck Wein não o levou a sério. Outro dia, Chuck Wein perguntou ao guitarrista se ele logo voltaria a tocar em Seattle. Jimi respondeu: "A próxima vez que eu for a Seattle será dentro de uma caixa de madeira".[46]

Durante essa estada em Maui, Chuck Wein passou vários livros a Jimi, como *O livro tibetano dos mortos*, que fazia então grande sucesso na América. O *Bardo Thödol Chemno*, literalmente "a grande libertação pela escuta nos estados intermediários", é uma reunião de textos que aborda os diferentes meios à disposição do sábio para libertar seu espírito do estado intermediário, ou *bardo*, que constitui o período entre a morte e o próximo renascimento. Chuck Wein também ofereceu outro livro a Jimi: *Secret Places of the Lion: Alien Influences on Earth's Destiny*, de George Hunt Williamson, que fala da influência dos extraterrestres sobre nosso planeta, no que Jimi acreditava. Jimi sempre levava consigo um livro que misturava as histórias de Jesus com as visitas dos extraterrestres à Terra, *O livro de Urântia*. Sua consciência cósmica, cada vez mais aguçada, era acentuada pelo considerável consumo de álcool e drogas. Jimi parecia cada vez mais perder a ligação com o real. Sua opacidade nunca fora tão grande.

Depois de um show em Honolulu, que encerrou a turnê americana "Cry Of Love", Mitch Mitchell e Billy Cox voltaram para casa. Jimi voltou para Maui. Passou duas semanas na ilha. Mas não ousou contar a respeito dessas merecidas férias ao agente, Mike Jeffery. Lá, Jimi se cortou na praia, um ferimento leve. Ao empresário, porém disse que o ferimento era grave e o obrigava a ficar, enviando fotos para provar. "Colocamos vinte vezes mais gaze do que precisava e tiramos fotos para que ele parecesse gravemente ferido"[47], lembra Melinda Merryweather. A influência de Mike Jeffery sobre Hendrix devia ser muito grande para que o guitarrista se sentisse obrigado a encontrar um subterfúgio para tirar alguns dias de descanso. Ele escreveu uma música para Melinda: "Scorpio Woman". "Ele falava muito da mãe e de suas raízes indígenas", contou ela. Na segunda semana em Maui, Hendrix, sob o efeito do álcool e do ácido, escreveu uma carta muito confusa ao pai.

> Pai, meu amor, o que, ou pelo menos a maior parte do que tenho a oferecer é porcaria – mas você sabe e eu sei que parece estar na ordem das coisas. Mas o que podemos fazer (de várias maneiras sou uma porcaria, você sabe, aquele que fala todas as BESTEIRAS). Se você não consegue ou se isso o exaspera, então por que vir ao show? Conheço o amor tanto

> [quanto] você por mim e Eon (talvez não seja muito claro), falaremos em particular (você e eu), Mother Rock está aqui. Sempre levar uma grande vida nesse mundo de Cegueira e nessa suposta REALIDADE. Mas falar desse CAMINHO que leva ao paraíso – os Anjos, Espíritos Santos etc., Deuses etc., eles têm um trabalho muito difícil para colar as palavras numa caixa de sabão, ou uma marionete, ou uma nuvem, para convencer o mundo inteiro sem disputa ou debate ou etc., a respeito de saber se os anjos existem sob uma forma convencional ou não. Você é aquilo que aceito com alegria como sendo um anjo, um dom de Deus etc.! Esqueça as opiniões e as fofocas do mundo.[48]

Mais tarde, Jimi reconheceu ter "bebido muito" antes de escrever a carta e pediu perdão ao pai. Rogou para que ele lesse "cada palavra dessa maravilha de carta instantânea e sem idade". Então, numa linguagem sempre desconexa, escreveu sobre os anjos, Sammy Davis Jr., o paraíso, "a luz eterna".[49] Depois, a carta mudou completamente de tom quando ele evocou a mãe.

> Pode ser que um dia eu venha a fazer perguntas muito importantes que me preocupam a respeito de uma história sem resposta sobre o modo de vida de minha mãe – Mrs. Lucille. Há certas coisas que preciso saber a seu respeito por razões que me são próprias e estritamente privadas.[50]

No fim da carta, Jimi se desculpou pela briga em Seattle, explicando que havia acontecido devido a um "nervosismo ruim".[51]

Depois da apresentação no International Center de Honolulu, um jornalista do *Honolulu Advertiser* chamou Jimi de "Madman Butterfly", devido à roupa de veludo laranja, rosa, verde e vermelho, o célebre traje borboleta multicor que ele usara no show de Atlanta em 4 de julho e que voltaria a usar no show da Ilha de Wight, em 31 de agosto.

Ilha de Wight

Antes mesmo de entrar para a história, o fenômeno Woodstock teve um efeito imediato. A febre de festivais de rock invadiu toda a Europa. O Flower Power estava no auge. Exibido em toda a Europa, o filme sobre o festival marcou os espíritos. Assim, a terceira edição do festival da Ilha de Wight – a edição anterior havia recebido, entre outros, Bob Dylan –, na costa sul da Inglaterra, na frente das cidades de Southampton e Portsmouth, surgiu como um acontecimento. Esse acontecimento deveria ser, para os organizadores do festival, um Woodstock desmedido. Várias bandas que tocaram em Woodstock foram convidadas: Sly & The Family Stone, Ten Years After, John Sebastian, The Who e também, e principalmente, Jimi Hendrix.

"The Isle of Wight Festival 1970" durou quatro dias, de 28 a 31 de agosto. O espírito "Peace & Love" do festival foi posto a perder por um bando de anarquistas franceses que semeou a discórdia. Jean-Jacques Lebel e seus amigos convenceram vários hippies sem dinheiro que estavam numa colina vizinha a entrar à força e sem pagar. Às vezes violenta, bastante caótica, a briga entre hippies sob o efeito de ácido e organizadores desorganizados acabou degenerando.

The Doors, Supertramp, Joan Baez, Joni Mitchell, Leonard Cohen e Tony Joe White também estavam na programação. Mesmo tendo reunido ainda mais pessoas do que em Woodstock, cerca de 600 mil, o balanço artístico do festival não foi dos mais fortes. O show do The Doors, um dos últimos, foi decepcionante. Um Jim Morrison em total estado de embriaguez titubeou e declamou antes de desabar no estrado da bateria. Muito esperado depois do triunfo em Woodstock, e no entanto indolente, quase apático, Sly

& The Family Stone decepcionou. Em contrapartida, as apresentações do The Who (o DVD *The Who – Live At The Isle Of Wight* registra bem o momento do show) e de Miles Davis (também existe um DVD, *At The Isle Of Wight*) foram históricas.

Miles Davis no trompete, vestindo um casaco de couro vermelho que atraía todos os olhares, cercado por Gary Bartz no saxofone alto e soprano, Chick Corea e Keith Jarret nos teclados, Dave Holland no baixo, Jack DeJohnette na bateria e Airto Moreira na percussão: a banda elétrica de Miles Davis tocou no domingo por quarenta minutos. Essa longa improvisação foi chamada por ele, não sem humor, de "Call It Anything". À pergunta de como queria chamar a música, ele respondeu: "Call it anything". Foi uma longa improvisação modal de texturas misturadas-trituradas que mesclava num *groove* vigoroso a energia do jazz, a raiva do rock e o transe psicodélico; pode ser equiparada a um rito vodu, uma música orgânica, vibrando de criatividade, de liberdade em andamento.

Airto Moreira guarda uma forte lembrança desse show na Ilha de Wight:

> Lembro de uma viagem de avião saindo da Califórnia até Nova York, pois eu tocava e gravava com Cannonball Adderley. Fui primeiro a Nova York, portanto, depois peguei outro voo. Lembro bem, o avião que nos levou à Ilha de Wight era da Indian Airlines. Só havia músicos e jornalistas a bordo. Foi um voo especialmente fretado para nós. Chegamos a Londres, onde limusines, três magníficas limusines, nos esperavam. Mas, quando chegamos à ilha, depois de três ou quatro horas de carro, ainda era impossível chegar ao festival, havia gente demais! Então mandaram vir um helicóptero. Do helicóptero, víamos toda aquela multidão, acho que havia mais de 600 mil pessoas... Pareciam formigas! Que show! Começamos a tocar, estava quase noite. Muito bonito o anoitecer. Não fizemos equalização. Devemos ter tocado uma hora, o público adorou. Os garotos dançavam, aplaudiam, gritavam

"Yeah!". Em certo momento, chegaram a erguer os braços, balançando-os da esquerda para a direita. Cada vez mais pessoas começaram a balançar os braços, depois todo mundo. Do palco, parecia um oceano. Era tão enorme, havia tanta gente. Havia gente por toda parte, mesmo nas colinas... Eu pensava: "Aqueles que estão lá, no topo das colinas, nem devem estar nos ouvindo". Mas não era o caso, pois havia uma sonorização bastante potente. Então, todo mundo ouvia. Todos os que estavam ali tinham ido ver Miles. Miles era muito conhecido pelos jovens que ouviam Jimi Hendrix ou Janis Joplin, que tocaram na Ilha de Wight. Foi um belíssimo show. Foi rápido, uma hora, muito rápido. E fomos embora logo depois, de helicóptero.[1]

Jimi era esperado. Não tocava em solo britânico fazia dezoito meses. Seu show era esperado como o acontecimento maior do festival. Um desgaste, provocado pela frequência das turnês, já perceptível em Woodstock, invadia Jimi. Ele estava cansado, muito cansado. Richie Havens cruzou com ele nos bastidores e ficou surpreso ao vê-lo tão fora de forma. "Ele parecia não dormir há dias", contou. "Está sendo muito difícil com meus advogados e meus empresários", se queixou Jimi a Richie Havens. "Eles estão me matando, tudo é feito para meu prejuízo e não consigo mais dormir, nem comer."[2] Durante a interpretação de "Midnight Lightning", Jimi de fato não inseriu a frase "minha alma inteira está cansada e dolorida"?[3]

O jornalista inglês Nick Kent assistiu ao show de Jimi na Ilha de Wight:

> Lembro que certo tempo se passou antes que ele colocasse os pés no palco, às duas horas da manhã, na segunda-feira. A noite esfriara, e eu estava enrolado em meu saco de dormir na frente do palco, como vários outros espectadores, lutando contra o cansaço inerente ao festival e contra a falta de comida sólida no estômago. Muitos à minha volta tinham engolido ácido, contando que o alucinógeno começasse a fazer efeito no momento em que Hendrix tocasse as primeiras notas.

> Apesar de à beira do esgotamento, todos estavam unidos na esperança de que o guitarrista os transportasse para um estado de êxtase comum e de elevação cósmica, como ele havia feito no passado. Mas não foi o que aconteceu...[4]

No palco do festival da Ilha de Wight, Jimi estava com sua guitarra preferida, a Black Beauty, uma Fender Stratocaster com que tocou regularmente entre outubro de 1968 e setembro de 1970 (no show no Royal Albert Hall, em fevereiro de 1969, no festival de Atlanta e em quase todos os shows de sua última turnê, em 1970). Era um modelo de 1968. Seu número de série era o 222625. A cabeça da guitarra tinha marcas de queimado, onde Jimi apoiava seus cigarros. Depois da morte de Jimi, foi Monika Danneman quem a guardou, com a proibição de usá-la. A guitarra continua com as mesmas cordas que Jimi colocou. E depois da morte dela, seu antigo companheiro, Uli John Roth, guitarrista dos Scorpions, herdou-a.

Jimi entrou no palco às duas horas da manhã. Parecia ausente. Estava nervoso, mastigava um chiclete. Quando perguntaram "Como devemos apresentá-lo?", ele respondeu: "Me chamem de anjo selvagem azul". "O quê?", perguntou o locutor atrás de um amplificador. "O anjo azul selvagem", gritou Hendrix, que foi apresentado como "o homem da guitarra".[5]

O show começou mal. Somente depois de tocar o solo de "God Save The Queen", o hino britânico, Hendrix, que gritou "Levantem para o seu país, ou vão se foder"[6], percebeu que seus amplificadores não estavam funcionando. Saiu então do palco e voltou depois de alguns minutos. Os amplificadores pareciam ter voltado a funcionar. Ele se lançou na interpretação de "Sgt. Pepper's Lonely Hearts Club Band", dos Beatles, depois emendou com "Spanish Castle Magic". Mas uma forte microfonia acompanhava a música, os amplificadores estavam de novo com defeito. Hendrix não sabia o que fazer, ficou paralisado. Ele gaguejava, esquecia as palavras, tentava como podia sair daquela situação delicada. Improvisação total. A música acabou de qualquer jeito com um solo de bateria. Perturbado, Hendrix continuou com um hesitante "All Along The Watchtower", de Bob Dylan, cuja letra parecia não recordar. A parte técnica continuava a desejar, o que irritou Hendrix. Os problemas técnicos se acumulavam: o som piorava, os amplificadores captavam interferências da rádio do controle da ordem, e o pedal *fuzz* não respondia. Jimi lançou o trio numa improvisação a partir de "Machine Gun", do álbum *Band Of Gypsys*, lançado quatro meses antes. O incômodo cedeu lugar à irritação total: Hendrix parecia completamente desorientado, prestes a explodir. Mesmo assim, seguiu com "Love Man", "Freedom", "Dolly Dagger", "Ezy Rider", "New Rising Sun" e "Red House".

Desse show na Ilha de Wight, destacou-se a versão extremamente blues de "Red House", em que demonstrou toda sua maestria na guitarra. "Purple Haze" e "Voodoo Chile" encerraram um show mediano. Ao fim de "In From The Storm", Jimi atirou a guitarra no chão, furioso, e saiu do palco, ofendido.

A magia Hendrix, que havia subjugado Woodstock, não operou na Ilha de Wight. Talvez faltasse a energia necessária, a chama. E, acima de tudo, amplificadores capazes:

> Alguma coisa ficou cruelmente faltando, explicou Nick Kent, como um ato sexual sem orgasmo... [...] Três anos antes, nós, os ingleses, ficamos maravilhados quando o guitarrista, como um Ícaro sônico, se ergueu na estratosfera diante de nossos olhos. Na Ilha de Wight, assistimos a sua dolorosa queda no duro e frio planeta Terra. Duas semanas e meia depois, ele foi encontrado morto.[7]

Menos de um dia depois de ter tocado na Ilha de Wight, Hendrix tocou em Estocolmo. Encontrou-se com sua namorada preferida na Suécia, Eva Sundquist, que anunciou-lhe que ele era pai de um garotinho, James Daniel. Ela lhe escrevera várias vezes, contou ela, mas ele nunca respondera. Jimi nunca conheceu seu filho James Daniel Sundquist. Sua semelhança com Jimi é impressionante. No início dos anos 1970, um tribunal sueco estabeleceu a filiação, decisão não reconhecida pela justiça americana. No fim dos anos 1990, para encerrar procedimentos judiciários longos e caros, Al Hendrix entrou num acordo com Sundquist e deu-lhe 1 milhão de dólares.

A situação preocupava Jimi. Ele temia um processo. Um trâmite judiciário já o opunha a Diane Carpenter. Ela perderia a ação em 1972. Como nenhum teste sanguíneo foi feito durante a vida de Jimi, a paternidade não foi estabelecida. Hendrix parecia realmente muito deprimido. Todas as suas biografias concordam a respeito da aflição em que ele se encontrava: grande fadiga, drogas, profunda depressão. Ele se sentia acossado por todos os lados (agenciamento, produção, processos).

"Não quero mais ser um palhaço", foi o título dado por Sheila Weller a um perfil seu para a revista *Rolling Stone*, em setembro de 1969. Jimi se via exatamente como um palhaço, um "palhaço elétrico", como ele mesmo se apresentava. Ele tinha a forte impressão de ser o instrumento passivo do sistema, perdido no grande circo do show business. Um grande cansaço o prostrava. "Estou farto de tocar", ele disse. "Eles querem que eu faça todos esses shows. Quero apenas ir viver no campo. Fico doente de queimar minha guitarra."[8] Numa entrevista concedida à jornalista sueca Anne Bjorndal, Jimi declarou: "Não tenho certeza de que chegarei aos 28 anos. Quero dizer que, no momento em que musicalmente eu sentir que não tenho mais nada para dar, não estarei mais nesse mundo".[9]

Depois de um show fraco na Ilha de Wight e de uma apresentação absolutamente ruim em Estocolmo, Jimi visivelmente parecia em melhores condições no dia 1º de setembro, em Gothenburg. Mas o show de 2 de setembro de 1970, em Aarhus, Dinamarca, foi um fiasco total. Jimi estava cansado, ou melhor, esgotado. "Não posso fazer o show", disse. Na sala, 4 mil pessoas o esperavam. Jimi subiu ao palco e anunciou: "Vocês estão bem? Obrigado Deus, obrigado Deus... Dê-me alguns minutos para eu tentar afinar, ok? Bem-vindos ao circo elétrico".[10] Jimi estava ausente. Depois de três músicas, "Freedom", "Message To Love" e "Hey Baby (New Rising Sun)", deixou cair a guitarra e desmaiou. O show foi cancelado.

No dia seguinte em Copenhague, o show de 3 de setembro foi de qualidade. Em 6 de setembro de 1970, um show em Berlim, na ilha alemã de Fehmarn, dentro do "Love And Peace Festival", foi o último do trio. Depois do show, Jimi confessou a um jornalista: "Não tenho mais vontade de tocar".[11]

De volta a Londres, Jimi concedeu uma entrevista a Keith Altham, no hotel Cumberland, em 11 de setembro. Foi a última. Hendrix fez um balanço de seu último show, na Ilha de Wight. Afirmou que precisava encontrar um novo baixista, anunciou que seu novo álbum se chamaria *Horizon*, que sua música, no futuro (Billy Cox estava com problemas de saúde), poderia ser influenciada por Johann Strauss ou Wagner, e expressou seu desejo de renovação e liberdade. À pergunta "Você quer mudar o mundo?", Hendrix respondeu: "Eu com certeza gostaria de contribuir, mas para mudar a realidade, não necessariamente a que conheço, mas de maneira que vivêssemos melhor juntos, que os jovens e os velhos parassem de discutir a esse respeito", antes de dizer: "Estamos tentando fazer um terceiro mundo emergir, compreendeu? [risos]". À pergunta "Você tem opiniões políticas?", ele respondeu: "Não muito. Eu estava me preparando para me dedicar a isso de novo, mas de novo todo mundo passa por essa fase. Sabe, isso se expressa em minha música na maior parte do tempo. A canção 'Straight Ahead' diz 'Poder ao povo, liberdade da alma, transmita isso aos jovens e aos velhos, e não estamos nem aí que seu cabelos sejam curtos ou compridos, a comunicação acaba chegando', esse tipo de coisa".[12]

Jimi acabara de passar vários dias com uma modelo dinamarquesa de 24 anos, Kirsten Nefer, que o acompanhara na turnê europeia. Em Londres, encontrou-se com Monika Dannemann. Filha de um industrial alemão, a ex--campeã de patinação artística era uma *groupie*. Em certa noite de 1968, havia descoberto Jimi Hendrix pelo rádio, tocando "Purple Haze". "Era tão estranho e tão diferente do que eu ouvira até então", explicou ela. "Gostei da música na hora, como se ela tocasse alguma coisa dentro de mim, como nenhuma outra música jamais havia feito."[13] Em Düsseldorf, na casa dos pais, ela ficaria sabendo que a Jimi Hendrix Experience tocaria na cidade alguns dias depois, em 12 de janeiro de 1969. Seu irmão mais novo, Klaus-Peter, a levou ao show. Foi um deslumbramento. Ao fim do show, Monika e o irmão foram ao Pirate, onde Jimi e seus amigos músicos acabavam a noite. Hendrix tinha a reputação de ser um homem selvagem, brutal, e um predador sexual. "Jimi Hendrix está na cidade. Aviso a todas as mães: tranquem suas filhas!"[14], dizia um jornal local. Monika se recusou a sentar à mesa do guitarrista. "Era a última pessoa que eu queria encontrar", explicou ela. "Eu não olhava para ele, esperando que ele me ignorasse."[15] Mas foi empurrada na direção dele, contou ela. Como ela, ele usava um colar de jade e um bracelete indígena. Ele lhe fez várias perguntas. "Você tem namorado?", por exemplo. Ela respondeu que não, mas afirmou buscar alguém para amar sinceramente. "Você quer ser minha namorada?", ele perguntou. "Você é a mulher que busquei a vida toda."[16]

Jimi se apegou a Monika Dannemann. Mas a jovem alemã, ao que parece, o irritava ao extremo. Mas Jimi queria se casar com ela. A ligação durou dois anos, mas com breves intermitências. "Monika Dannemann – sem querer ofendê-la – não era o grande amor da vida de Jimi", escreveu Mitch Mitchell no livro *The Experience Hendrix*. Ela descreveu Hendrix como um santo devotado ao amor: "Ele não era nem preso à droga, nem alcoólatra, nem maníaco sexual... O verdadeiro Jimi Hendrix, por trás da fachada do palco, era muito sensível, cheio de compaixão, tímido, e acreditava ingenuamente na mensagem do amor. A Paz, a Liberdade, a Fraternidade que ele tentava levar ao mundo...".[17]

Quando Jimi Hendrix morreu, muitos fãs disseram que Monika Dannemann, por negligência, era culpada de sua morte e a apelidaram de "a patinadora do Inferno".[18] Segundo a jovem, Jimi Hendrix foi um homem livre ("Querer possuí-lo teria sido um grande erro, eu colocaria um pássaro selvagem numa gaiola"[19]). Ela tentaria se explicar, fazer reviver a chama da lembrança, se dissociar da culpa e, acima de tudo, obter o estatuto de "maior amor de Jimi".[20] A disputa com Kathy Etchingham a levaria ao tribunal. Sua casa foi descrita como um santuário à memória de Jimi. Ela acabou se dedicando à pintura e publicando um livro em 1995, *The Inner World of Jimi Hendrix* (*O mundo interior de Jimi Hendrix*). Consumida pela culpa, Monika Dannemann se suicidou em 1996, asfixiando-se dentro de seu carro, pouco depois de perder para Kathy Etchingham o processo que a abalara. Jimi Hendrix disse um dia que a morte consistia apenas "em se livrar desse velho corpo".[21] "Ele passava muito rapidamente da alegria a um profundo desespero. Uma tristeza suicida. Ele não estava nem aí para o seu corpo", disse Stella Benabou, a mulher de Alan Douglas. "Ele queria se arrancar do corpo. E o fez. Mas celebrou os corpos, a carne, os seres humanos, as mulheres e as crianças."[22]

As circunstâncias em torno da morte de Jimi Hendrix continuam pouco nítidas. É difícil, se não impossível, ter uma ideia exata do que realmente aconteceu. Houve uma única testemunha, Monika Dannemann, que foi evasiva na descrição dos fatos. Suas palavras eram contraditórias (ela declarou estar ao lado de Jimi quando os paramédicos chegaram, esses disseram que haviam sido chamados mas que não havia ninguém ali; ela declarou que Jimi ainda estava vivo quando eles chegaram). Sua memória era vacilante. Teria tomado ácido naquela noite?[23]

Na noite de 17 de setembro, Jimi foi visto num bar londrino, o St. James' Bar. Depois, ele continuou a festa na casa de Peter Cameron, que participou dos primórdios da Track Records. Comeu comida chinesa e ingeriu anfetaminas, bem como, é muito provável, outras drogas. Pouco depois, Monika Dannemann foi buscá-lo. Disseram-lhe para voltar mais tarde. Foi o que ela fez. Jimi teria então ficado furioso porque ela não o deixava em paz. Jimi conversou com Monika. Os dois foram embora às três da manhã.

De volta ao hotel Samarkand, Jimi tomou um banho enquanto Monika Dannemann preparou-lhe um sanduíche de atum, contou ela. Na madrugada, Hendrix tentou falar com Chas Chandler.

"A última vez que vi Jimi foi na noite de sua morte", contou Kathy Etchingham. "Foi no Kensington Market. Ele estava com aquela loira, não falei com ele. Ele nem me viu. Pensei em ir até ele depois, ao longo da noite. Talvez se tivesse feito isso e ele tivesse me visto não estaria morto."[24]

Em 18 de setembro, ao amanhecer, Jimi Hendrix foi descoberto inanimado por Monika Dannemann. Alarmada, ela telefonou a vários amigos, como Eric Burdon. "Dê-lhe umas bofetadas no rosto, e café!"[25], ele disse, antes de aconselhar que ligasse para uma ambulância. Ela se recusou a fazer isso. "Eles vão encontrar drogas no apartamento"[26], explicou ela. Mais cedo, Monika Dannemann saíra para comprar cigarros. Ao voltar, percebeu que Jimi continuava dormindo. Tentou acordá-lo, em vão. Jimi havia tomado nove comprimidos de sonífero (Vesparax). O guitarrista tinha dificuldade para dormir, com frequência recorria aos soníferos. Era um usuário do coquetel anfetaminas-soníferos. Eram quatro horas da manhã quando, de volta ao hotel, Jimi pediu soníferos. Monika Dannemann disse não ter lhe dado nenhum: "Convenci-o a dar um tempo, esperando que dormisse sozinho".[27] Ela tomou um e adormeceu, disse ela. Às seis da manhã, Jimi, ainda acordado, encontrou a caixa de Vesparax. Esta tinha cinquenta comprimidos, segundo Monika Dannemann. Ele tomou nove. Jimi estava acostumado aos soníferos americanos, muito menos potentes que o Vesparax alemão. Nove comprimidos era muito. Por que tomou tantos? Provavelmente porque pensava que aqueles soníferos fossem menos eficazes do que os que costumava tomar. Nove comprimidos engolidos correspondem a vinte vezes a dose recomendada para um homem da constituição de Jimi.

No livro *The Final Days of Jimi Hendrix*, Tony Brown detalhou os fatos com precisão, eliminando as teorias mais fantasiosas (assassinato) e acusou Monika Dannemann de ter chamado a ambulância tarde demais. Ele não explicou um fato: por que Jimi tomou tantos comprimidos? Uma explicação possível, mas pouco convincente: para dormir o dia inteiro e ir embora no outro dia, a fim de estar o mais descansado possível. Hendrix, como dissemos, era um usuário de soníferos.

Nove comprimidos... Alguns afirmaram que Jimi acreditava no poder dos números que regiam os destinos. Dizem que nove era seu número. Meio Vesperax fazia dormir como uma pedra, mas os soníferos tinham pouco efeito sobre Jimi, ele os ingeria em grande quantidade. O Vesparax acabou retirado das prateleiras, pois era muito perigoso (várias mortes seguidas a um ingestão considerável).

"Foda-se o que foi! Chame essa merda de ambulância!"[28], gritou Eric Burdon ao telefone. Em pânico, Monika Dannemann havia telefonado para Burdon. Ela deu várias versões para o que aconteceu desde que acordou. Segundo uma delas, ele não estava morto, simplesmente parecia doente. Versão que a investigação da Scotland Yard invalidou. "Chamei a ambulância imediatamente", contou Monika Dannemann. "Enquanto esperava, tomei o pulso de Jimi. Eu tinha aprendido a fazer isso. Seu pulso estava normal, ele respirava normalmente, mas estava mal, e eu não conseguia acordá-lo."[29]

Quando Eric Burdon chegou à casa de Hendrix, ele constatou sua morte e depois escondeu todos os vestígios de droga no apartamento. A ambulância foi chamada às 11h18 da manhã. Chegou às 11h27. Ao chegar, os paramédicos encontraram Jimi sozinho no quarto. Nem Monika nem Eric Burdon estavam no local. O rosto de Jimi estava coberto de vômito. Seu coração não batia. O doutor John Banniester calculou que quando a ambulância chegou ao hospital St. Mary Abbots, no bairro de Kensington, Jimi estava morto havia várias horas.

Às onze e meia, Jimi Hendrix, 27 anos, foi declarado morto. Gerry Stickells, *road manager* de Jimi, chegou ao hospital por volta do meio-dia e identificou o corpo. Uma análise sanguínea identificou Vesparax, Seconal, anfetaminas e álcool. Seu braço não tinha nenhuma marca de picada.

A investigação determinou a causa da morte como sufocamento por vômito e intoxicação por barbitúricos. O diagnóstico da Scotland Yard foi o seguinte: "Sufocamento por vômito após abuso de soníferos".[30] Essa conclusões, atestadas pelo certificado de óbito, foram confirmadas pela autópsia. A hipótese de suicídio foi afastada. "Tenho certeza de que não foi suicídio", explicou a antiga companheira de Hendrix, Kathy Etchingham. "Jimi tinha muitos problemas, mas não era o tipo de homem a dar um fim a seus dias. Deve ter sido um acidente."[31]

Eric Burdon escreveria em seu livro *Don't Let Me Be Misunderstood*:

> Nunca imaginei que Jimi, um cara cercado por tanta luz, pudesse escorregar para o abismo.[32]

"A morte de Jimi foi intencional", contou Eric Burdon alguns dias depois num programa de televisão na BBC. "Ele estava feliz por morrer. Ele morreu feliz e usava drogas para se desconectar da vida e ir para outro lugar." Quando Eric Burdon apagou todos os vestígios de drogas no apartamento, deparou-se com "The Story Of Life", uma canção escrita havia pouco por Hendrix. "Quando estamos morrendo, tudo o que sabemos é que Deus está conosco"[33], leu Burdon. Para ele, essa letra valia por um testamento, uma confissão de suicídio.

"Falei com ele alguns dias antes e ele me disse que estava com pressa para voltar a Nova York", contou Eddie Kramer, engenheiro de som do álbum *Electric Ladyland* e produtor dos discos póstumos *Live At Woodstock*, *The Cry Of Love* e *Rainbow Bridge*. Sei que ele queria reatar com Chas Chandler e se livrar de Mike Jeffery, seu empresário. Ele estava numa encruzilhada de sua vida, pessoal e artística, e, apesar de eu ter sentido frustração nele, não o achei deprimido. Para mim, sua morte foi um acidente."[34]

Apesar de sob pressão, cansado, esgotado por um ritmo de vida intenso (mas muito menos intenso que antes; Jimi não rodou tanto no ano de 1970, mas estava mais magro, quase cadavérico, no show da Ilha de Wight), e apesar de uma baixa, de uma depressão, ele queria descansar e gravar com tranquilidade em seu estúdio nova-iorquino, sua casa, o Electric Lady. "Acredito que a partir do momento em que seu novo estúdio, Electric Lady, que era realmente sua relíquia, se tornasse operacional, ele poderia se lançar em novas pesquisas sonoras"[35], calculou Eddie Kramer.

Jimi estava em atividade, em pleno processo criativo. Logo lançaria um *single*, "Dolly Dagger", e trabalhava num novo álbum. Várias músicas estavam em andamento. E ele tinha o projeto de compor uma obra ambiciosa: *First Rays Of The New Rising Sun*, e lançar novas gravações, como o show de Woodstock.

Na época de sua morte, Jimi estava deprimido. Várias canções aludiam a uma morte voluntária, em especial "Wake Up In The Morning And Found Myself Dead" e "Burning Of The Midnight Lamp", de 1967. Mas, por outro lado, nem todos os deprimidos se suicidam. Além disso, um suicida geralmente escolhe outros meios que a ingestão de soníferos. Havia cinquenta comprimidos na caixa de Vesparax, ele poderia ter ingerido muitos mais. A morte de Hendrix foi provavelmente acidental. Poderíamos argumentar que há coisas que escapam à vontade, à consciência. Pode ser que ele tenha queimado as asas. Sua relaçao com a música era monomaníaca, completamente obsessiva, passional, mortal. Chegando ao esgotamento extremo, ao aniquilamento total.

Outra hipótese foi levantada: assassinato. Há teorias fantasiosas de um assassinado encomendado pela Máfia ou pelo FBI. Existe também a teoria do assassinato de Hendrix por Mike Jeffery. James Tappy Wright, *roadie* de Jimi, acusou Mike Jeffery de ter assassinado o guitarrista. Certa noite de 1971, embriagado, Jeffery teria declaro a Wright que havia assassinado Hendrix forçando-o a engolir pílulas e álcool até a overdose. "Mike era um homem perigoso", explicou James Wright, aparentemente para que falassem dele e de seu livro, *Rock Roadie*, lançado em 2009. "Ele tinha servido no exército, no serviço secreto. Falava russo e tinha morado no Egito. Costumava me dizer que atirar nas pessoas era *cool*, que era como atirar em patos."[36]

Em 2000, o jornalista Alex Constantine já havia contado em seu livro, *The Covert War Against Rock*, a mesma versão de James Wright. Segundo ele, o empresário de Hendrix teria confessado ao produtor Alan Douglas, dois dias depois da morte de Jimi, estar "envolvido"[37] no acontecido.

Mike Jeffery não é poupado por ninguém. Tanto moral quanto fisicamente ("empresário com olhinhos de serpente e crânio pelado"; "o sacana completo"[38], escreve Stéphane Koechlin em *Blues pour Jimi Hendrix*), é descrito como um monstro frio e calculista. Foi ele, no entanto, que fez de seu cliente uma das maiores estrela de rock do mundo. O ofício de empresário não pode ser confundido com uma ação filantrópica. Mike Jeffery foi descrito como manipulador num extremo, como vigarista no outro. Eric Burdon e Buddy Miles, baterista da Band of Gypsys, o acusaram de vigarice; os três membros da Experience também se questionaram seriamente sobre eventuais malversações. Jeffery seria ganancioso, a cobiça em pessoa. Ele encorajava, por exemplo, quem quisesse filmar os shows de Hendrix. Dava as autorizações necessárias, concedia os salvo-condutos, facilitava o acesso aos bastidores. Mas depois da gravação do show ele exigia uma porcentagem bastante elevada ao diretor, que recusava.

"Eu precisava fazer isso... Jimi valia para mim muito mais morto que vivo", ele teria dito a James Wright. "O filho da puta ia me deixar. Se eu o perdesse, perderia tudo." "Entramos no quarto de hotel de Monika. Pegamos um punhado de pílulas e enfiamos na boca de Jimi, depois entornamos várias garrafas de vinho tinto em sua garganta."[39]

"Eu precisava de um empurrão para o meu livro, Bob", respondeu James Tappy Wright a Bob Levine, que lhe perguntou por que contar que Hendrix fora assassinado pelo empresário. Bob Levine, que era *roadie*, participou da última turnê americana de Jimi Hendrix. "Jimi assassinado? Bobagem!", acrescentou Bob Levine. "Não acreditem numa única palavra sobre isso!"[40]

"Durante os três meses que se seguiram à noite fatal", conta Joe Boyd em suas memórias, *White Bicycles*, "Jeffery ficou dobrado em dois, sofrendo espasmos nos músculos das costas. Segundo pessoas próximas a ele, isso provava a que ponto fora afetado; segundo os próximos a Jimi, era uma combinação de culpa e desespero pelo lucro perdido."[41]

Que interesse Mike Jeffery teria no assassinato de Hendrix? O guitarrista era o músico de rock mais bem pago no mundo, era uma fonte de rendimentos importante para ele. Assinar Hendrix seria matar a galinha dos ovos de ouro. Como acontece com frequência entre uma estrela do rock e seu agente, a relação era tensa. Jimi ficou insatisfeito com a escolha de Jeffery de fazer a Experience tocar na abertura do show dos Monkees em 1967. Ele era pressionado por Jeffery, que queria o maior número de shows possível. Em junho de 1970, Hendrix pensou seriamente em colocar seus negócios em ordem, demitindo Jeffery ou renegociando seu contrato. Mike Jeffery provavelmente perderia sua fonte de renda. Ele teria assinado um seguro de 2 milhões de dólares sobre a vida de Hendrix. Se isso for verdade, parece ter sido uma prática corrente na época. Depois da morte do autor de "Purple Haze", ele pagou suas dívidas (a construção do estúdio Electric Lady lhe havia custado caro) e comprou uma casa em Woodstock, Shokan, na qual Jimi havia ensaiado em 1969. Com a morte de Jimi, Jeffery desfrutou da herança de Hendrix. Al Hendrix acabou recuperando seus direitos, afastou Jeffery e entregou o gerenciamento da herança ao advogado negro Leo Branton. Mike Jeffery morreu num acidente de avião no céu de Nantes, em 1973.[42]

Muitos pensam que Hendrix não tinha vícios e não alimentava pensamentos suicidas. "Provavelmente, nunca saberemos o que aconteceu", pronunciou-se Mitch Mitchell em seu livro *The Experience Hendrix*. Ele sem dúvida "estava cansado e deprimido, sobretudo depois dos últimos shows europeus, mas não suicida. Penso que foi um trágico acidente, mas algumas circunstâncias em torno de sua morte não foram esclarecidas".[43]

É muito provável, como nos casos de Jim Morrison e Kurt Cobain, que as circunstâncias exatas da morte de Jimi Hendrix nunca venham a ser conhecidas. Nem mesmo uma publicação de 2011, o livro *Until We Meet Again: The Last Weeks Of Jimi Hendrix*, de Caesar Glebbeck, investigação minuciosa que confirma a tese de acidente, não elimina as persistentes zonas de sombra.

Jimi entrou para a história no final dos anos 1960. Morto, tinha início o mito.

Seattle

A despeito de sua vontade de ser sepultado em Londres, Jimi Hendrix foi enterrado em sua cidade natal, no Greenwood Cemetary de Seattle, em 1º de outubro de 1970. Negligência de quem fez a encomenda da pedra tumular, ou do fabricante, a imagem de uma guitarra para destros orna a lápide do mais famoso guitarrista canhoto.

"Não quero um funeral quando morrer. Quero ser tocado"[1], havia desabafado Jimi a um jornalista, em 1969. O reverendo Harold Blackburn esteve à frente das exéquias que ocorreram na Dunlap Baptist Church, uma igreja batista de Seattle. Os presentes eram familiares e amigos, dentre os quais Noel Redding, Mitch Mitchell e Miles Davis. Uma coroa de flores ornava seus restos mortais, um enorme arranjo de flores em forma de guitarra. Partionelle Wright cantou gospels, e Freddie Mae Gauthier, amiga da família, leu "Angel", de Hendrix. "A pior parte foi o funeral", disse Mitch Mitchell. "Parecia um circo."[2]

Assim que sua morte foi anunciada, Hendrix entrou para a história. "A música do guitarrista nunca foi tão popular como nas primeiras semanas depois de sua morte", disse a *Rock & Folk*, em 1971. "Ela respirava conosco, ao passo que em vida muitos não a haviam compreendido, como um planeta longínquo, e muitas vezes se espantavam que seu criador se recusasse a dar o passo rumo a um reconhecimento final. Então o público aproveitou a tragédia para concluir seu esforço e aproximar essa bola de fogo que girava e ardia a metros de altura. O veículo (estrutura rítmica) ainda não era suficientemente evidente para conduzir o ouvinte até essas florestas virgens de folia que eram as obsessões criativas de Jimi. A morte foi para ele um resultado quase lógico de sua vida e de sua arte."[3]

A morte de Hendrix, como a de Albert Ayler – outro grande iluminado da música, figura maior do jazz dos anos 1960, saxofonista tenor de lirismo encantatório encontrado morto em Nova York, no East River, em 25 de novembro de 1970 –, marcou o fim de uma era. A do sonho, das utopias do Flower Power. Foi o início da grande ilusão.

O *no future* dos anos 1970 logo se ergueu sobre as cinzas das utopias, os sonhos dos anos 1960. À previsão dos amanhãs que cantavam sucedeu-se a dos que choravam. Em *Do It*, Jerry Rubin fez um balanço do fim de uma ilusão: "A apatia, o desespero, o cinismo e a solidão começaram a dominar, e nós esquecemos o que tínhamos nos tornado".[4] "O rock, os hippies, foi como todo o resto: no início era uma coisa de amor, liberdade, como os primeiros cristãos", explicou Sam Andrew. "E depois, pouco a pouco, chegaram o papa, a Inquisição, o ouro...!"[5]

"Foi o início do fim do sonho de paz e de amor e de igualdade", avaliou Ray Manzarek, organista do The Doors, depois que, em 4 de maio de 1970, quatro manifestantes contra a guerra do Vietnã foram mortos pela guarda nacional de Kent. "Nós nos demos conta de que nossos próprios pais estavam dispostos a nos matar."[6]

Dennis Hopper dirigiu *Easy Rider*, em 1969, a partir de um roteiro de Peter Fonda. De certo modo, foi um filme premonitório. A errância dos dois motociclistas interpretados por Dennis Hopper e Peter Fonda, depois acompanhados por Jack Nicholson, advogado fora da lei e alcoólatra, pode ter trazido um grande vento de liberdade, mas seu sonho logo foi apagado, os jovens revoltados ávidos por liberdade foram devorados pelo sistema. O final é trágico, o filme acaba num banho de sangue. A trilha sonora original do filme reúne músicas do The Byrds, Steppenwolf e Jimi Hendrix ("If 6 was 9").[7]

A morte de Brian Jones, em 3 de julho de 1969, foi a primeira de uma longa série que compreendeu as de Jimi Hendrix e Janis Joplin, Jim Morrison, Duane Allman, Tim Buckley e Keith Moon. Quando soube da morte de Jimi Hendrix, Jim Morrison perguntou: "Alguém acredita em presságios?".[8] Em Paris, um mês depois, quando Janis Joplin morreu, ele disse a seu interlocutor: "Você está bebendo com o número três".[9]

"Fiquei completamente estupefato, mas não surpreso"[10], disse Juma Sultan. "Tudo já foi dito sobre Jimi e eu não acrescentaria nada", explicou Mick Jagger. "Foi um grande guitarrista, o melhor, o mais original. Sempre achei seu show muito original. Não tenho a menor ideia de como era nos negócios. Lamento que não esteja mais aqui."[11]

Uma placa comemorativa homenageia Jimi Hendrix em sua cidade natal, num zoológico... No Woodland Park Zoo de Seattle, na seção da savana africana. Ao lado dos macacos. Uma homenagem à memória daquele negro que fora apresentado como o "selvagem homem de Bornéu"? Nos anos 1980, outras ideias surgiram: dar seu nome a uma rua, a um parque. Para algumas pessoas, porém, homenagear Hendrix seria o mesmo que homenagear um drogado e, portanto, apoiar o uso de narcóticos. Assim, em vez de um memorial, uma placa foi colocada num zoológico...

Em 2000, ou seja, trinta anos depois da morte de Jimi, o Experience Music Project foi construído em Seattle, no bairro do Seattle Center (parque de atividades culturais da cidade), ao lado da célebre torre futurista Space Needle. Apaixonado por rock, e principalmente por Jimi Hendrix, o bilionário americano Paul Allen, cofundador da Microsoft (que quando criança assistiu aos shows de Jimi em Seattle e é o dono da guitarra que o autor de "Purple Haze" usou em Woodstock, da qual Mitch Mitchell havia sido proprietário), financiou a construção do Experience Music Project com 240 milhões de dólares. Paul Allen tinha quinze anos quando, em 1968, assistiu a um show de Hendrix. Nunca se recuperou.

Paul Allen inaugurou o EMP em 23 de junho de 2000. Quebrou uma guitarra de chocolate ao grito de "Que a experiência comece!".[12] Hendrix, filho de Seattle, tem um lugar central no "templo do rock" que acolhe shows e exposições. O museu tem um acervo de 80 mil objetos que cobrem toda a história do rock, com passagens pelo blues, pelo hip-hop e pelo grunge, alguns pertencentes a várias estrelas locais nativas de Seattle, Ray Charles, Quincy Jones e Jimi Hendrix (guitarras, roupas etc.). Em 2004, para compensar a falta de receita, um museu dedicado à ficção científica, o Science Fiction Museum and Hall of Fame, foi inaugurado na ala sul do prédio; o que não teria desagradado a Hendrix, cujo gosto pela ficção científica era conhecido.

Mais que um simples museu, ou melhor, que uma experiência, o Experience Music Project (EMP) é um local interativo. Paul Allen e seus colaboradores lançaram mão de recursos interativos para melhor contar a história. Podemos, por exemplo, descobrir como Jimi Hendrix compunha suas músicas ao mesmo tempo em que ouvimos o resultado.

Para conceber a arquitetura do prédio do Experience Music Project, de formas estranhas sem nenhum ângulo reto, o arquiteto americano-canadense Frank Gehry, conhecido, entre outros, pela concepção da Casa Dançante de Praga e do museu Guggenheim de Bilbao, se inspirou numa guitarra elétrica, que decompôs em vários pedaços, em referência a Jimi Hendrix, que destruiu seu instrumento três vezes durante shows. A estrutura, a pele do edifício, é constituída por mais de 4 mil painéis de aço inoxidável ou alumínio que foram recortados e individualmente moldados por computador, depois pintados em ouro e prata em banhos de ácido por eletrólise. Referência direta aos anos 1960, o arquiteto utilizou cores "psicodélicas" como o púrpura, o amarelo, o prata e o azul-celeste. A construção, que na imprensa local foi comparada a "uma rosquinha de metal multicor", "uma orgia de moluscos", ou "um grande *fuck you* de bilionários volúveis"[13], está dividida em seis zonas temáticas que celebram o universo da música.

A galeria dedicada a Hendrix é considerada a joia do museu. Nela encontramos seu chapéu de feltro, páginas do caderno onde escrevia suas canções e seu diário (excerto de 19 de março de 1968: "Me despedi de Joni [Mitchell] com um beijo. Dormi no carro, depois fui a um *snack-bar* na estrada. Quero dizer, um VERDADEIRO *snack-bar*"[14]), e a guitarra branca com que ele tocou a versão de "Star Spangled Banner" em Woodstock, em 1969, a White One, o modelo 1968 Olympic White Stratocaster. Mitch Mitchell a havia herdado. Ela foi toda desmontada, depois escaneada, medida, fotografada em todos os pontos: espessura e afastamento dos trastes, detalhes dos microfones (até a menor bobina), tamanho da entrada do plugue, mecanismos, jatos de tinta... Tudo isso para que em 2002 pudesse ser reproduzida em apenas quatro exemplares idênticos pela Custom Shop da Fender. Os três primeiros proprietários das cópias foram a família Hendrix, o Experience Music Project Museum de Seattle e a Fender. A quarta guitarra foi leiloada em maio de 2003 e vendida por 110 mil dólares.

Uma pergunta se coloca: que direção sua música teria tomado se Jimi Hendrix não tivesse morrido tão cedo? Para o funk dos shows nova-iorquinos do Fillmore East, entre dezembro de 1969 e janeiro de 1970? Para o jazz-rock que, naquele início dos anos 1970, se desenvolvia? "Sabe, acho que vou montar uma banda de R&B", ele disse a Michael Nesmith, dos Monkees, em Londres, em 1970. "Tenho vontade de chamar uns sopros e montar um negócio do tipo Otis [Redding], porque esse é o canal."[15]

Hendrix disse querer compor para uma grande orquestra. Em agosto de 1970, na véspera do show na Ilha de

Wight, ele contou a um jornalista da *Melody Maker*: "Uma *big band*, cheia de músicos competentes que eu pudesse dirigir e para os quais pudesse compor".[16]

> Jimi estava cheio de ideias, explica Alan Douglas. Depois dos três primeiros álbuns, que foram enormes sucessos, ele ficou frustrado. Escrevia novas canções o tempo todo, mas não tinha tempo para gravá-las. Ele estava sempre pensando nas novas formas que poderia dar à sua música. Foi daí que nasceu nosso diálogo. Ele me falava de peças instrumentais que tinha na cabeça, esboços – não esqueça que Jimi não sabia escrever partituras. Falávamos muito do álbum *Sketches Of Spain*, de Miles Davis, que ele adorava. Então chamei Gil e apresentei-o a Jimi. Queria que ele desse a Jimi o mesmo tipo de ambiente conceitual, dessa vez num disco de blues. E íamos fazer um álbum que seria chamado *Voodoo Chile Plays The Blues*, com a Gil Evans Orchestra e Gil Evans na orquestração. Assim, Jimi só precisaria tocar e não teria de se preocupar com os arranjos e orquestrações. Mas Jimi nunca voltou da viagem, e o disco nunca foi feito.[17]

A previsão era que Hendrix começasse a ensaiar com Gil Evans no final de 1970, para preparar o disco que Alan Douglas queria gravar no Carnegie Hall. Hendrix, como solista, interpretaria suas composições, e Gil Evans assinaria os arranjos para a grande orquestra. Hendrix morreu uma semana antes do início dos ensaios. Mesmo assim o show aconteceu, em 1974, com os guitarristas Ryo Kawasaki e John Abercrombie na guitarra solo. Um álbum, *The Gil Evans Orchestra Plays The Music Of Jimi Hendrix*, foi lançado em 1974.

Jimi havia feito amizade com Miles Davis. Em certo momento, expressou o desejo de gravar com o trompetista. Marcaram uma sessão de gravação. Na véspera da sessão, que para Jimi era um encontro, uma *jam session*, Miles Davis ligou para Mike Jeffery e pediu para ser pago adiantado: 50 mil dólares. Tony Williams, baterista escolhido para a sessão, pediu a mesma quantia. Mike Jeffery recusou esses pedidos extravagantes, e a sessão nunca ocorreu. No entanto, Jimi tinha certeza de que eles gravariam juntos. Teria inclusive pensado em Paul McCartney para tocar baixo. Mas houve um encontro musical entre Jimi Hendrix e Miles Davis. Privadamente, no apartamento nova-iorquino de Jimi, no número 59 da West 12th Street, no Greenwich Village. O cantor e guitarrista Terry Reid assistiu a esse encontro improvisado. Sem avisar, Miles batera à porta de Jimi. O trompete de Miles e a guitarra não amplificada de Jimi dialogaram. "Era uma música cheia de refinamento, nada de exibicionismo, nada exagerado", recorda Terry Reid. "No contexto do jazz, Jimi também forçava os limites, e todos os *jazzmen* o respeitavam como a nenhum outro roqueiro."[18]

"Íamos nos encontrar em Londres depois do show para conversar sobre um disco que finalmente decidíramos fazer juntos", explicou Miles Davis em sua autobiografia. "Quase o fizemos uma vez, com o produtor Alan Douglas, mas faltou dinheiro, ou então estávamos ocupados demais. Tocamos muito juntos, em minha casa, só *jams*. Pensávamos que talvez tivesse chegado o momento de fazer algo juntos em disco. Mas as estradas para voltar a Londres depois do show estavam tão atravancadas que não conseguimos chegar a tempo ao encontro. Jimi não estava mais lá. Fui para a França, acho, para alguns shows antes de voltar a Nova York. Gil Evans me ligou e disse que ele e Jimi iriam se ver e queria que eu estivesse junto para participar. Eu disse que sim. Estávamos esperando a chegada de Jimi quando ficamos sabendo que ele havia morrido em Londres, sufocado pelo próprio vômito. Que maneira horrível de partir. Mas não entendo por que ninguém lhe disse para não misturar álcool com sonníferos. É mortal. Dorothy Dandridge, Marilyn Monroe, minha boa amiga Dorothy Kilgallen e Tommy Dorsey tinham morrido assim. A morte de Jimi me deixou transtornado. Ele era muito jovem e tinha um grande futuro. Apesar de não gostar desse tipo de coisa, decidi ir a seu enterro em Seattle. Foi tão maçante que prometi nunca mais fazer isso de novo – e nunca mais o fiz. O pregador branco não sabia nem mesmo o nome de Jimi e não parava de errar, ora chamando-o disso, ora daquilo. Incomodava. Além disso, aquele imbecil não sabia quem Jimi tinha sido, o que tinha feito. Fervi por dentro ao ver alguém tão grande como Jimi Hendrix ser tão maltratado, depois de tudo o que fizera pela música."[19]

O encontro entre Jimi Hendrix e Gil Evans havia sido marcado. A gravação de um disco e uma série de shows estavam previstos. Gil Evans, amigo de Miles, companheiro de longa data (*Birth Of The Cool*, *Miles Ahead*, *Sketches Of Spain*), foi encarregado dos arranjos. Sabemos que Jimi Hendrix, que conhecia várias improvisações de *jazzmen* como Larry Young, Larry Coryell, John McLaughlin, Dave Holland e Roland Kirk, queria se aproximar da cena jazz e em especial daquele que, desde o be-bop ao lado de Charlie Parker, nos anos 1940, até o rap do início dos anos 1990, atravessou toda a história do jazz moderno e a modificou profundamente: Miles Davis. Como teria sido a música de Miles e Jimi? Podemos imaginar um encontro no topo, com a música como dom, entre blues intensos e improvisações desvairadas. Nunca saberemos.

Betty Mabry, bela cantora conhecida como Betty Davis, que aparece na capa do álbum *Filles de Kilimanjaro* (uma faixa assinada por Miles Davis tem o título de "Mademoiselle Mabry"), foi quem fez Miles Davis conhecer Jimi Hendrix. Miles e ela se casaram em setembro de 1968. Ela lhe apresentou Hendrix. "Em 1968, eu ouvia muito James Brown, o grande guitarrista Jimi Hendrix e uma nova banda que acabara de fazer sucesso com 'Dance To The Music', Sly & The Family Stone, dirigida por Sly Stewart, de San Francisco", ele escreveu em sua autobiografia. "Era realmente muito bom, cheio de coisas funky. Mas foi Jimi Hendrix por quem me interessei primeiro, quando Betty Mabry me apresentou sua música."[20]

"Conheci Jimi pessoalmente quando seu agente me ligou: ele queria que eu lhe mostrasse como eu tocava e organizava minha música. Jimi gostava de meu trabalho em *Kind Of Blue* e algumas outras coisas, e queria introduzir mais elementos de jazz no que fazia. Ele adorava a maneira como Coltrane tocava, as camadas de som. Ele fazia coisas similares na guitarra. Em minha maneira de tocar trompete, me disse, ele ouvia um *voicing* de guitarra. Nos encontramos. Betty realmente apreciava sua música – depois vim a saber que ela também gostava de Jimi fisicamente. Ele começou a aparecer cada vez mais seguido."[21] Betty e Jimi tiveram um caso em 1969.

Miles comprava suas roupas indígenas com Hernando, um vendedor argentino que tinha uma loja no Greenwich, mesmo lugar onde Hendrix comprava a maioria de suas roupas. Miles e Jimi também frequentavam o mesmo barbeiro, James Finney, que aliás deu nome a uma das faixas do álbum *Tribute To Jack Johnson*, "Yesternow".

Miles Davis explica em sua autobiografia:

> [...] descobri que Jimi não sabia ler música. Vários grandes músicos estão na mesma situação – brancos ou negros –, pessoas que conheci, com quem toquei e respeitei. Não olhei para Jimi com menos consideração por causa disso, portanto. Ele foi simplesmente um grande músico natural – um autodidata. Ele reproduzia coisas de pessoas com quem se relacionava, e rápido. Bastava que ouvisse para imediatamente se apropriar. Conversávamos, eu dizia coisas técnicas do tipo: "Sabe, Jimi, esse acorde diminuto...". Vendo seu ar perdido, eu dizia: "Ok, ok, esqueci". Eu tocava no piano ou no trompete, e ele pegava na hora. Ele tinha um ouvido perfeito para a música. Eu lhe passava meus discos, ou de Coltrane, explicava o que fazíamos. Depois, ele passou a incorporar essas coisas em seus discos. Ele era extraordinário. Ele me influenciou, eu o influenciei, e é sempre assim que se faz grande música.[22]

Miles, como sabemos, era então muito influenciado por James Brown, mas também por Jimi Hendrix, que considerava um grande improvisador. "Havia uma espécie de consenso geral entre os *jazzmen* que tinham se dado o trabalho de ouvir Hendrix, o que equivalia dizer que sua música havia tomado uma direção estritamente jazz, coisa de que ele era totalmente capaz, havia o consenso de que Jimi teria sido um dos grandes do jazz"[23], declarou Miles Davis.

"Desde a época em que Jimi Hendrix e eu nos tornamos mais próximos busquei esse tipo de som, porque a guitarra pode nos levar profundamente ao blues"[24], acrescentou Miles Davis. Por isso a escolha dos guitarristas Reggie Lucas, futuro produtor de Madonna, Pete Cosey (no álbum *Agharta*, em 1975), Dominique Gaumont e, principalmente, Foley McCreary, guitarrista marcado tanto pelo blues, pelo rock e pelo funk quanto por Hendrix.

O guitarrista Mike Stern, membro da banda de Miles Davis no início dos anos 1980, conta:

> Jimi Hendrix soou como um "trompetista" mais do que qualquer um antes dele e influenciou todos os que vieram depois. Busco essa mesma qualidade de som próxima à de um instrumento de sopro ao tocar guitarra, seja tocando jazz clássico ou um som mais rock. Quando eu tocava com Miles, ele sempre me dizia coisas como: "Toque como Hendrix". Miles adorava Hendrix. Jimi e Charlie Christian eram seus guitarristas de jazz favoritos.[25]

E o guitarrista Al Di Meola, nascido em 1954, explicou à revista *Down Beat*:

> A maneira que Hendrix tinha de tocar seus solos estava totalmente inserida na tradição do jazz, e muitos músicos do jazz se inspiraram nele. Nem todos, é claro – muitos da velha escola não suportavam Hendrix. Mas em minha geração quase todo mundo dirá que ele foi um modelo.[26]

Foi pensando que Hendrix se dirigia em definitivo para o jazz na época de sua morte que Alan Douglas lançou em 1980 um álbum póstumo reunindo várias faixas gravadas ao longo de diferentes *jam sessions* no Record Plant, em Nova York, *Nine To The Universe*, com o organista Larry Young, membro do Lifetime de Tony Williams, e Buddy Miles, baterista da Band of Gypsys, entre outros. "O jazz é essencialmente uma música de improvisação em torno de uma melodia, e essa forma clássica de jazz evoluiu até os Ornette Coleman e John Coltrane dos últimos anos", explicou Alan Douglas. "Mas Jimi já fazia isso. Ele já tinha incorporado esse elemento de improvisação livre em sua música. É por isso que os músicos de jazz tinham toda essa admiração e esse imenso respeito por ele."[27]

Hendrix não deixou testamento. "Se me acontecer qualquer coisa", ele predisse em dezembro de 1969, "os advogados brigarão em cima do meu cadáver pelos próximos vinte anos."[28] Depois de sua morte, o conjunto do patrimônio de Hendrix, que reúne suas gravações e seus arquivos, foi parar nas mãos de três pessoas diferentes. Fato que provocou imbróglios jurídicos fastidiosos e uma política editorial totalmente incoerente. Régis Canselier fez uma observação pertinente em seu livro *Jimi Hendrix, le rêve inachevé*, auscultação minuciosa, exame crítico das principais gravações do guitarrista: "Sua obra infelizmente é prejudicada por uma discografia caótica espalhada por mais de uma centena de álbuns em que se sobrepõem, sem discernimento, obras maiores e excertos puramente anedóticos".[29]

Morto, Hendrix deixou um tesouro inestimável: centenas de horas em estúdio. Alan Douglas falou em seiscentas horas... Músicas inéditas, faixas mais ou menos acabadas, fragmentos de canções. Mas também gravações de *jam sessions*, de programas de rádio e de shows, material para muita pirataria. Em 1998, foi criada a Dagger Records, que lançou "piratas oficiais" que circulavam havia vários anos no mercado paralelo.

Quando Hendrix morreu, foi seu antigo empresário, o controvertido Michael Jeffery, quem geriu suas obras, até sua morte em 1973. Jeffery havia atribuído a Eddie Kramer a produção dos discos *The Cry Of Love* e *Rainbow Bridge*, de 1971, *Hendrix In The West* e *War Heroes*, de 1972. Mais tarde, em 1974, a Warner entregou a herança discográfica a Alan Douglas. Ele também é conhecido por produções de jazz (o histórico disco *Money Jungle*, que em 1962 reuniu Duke Ellington, Charles Mingus e Max Roach, e, no mesmo ano, *Undercurrent*, do duo formado por Bill Evans e Jim Hal, bem como gravações de Eric Dolphy, Art Blakey, Kenny Dorham, Jackie McLean e John McLaughlin).

O lançamento, em 1975, dos álbuns *Crash Landing* e *Midnight Lightning* despertou a ira de muitos fãs de Hendrix. O escândalo foi enorme: Alan Douglas utilizou gravações inéditas e substituiu a seção rítmica de Hendrix por músicos de estúdio. O escândalo foi ainda maior, não devemos esquecer, porque todas as gravações inéditas "retrabalhadas", até o álbum *Valleys Of Neptune*, de 2010, nunca teriam sido lançadas se ele não tivesse morrido tão cedo. Em contrapartida, os dois álbuns temáticos que Alan Douglas concebeu, *Nine To The Universe*, lançado em 1980, e *Jimi Hendrix: Blues*, de 1994, dois belos sucessos, e uma dezena de discos ao vivo (como *Jimi Plays Monterey*, de 1986, e *Jimi Hendrix: Woodstock*, de 1994) foram bem recebidos.

Em 1995, após trâmites judiciários de quase três anos, o pai de Jimi, Al Hendrix, recuperou os direitos sobre a obra do filho. As paredes de sua casa estão cobertas de discos de ouro e fotografias de Jimi. Jimi bebê, Jimi de uniforme do exército, Jimi queimando a guitarra no palco do festival de Monterey. Jimi em Woodstock, com o traje branco cheio de franjas, Jimi no palco da Ilha de Wight, com a veste borboleta.

Depois da morte de Al Hendrix, em 2002, e após outra disputa jurídica com Leon Hendrix, que este perdeu em 2004, a meia-irmã adotiva de Jimi (em 1968, Al Hendrix casara-se com Ayako "June" Fujita e adotara sua filha, Janie, com sete anos), Janie Hendrix, assumiu a direção do Experience Hendrix e se tornou a detentora dos direitos sobre a obra de Hendrix, que a cada ano rende vários milhões de dólares.

Janie Hendrix era jovem quando o meio-irmão morreu, mas guarda a seu respeito uma memória alegre, terna: "Não passa um dia sem que eu pense nele ou que lembranças voltem à superfície", explicou ela durante uma entrevista para a *Rock & Folk*, em 2010. "Lembro o quanto ele era engraçado, doce, modesto, ponderado. Ele adorava rir. Ele brincava conosco, jogava Monopoly, da meia-noite até as sete da manhã, e não poupava palavrões (*risos*)... Eu era uma grande fã de Batman, então ele colocava uma grande capa preta e me perseguia pela casa cantando o tema de 'Batman' (*risos*)." Ela define seu próprio papel com clareza: "Perpetuar sua herança, transmitir às pessoas sua criatividade, sua arte".[30]

Para isso, Janie Hendrix se cercou de Eddie Kramer, engenheiro de som de Hendrix, e do especialista John McDermott, autor de vários livros com Eddie Kramer (*Hendrix: Setting The Record Straight*, 1992, *Jimi Hendrix – Sessions*, 1995, e *Ultimate Hendrix: An Illustraded Encyclopedia Of Live Concerts And Sessions*, 2009), a fim de gerenciar a massa impressionante de arquivos. Desses arquivos saíram vários discos. Álbuns de interesse desigual. Uma questão se coloca: Hendrix teria gostado que essas gravações, com frequência não destinadas a discos, fossem lançadas, mesmo com boa qualidade sonora? "Mas se sua pergunta fosse: 'Se ele estivesse vivo, essas canções seriam lançadas?', a resposta caberia a ele, explica Janie Hendrix. E isso leva a outras perguntas, pois, se ele estivesse vivo, haveria muitas outras músicas."[31]

"Tenho conselheiros e dou ouvidos a eles", disse Janie Hendrix. "E às vezes dou ouvidos a minhas entranhas", acrescenta. "Não sei se tem relação com o cosmos, Jimi e meu pai me guiando lá do alto, mas em geral quando sigo meu instinto não me engano."[32] A integridade da obra hendrixiana é muito mais respeitada, hoje. Discos e DVD (em especial o show do Royal Albert Hall, em Londres, muito esperado) são lançados com regularidade. A exploração do patrimônio é coerente. Os discos com o selo Experience Hendrix são todos de qualidade. Mesmo assim, a masterização dos álbuns é quase unanimemente criticada.

"É estranho como a maioria das pessoas gosta dos mortos. Depois que morremos, nos tornamos alguém. É preciso morrer para que pensem que valemos alguma coisa."[33] Essas são palavras de Jimi Hendrix numa entrevista concedida a Bob Dawbarn, da *Melody Maker* (25 de fevereiro de 1969). A glória póstuma de Jimi Hendrix é grande. Há a mitologia. Jimi se tornou parte da lenda da história da música. As imagens de Hendrix em Monterey e em Woodstock povoam nossas lembranças, suas músicas habitam dentro de nós. Podemos nos deter por um instante sobre sua posteridade musical. Ela é considerável, difusa, múltipla. Não influenciou apenas várias gerações de guitarristas (Hendrix é um marco na história da guitarra, como dissemos, qualquer instrumentista de respeito se depara com sua herança). Na sala de sua casa, em Paris, o pianista de jazz Michel Petrucciani tinha dois retratos de músicos pendurados na parede: John Coltrane de traje preto, camisa branca, gravata borboleta, e Jimi Hendrix de camisa rosa, colete preto, guitarra Fender Stratocaster branca na mão. Quem conta isso é Benjamin Halay no livro *Michel Petrucciani*.[34] À pergunta "Se precisasse escolher cinco grandes estilistas da guitarra, quais seriam?", Pat Metheny, *guitar hero* do jazz atual, respondeu: "Eu escolheria Django Reinhardt, Wes Montgomery, Jimi Hall e Jimi Hendrix".[35]

Como dissemos, nenhum guitarrista pode ignorar Hendrix. De Vernon Reid a Ben Harper, passando por Carlos Santana, Steve Vai, Hiram Bullock, Stevie Ray Vaughan, Robin Trower (ex-guitarrista da Procol Harum), Billy Gibbons do ZZ Top, Randy California (guitarrista da Spirit que tocou com Hendrix na Jimmy James & The Blue Flames), Prince (seu "Purple Rain" leva as marcas do universo hendrixiano; seu show no North Sea Jazz Festival, em Rotterdam, em 8 de julho de 2011, começou à uma e quarenta da manhã com "Foxy Lady"), Lenny Kravitz, Gwyn Ashton, Joe Satriani, Tom Principato, Bill Frisell, Marc Ribot, Bernard Allison, Jonny Lang, Nguyên Lê e Olivier Benoit. A lista dos guitarristas que sofreram influência de Jimi Hendrix é longa e não exaustiva. E o verbo "sofrer", aqui, não é pejorativo, obviamente. Muito pelo contrário, trata-se de uma escolha deliberada, de um salvo-conduto.

No prefácio do livro que Olivier Nuc dedicou a Hendrix, o guitarrista e cantor Ben Harper, nascido em 1969, expressa sua admiração pelo autor de "Voodoo Chile": "Quando eu era pequeno, lembro de estar sempre girando em torno dos milhares de discos que meus pais tinham", escreve ele. "Mas eu sempre voltava aos de Jimi Hendrix. Foi com *Smash Hits* que aprendi a conhecer sua música, que simplesmente adorei desde a primeira audição. Foi a primeira vez que uma música me tocou de modo tão direto, sem nenhum tipo de intermediário. Ouvindo-o, sempre tive a sensação de que ele obtinha sua inspiração de um sistema solar completamente diferente do nosso. Era como o resultado de uma inspiração divina, que me mergulhava numa meditação com uma pureza e uma intensidade desconcertantes. Nenhum músico é comparável a Jimi Hendrix. Ele personifica a plenitude total do rock, e o fato de ele ser negro certamente aumentou sua mística. Seu conhecimento das tradições vodus o colocava numa dimensão radicalmente diferente dos outros. Musicalmente, ele não apenas levou o rock a seus últimos limites, como também literalmente o esculpiu na matéria sonora. Ele foi o primeiro a me fazer ter consciência de que a música era o quinto elemento, ao lado do ar, da terra, da água e do fogo. É impossível ficar com apenas um álbum, mas tenho um carinho especial por canções como 'Manic Depression' ou 'Voodoo Chile (Slight Return)'. Como músico, meu sonho é proporcionar aos que me ouvem o mesmo prazer que eu sinto quando coloco um de seus discos. Sua música me deixa simplesmente feliz, ela é como um laço privilegiado que me coloca em contato direto com sua alma."[36]

"Ele se tornou um dos maiores, ao lado de Coltrane, Parker ou Dolphy", declarou o guitarrista Vernon Reid, nascido em 1958, fundador e principal compositor do Living Colour. "Ele chegou a algo muito profundo, para além de um 'tocar bem' ou 'tocar mal'. Era simplesmente: 'está tudo ali'."[37] Larry Coryell, guitarrista da geração de Hendrix, nascido em 1943: "[Hendrix] era um músico natural absolutamente incrível... ele não saberia nomear as formas musicais complexas que inventava, mas ele não precisava – isso é coisa para os teóricos... ele não tinha formação clássica ou outra, e no entanto tinha o talento de um Stravinsky ou de um Berg".[38] "Jimi tinha um trio que soava como uma avalanche caindo do monte Everest", acrescenta Larry Coryell. "Mesmo quando ele parava – corda quebrada, pedal quebrado –, sua banda continuava soando. [...] Hendrix estava sempre concentrado na próxima música, ideia, ótica musical. Era sempre uma questão de prazer. Ele funcionava no impulso, o que é uma qualidade admirável no jazz."[39]

"Como a maior parte dos adolescentes cheios de espinhas dos anos 1960, ouvi e adorei Jimi Hendrix", contou o guitarrista Marc Ribot, nascido em 1954, companheiro musical de John Zorn, Tom Waits e Alain Bashung. "Ele foi um incrível virtuose da guitarra. Mas, quando penso nele, o que me parece mais importante é que, em suas palavras e seu jeito de tocar, ele era um poeta. E isso é algo que muitos guitarristas da tradição hendrixiana deveriam ter em mente, pois pouquíssimos têm essa poesia. Não tenho a impressão de ter me aproximado de Hendrix diretamente, mas indiretamente."[40]

Em 2002, o guitarrista Nguyên Lê, nascido em 1959, lançou o álbum *Purple – Celebrating Jimi Hendrix*, releitura moderna do repertório hendrixiano, mais do que um simples *revival*. Em julho de 1995, o músico de jazz já havia sido convidado pelo festival de Stuttgart a celebrar "The Universe Of Jimi Hendrix" com Trilok Gurtu, Terry Bozzio, Cassandra Wilson, Jack Bruce, Vernon Reid, David Torn, Victor Bailey e Pharoah Sanders. O sucesso do projeto *Purple – Celebrating Jimi Hendrix* deve-se à visão pessoal de Nguyên Lê, que fez arranjos sutis às músicas de Hendrix. "A música tem seus deuses e seus mitos, e Jimi Hendrix é os dois", escreveu Nguyên Lê nas notas do encarte do disco *Purple – Celebrating Jimi Hendrix*. "Cada uma de suas notas ainda queima, faço uma releitura de sua música com o mesmo respeito e a mesma liberdade de um jazzman ao tocar um *standard*. Para, no fim, tomar posse dessas canções míticas e fazer minha própria música, como sempre; para dar a palavra às Electric Ladies do vasto mundo para que uma nova Experience se revele. Pois a música não tem fim. Uma vez criada, ela pertence aos que sonham com ela."[41] Nguyên Lê privilegiou o espírito, mais que a letra. "No início, meu desejo era dizer obrigado ao pai da guitarra elétrica moderna, àquele que fez com que passássemos do violão amplificado à guitarra elétrica trazendo a dimensão do ruído para a música"⁴², explica ele. "Sempre se fala de Hendrix como um gênio da guitarra, mas ele também foi um *songwriter* excepcional e um símbolo político e cultural de sua época. Logo deixei de lado o aspecto *guitar hero* de look psicodélico e achei muito mais interessante mostrar a que ponto suas composições poderiam se prestar a qualquer tipo de interpretação."⁴³

"Hendrix, Django, Brassens, Brel, Picasso, Dalí etc., ou ainda Beethoven, Mozart. Hendrix, acima de tudo para mim, faz parte dos raríssimos artistas, pensadores, ícones, sobre os quais quase chegamos a duvidar que de fato tenham existido um dia", explica o guitarrista Noël Akchoté, nascido em 1968. "Meio anjo, meio puro espírito, e muitas vezes estatueta, pôster, camiseta, presentes e recordações de todos os tipos. O 'Super-Homem', de certo modo, breve passagem pela terra e rápido regresso. Associo-o muito a Django Reinhardt, pois sem dúvida foram os dois guitarristas de quem não entendemos nada quando somos supostamente 'normais', mais trabalhadores, menos 'dotados'. Daí a certa dificuldade de ouvi-los, de escutá-los, também de compreendê-los. Em minhas lembranças de garoto tocando guitarra no quarto, eu tinha o LP duplo 'The Jimi Hendrix Concerts', que eu ouvia pouco pois ele me desnorteava. Nem jazz, nem blues, nem rock, livre demais, metafísico demais... além de não conseguir definir seu *genre* (gênero), ele me parecia levantar perguntas adultas demais. Depois, por cerca de mais dez anos, não aprofundei a questão, não procurei saber mais, até o dia em que ouvi no rádio uma noite especial Hendrix; a perturbação que senti continua intacta. Dessa vez, pareceu-me com mais clareza que Hendrix foi um guitarrista que resumiu, sozinho, o que Miles havia dito a respeito da 'Great Black Music', apesar de no fundo ele próprio ser mais 'branco'. Mas digamos que podíamos ouvir que seu jeito de tocar incluía todas as maneiras de tocar guitarra ao mesmo tempo: T-Bone Walker, Albert

King, Big Bill Broozny, Kenny Burrell, Wes Montgomery, Charlie Christian, Teddy Bunn, Sister Rosetta Tharpe, Blind Blake, Blind Willie Johnson, Chuck Berry, Albert Collins, Grant Green, Sonny Sharrock... Ted Dunbar."[44]

Noël Akchoté acrescenta: "Não sei o que mais me marca em sua maneira de tocar guitarra, porque Hendrix está muito além do instrumento, a meu ver. Uma maneira de estar no mundo que se propaga até a guitarra, mas dificilmente redutível a ela. Sua maneira de tocar parece acima de tudo uma consequência do resto de sua breve passagem por este mundo. Além disso, a maioria de suas últimas entrevistas giram em torno disso: vida no além, extraterreste (no sentido literal), presenças, espíritos, movimentos e forças... provavelmente anunciando sua volta 'para o futuro' próximo. E se Hendrix não fosse mais que uma encarnação na forma de bardo hippie de uma forma de vida ainda desconhecida de todos? Quando o ouço tocar guitarra, nada me leva a acreditar que ele era humano, como nós, nem que se deparava com os mesmos problemas e questões. O único período mais próximo de nós foi o inicial, quando ele não passava de um jovem guitarrista tocando em orquestras, com Sam Cooke, Little Richard ou Curtis Knight. Na época em que tocava aquela guitarra pequena (no fundo uma ¾), o modelo de estudo da Fender: a Duo-Sonic (a sua era branca). Se eu ousasse dizer, diria: para que tentar compreender a maneira de tocar de alguém que superou todos os códigos, técnicas e abordagens em vigor na época? É um pouco o efeito que ele causa em mim, no fundo. Sua maneira de tocar é tão subjetiva, diferente, inimitável, e sobretudo 'assombrada', que querer estudá-la não serviria de nada, na medida em que nada pode ser aplicado ao sujeito médio que ainda está fazendo suas escalas. Mas talvez seja esse o quinhão de todos os 'gênios', eles nos chocam e não podemos aprender nada do que fazem de maneira pragmática, analítica, racional".[45]

Mais de quarenta anos depois de sua morte, a aura de Hendrix continua intacta. Ou melhor, ela está mais resplandecente do que nunca. Astro planetário impresso em camisetas como um estandarte, Jimi Hendrix se tornou um ícone. Sua obra tem a consistência de um rochedo. É um som que não pode ser esquecido. Um hino ao som, único até nas mais íntimas inflexões. Um som que alça voo para além do canto e permanece em nós como Paul Verlaine escreveu: "A inflexão das vozes queridas que se calaram".[46] O resto foi apenas ruído, silêncio e música.

A imagem de Jimi Hendrix é a de um príncipe negro com chapéu de pirata, anéis nos dedos, penduricalhos no pescoço, falando com as estrelas. Restou sua música, de uma energia incrível. Um música veemente com potencial de vida. Altamente energética e não menos supersônica, ela é parte de um mundo em que a arte ainda expressa o humano, traduz um ideal, e ainda não é um produto cinicamente classificado por seu valor comercial.

Jimi conhecia os poderes da música, que é de fato a rainha das musas, reunindo todas elas num mesmo movimento centrífugo. No impulso da partida, dos primórdios, desde a primeira inflexão, do primeiro *riff* tocado na guitarra, ela é o presente eterno, a errância infinita. Às vezes, em sua batalha de cada instante, em sua corrida desenfreada, em sua violência impetuosa, ela não se diferencia do arrebatamento de uma dança.

Ela se propaga com força, movimento. O que faz com que na enésima audição ela ainda libere tanta energia? O que faz com que, mais de quarenta anos depois de concebida, continue fresca, nova como o orvalho da manhã?

Assim é o brilho dessa música sem igual, que, enfeitiçante, se eleva. Ela parece não precisar nem do sol nem da lua para se iluminar, nem mesmo de nossos olhos. Ela se inflama por inteiro, alimentada por sua própria substância.

Hendrix confirma que a música não é uma questão de receitas e técnicas, que ela é a própria vida, mais aberta, mais intensa. Ferida e, ao mesmo tempo, encantada, sua música vitalista foi feita para dar vida, para libertá-la de onde estivesse presa, enterrada, para traçar amplas linhas de vidas.

Jimi seguia a estrada. Jimi corria. Rápido. Muito rápido. "E para onde, meu velho? – Não sei, mas é preciso ir em frente"[47] (Jack Kerouac, *On the road*). "Sou livre porque nunca parei de correr"[48], disse Hendrix. Ele continua correndo.

ANEXOS

ANEXOS

Cronologia

1942. *27 de novembro*: nascimento de Johnny Allen Hendrix, em Seattle, filho de Al e Lucille.

1946. *11 de setembro*: registro civil modificado para James Marshall Hendrix.

1951. *17 de dezembro*: divórcio dos pais.

1957. *1º de setembro*: assiste a um show de Elvis Presley em Seattle.

1959. *2 de fevereiro*: morte da mãe, Lucille.

1960. *30 de outubro*: abandono definitivo do colegial.

1961. *31 de maio*: alistamento por três anos no exército.

1964. *5 de agosto*: gravação com os Isley Brothers.

1966. *3 de agosto*: conhece Chas Chandler em Nova York, no Cafe Wah?
23 de setembro: viagem de Nova York para Londres.
29 de setembro: conhece Noel Redding e Johnny Hallyday.
13 de outubro: primeiro show da Experience no Olympia.
16 de dezembro: primeiro 45 rpm, "Hey Joe".

1967. *31 de março*: primeira guitarra queimada no Astoria, em Londres.
12 de maio: primeiro 33 rpm, *Are You Experienced*.
18 de junho: festival de Monterey.
9 de outubro: segundo show da Experience no Olympia.
1º de dezembro: segundo 33 rpm, *Axis: Bold As Love*.

1968. *29 de janeiro*: terceiro show da Experience no Olympia.
12 de fevereiro: show em Seattle.

5 de abril: homenagem a Martin Luther King, em Newark.
25 de outubro: terceiro álbum, *Electric Ladyland*.

1969. *18 e 24 de fevereiro*: shows no Royal Albert Hall, em Londres.
3 de maio: prisão no aeroporto de Toronto.
29 de junho: dissolução da Experience.
18 de agosto: show da Gypsy Sun & Rainbows em Woodstock.
31 de dezembro: show da Band Of Gypsys no Fillmore East, em Nova York.

1970. *25 de abril*: início da turnê "Cry Of Love", em Los Angeles.
30 de maio: show em Berkeley.
30 de julho: shows em Maui, no Havaí.
26 de agosto: inauguração do estúdio Electric Lady, em Nova York.
31 de agosto: show "Blue Wild Angel", na Ilha de Wight.
18 de setembro: morte em Londres.

Referências

BIANU, Zéno. *Jimi Hendrix (aimantation)*. Bègles: Le Castor Astral, 2010.

CANSELIER, Régis. *Jimi Hendrix. Le rêve inachevé*. Marseille: Le mot et le reste, 2010.

CRAMPTON, Luke; REES, Dafydd; MARSH, Wellesley. *Hendrix*. Köln: Taschen, 2009.

CROSS, Charles R. *Jimi Hendrix, l'expérience des limites*. Rosières-en-Haye: Camion blanc, 2006.

DISTER, Alain. *En voyage avec Jimi Hendrix*. Paris: Seuil, 1995.

FATALOT, Franck (Org.). *Hendrix, l'enfant vaudou*. Lausanne: Éditions Consart, 2010.

FILIU, Jean-Pierre. *Jimi Hendrix le gaucher magnifique*. Paris: Mille et une nuits, 2008.

GREEN, Martin; SIENKIEWICZ, Bill. *La Légende du voodoo child*. Paris: Delcourt, 2004.

HENDERSON, David. *'Scuse Me While I Kiss The Sky – The Life of Jimi Hendrix*. Nova York: Bantam Books, 1996.

HENDRIX, Janie; MCDERMOTT, John. *Jimi Hendrix. An Illustrated Experience*. Nova York: Atria Books, 2007.

KOECHLIN, Stéphane. *Blues pour Jimi Hendrix*. Bègles: Le Castor Astral, 2010.

LAWRENCE, Sharon. *Jimi Hendrix*. Traduzido do inglês por Héloïse Esquié. Paris: Flammarion, 2005.

MANKOWITZ, Gered. *The Experience: Jimi Hendrix à Mason's Yard*. Paris: Fetjaine, 2010.

MARTINEZ, Frédéric. *Jimi Hendrix*. Paris: Tallandier, 2010.

MCDERMOTT, John; KRAMER, Eddie. *Hendrix: Setting The Record Straight*. New York: Warner Books, 1992.

MITCHELL, Mitch; PLATT, John. *Jimi Hendrix: Inside the Experience*. London: Hamlyn, 1990.

MOEBIUS; COGHE, Jean-Noël. *Jimi Hendrix. Émotions électriques*. Bègles: Le Castor Astral, 1999.

MURRAY, Charles Shaar. *Jimi Hendrix. Vie et légende*. Traduzido do inglês por François Gorin. Paris: Lieu Commun, 1993.

NUC, Olivier. *Jimi Hendrix*. Paris: Librio, 2000.

REDDING, Noel; APPLEBY, Carol. *Are You Experienced? Inside Story of the Jimi Hendrix Experience*. New York: Fourth Estate, 1990.

SALVAYRE, Lydie. *Hymne*. Paris: Seuil, 2011.

SHADWICK, Keith. *Jimi Hendrix: Musician*. Milwaukee: Backbeat Books, 2003.

SHAPIRO, Harry; GLEBBECK, Caesar. *Jimi Hendrix – Electric Gypsy*. Nova York: Saint Martin's Press Inc., 1990.

REFERÊNCIAS DISCOGRÁFICAS

Are You Experienced, MCA, 1967.

Axis: Bold As Love, MCA, 1967.

Electric Ladyland, MCA, 1968.

Band Of Gypsys, MCA, 1970.

ÁLBUNS PÓSTUMOS

Cry Of Love, Polydor, 1971.

War Heroes, Polydor, 1972.

The Essential Jimi Hendrix, volume 2, Warner, 1979.
Blues, MCA, 1994.
Voodoo Chile, MCA, 1995.
South Saturn Delta, MCA, 1997.
First Rays Of The New Rising Sun, MCA, 1997.
BBC Sessions, MCA, 1998.
Villanova Junction, Alchemy, 2004

Gravações ao vivo

L'Olympia, Polygram, 1991.
Woodstock 69, MCA, 1994.
Maui 70, Purple Haze, 2002.
Berkeley 1970, MCA, 2003.
New York 68 Blues at Midnight, Radioactive, 2004.

Notas

EPÍGRAFE

1. Filippo Tommaso Marinetti, "Manifeste du futurisme", *Le Figaro*, 1909.
2. Pascal Fauliot e Patrick Fischmann, *Contes des sages peaux-rouges*, Éditions du Seuil, 2009.

INTRODUÇÃO

1. Olivier Nue, *Jimi Hendrix*, Librio, 2000.
2. *Guitarist Magazine*, novembro 1989.
3. *A Film About Jimi Hendrix*, de Joe Boyd, 1973.
4. Citado por Charles Shaar Murray, *Jimi Hendrix. Vie et légende*. Traduzido do inglês [para o francês] por François Gorin, Lieu commun, 1993.
5. *Ibid.*
6. Maurice Blanchot, *L'Espace littéraire*, Gallimard, 1955.

SEATTLE

1. Charles Shaar Murray, *Jimi Hendrix. Vie et légende*, *op. cit.*
2. Citado por René Rémond, *Histoire des États-Unis*, PUF, coll. "Que sais-je?", 2003.
3. Citado por Charles R. Cross, *Jimi Hendrix, l'expérience des limites*, Camion blanc, 2006.
4. *Ibid.*
5. *Ibid.*
6. *Ibid.*
7. *Ibid.*
8. *Ibid.*
9. *Ibid.*
10. Citado em *Jimi Hendrix mots pour mots*, de David Stubbs, Flammarion, 2005.
11. Al Hendrix, *My son Jimi*, Aljas, 1999. Tradução do autor.

12. *Ibid.*

13. Harry Shapiro e Caesar Glebbeck, *Jimi Hendrix: Electric Gypsy*, Saint Martin's Press Inc, 1990. Tradução do autor.

14. Citado por Charles R. Cross, *op. cit.*

15. *Ibid.*

16. Al Hendrix, *My Son Jimi*, *op. cit.*

17. Citado por Charles R. Cross, *op. cit.*

18. *Ibid.*

19. Al Hendrix, *My Son Jimi*, *op. cit.*

20. Citado por Charles R. Cross, *op. cit.*

21. *Ibid.*

22. *Ibid.*

23. *Ibid.*

24. *Ibid.*

25. *Ibid.*

26. *Ibid.*

27. *Ibid.*

28. *Ibid.*

29. *Ibid.*

30. *Ibid.*

31. *Ibid.*

32. *Ibid.*

33. *Ibid.*

34. *Ibid.*

35. *Ibid.*

36. *Ibid.*

37. *Ibid.*

38. *Ibid.*

39. *Ibid.*

40. *Ibid.*

41. *Ibid.*

42. *Ibid.*

43. *Melody Maker*, 1967. Citado por Charles Shaar Murray, *op. cit.*

44. Citado por Charles R. Cross, *op. cit.*

45. Citado por Francis Dordor, suplemento "Jimi Hendrix, étoile filante du rock et guitare maniaque", *Les Inrockuptibles*, 2010.

46. Citado por Charles R. Cross, *op. cit.*

47. *Ibid.*

48. *Ibid.*

49. *Ibid.*

50. *Ibid.*

51. *Ibid.*

52. *Ibid.*

53. Al Hendrix, *My Son Jimi, op. cit.*

54. Citado por Charles R. Cross, *op. cit.*

55. *Ibid.*

56. *Ibid.*

57. *Ibid.*

58. *Ibid.*

59. *Ibid.*

60. *Ibid.*

61. *Rolling Stone*, 1968.

62. Citado por Charles Shaar Murray, *op. cit.*

63. Citado por Régis Canselier, *Jimi Hendrix, le rêve inachevé*, Le mot et le reste, 2010.

64. Citado por Charles Shaar Murray, *op. cit.*

65. Citado por Charles R. Cross, *op. cit.*

66. *Ibid.*

67. *Ibid.*

68. *Ibid.*

69. Citado no filme *Jimi Hendrix: Voodoo Child*, de Bob Smeaton, em *West Coast Seattle Boy – The Jimi Hendrix Anthology*, Sony Music, 2010. Tradução do autor.

70. Citado por Charles R. Cross, *op. cit.*

71. *Ibid.*

72. *New Musical Express*, 1973. Citado por Charles Shaar Murray, *op. cit.*

73. Citado por Charles R. Cross, *op. cit.*

74. Citado por Stéphane Koechlin, *Blues pour Jimi Hendrix*, Le Castor astral, 2010.

75. Citado por Charles R. Cross, *op. cit.*

76. *Ibid.*

NASHVILLE

1. *Melody Maker*, 1969. Citado por Charles Shaar Murray, *op. cit.*

2. Citado em Curtis Knight, *An intimate Biography of Jimi Hendrix*, Praeger, 1974.

3. Citado por Charles Shaar Murray, *op. cit.*

4. Pannonica de Koenigswarter, *Les Musiciens de jazz et leurs trois voeux*, Buchet Chastel, 2006.

5. Citado por Charles R. Cross, *op. cit.*

6. *Jazz Magazine*, novembro de 1973.

7. Citado por Charles Shaar Murray, *op. cit.*

8. Ver as notas do livreto do disco *Jimi Hendrix: blues*, MCA, 1994.

9. Citado por Charles Shaar Murray, *op. cit.*

10. *Melody maker*, 1969. Citado por Charles Shaar Murray, *op. cit.*

11. *Ibid.*, 1968. Citado por Charles Shaar Murray, *op. cit.*

12. David Henderson, *'Scuse Me While I Kiss the Sky. The Life of Jimi Hendrix*, Bantam Books, 1996. Tradução do autor.

13. Citado por Charles Shaar Murray, *op. cit.*

14. Entrevista de Mike Bloomfield em *Hors Série Guitare & Claviers*, 1990.

15. Citado por Régis Canselier, *op. cit.*

16. *Rock & Folk*, março de 2010, entrevista com Bertrand Bouard.

17. Citado por Francis Dordor, suplemento "Jimi Hendrix, étoile filante du rock et guitare maniaque", *op. cit.*

18. Citado no filme *Jimi Hendrix: Voodoo Child*, de Bob Smeaton, em *West Coast Seattle Boy – The Jimi Hendrix Anthology*, *op. cit.*

19. *Melody Maker*, 1969. Citado por Charles Shaar Murray, *op. cit.*

20. Citado por Charles R. Cross, *op. cit.*

21. *Melody Maker*, 1969. Citado por Charles Shaar Murray, *op. cit.*

22. *Ibid.*

NOVA YORK

1. Citado por Charles R. Cross, *op. cit.*

2. *Ibid.*

3. *Ibid.*

4. *Melody Maker*, 1968. Citado por Charles Shaar Murray, *op. cit.*

5. Citado por Charles R. Cross, *op. cit.*

6. Joe Boyd, *A Film About Jimi Hendrix* (1973), Warner Home Video, Estados Unidos, 1999. Tradução do autor.

7. Citado por Charles R. Cross, *op. cit.*

8. *Ibid.*

9. *Ibid.*

10. *Ibid.*

11. *Melody Maker*, 1968. Citado por Charles Shaar Murray, *op. cit.*

12. *Ibid.*

13. Citado por Charles R. Cross, *op. cit.*

14. *Ibid.*

15. *Ibid.*

16. *Ibid.*

17. Joe Boyd, *A Film About Jimi Hendrix*, *op. cit.*

18. *Ibid.*

19. Citado por Charles R. Cross, *op. cit.*

20. *Ibid.*

21. *Ibid.*

22. *Ibid.*

23. *Ibid.*

24. *Ibid.*

25. *Ibid.*

26. *Ibid.*

27. *Ibid.*

28. *Ibid.*

29. *Ibid.*

30. *Ibid.*

31. *Ibid.*

32. *Ibid.*

33. *Ibid.*

34. *Ibid.*

35. *Ibid.*

36. *Ibid.*

37. *Ibid.*

38. *Ibid.*

39. Joe Boyd, *A Film About Jimi Hendrix*, *op. cit.*

40. Citado por Charles R. Cross, *op. cit.*

41. *Ibid.*

42. *Ibid.*

43. *Ibid.*

44. Entrevista com Mike Bloomfield, em *Hors Série Guitare & Claviers*, 1990.

45. Citado por Charles Shaar Murray, *op. cit.*

46. Citado por Charles R. Cross, *op. cit.*

47. Citado por Charles Shaar Murray, *op. cit.*

48. Joe Boyd, *A Film About Jimi Hendrix*, *op. cit.*

49. *New Musical Express*, 16 de novembro de 1968. Citado por Charles Shaar Murray, *op. cit.*

50. *Ibid.*

51. Citado no filme *Jimi Hendrix: Voodoo Child*, em *West Coast Seattle Boy – the Jimi Hendrix Anthology*, *op. cit.*

52. *New Musical Express*, 16 de novembro de 1968. Citado por Charles Shaar Murray, *op. cit.*

53. Citado por Charles R. Cross, *op. cit.*

54. *Ibid.*

LONDRES

1. Joe Boyd, *A Film About Jimi Hendrix*, *op. cit.*

2. Citado por Charles R. Cross, *op. cit.*

3. *Ibid.*

4. *Ibid.*

5. *Melody Maker*, 1967. Citado por Charles Shaar Murray, *op. cit.*

6. Noel Redding, Carol Appleby, *Are You Experienced? Inside Story of Jimi Hendrix Experience*, Da Capo Press, 1996. Tradução do autor.

7. *Ibid.*

8. *Ibid.*

9. Citado por Charles R. Cross, *op. cit.*

10. Citado por Stéphane Koechlin, *Blues pour Jimi Hendrix*, *op. cit.*

11. Mitch Mitchell, *The Jimi Hendrix Experience*, Da Capo Press, 1998.

12. Régis Canselier, *Jimi Hendrix, le rêve inachevé*, *op. cit.*

13. Citado por Charles R. Cross, *op. cit.*

14. *Ibid.*

15. *Ibid.*

16. *Ibid.*

17. *Ibid.*
18. *Melody Maker*, 1967. Citado por Charles Shaar Murray, *op. cit.*
19. Citado por Charles R. Cross, *op. cit.*
20. *Guitare & Claviers*, novembro de 1979.
21. *Melody Maker*, 1968.
22. *France 2*, entrevista com Guillaume Durand.
23. *Melody Maker*, 1968. Citado por Charles Shaar Murray, *op. cit.*
24. *Record Mirror*, 29 de outubro de 1966. In *ibid.*
25. Citado por Charles R. Cross, *op. cit.*
26. Citado no filme *Jimi Hendrix: Voodoo Child*, em *West Coast Seattle Boy – The Jimi Hendrix Anthology*, *op. cit.* Tradução do autor.
27. *Hendrix, l'enfant vaudou*, Éditions Consart, 2010.
28. Citado no filme *Jimi Hendrix: Voodoo Child*, em *West Coast Seattle Boy – The Jimi Hendrix Anthology*, *op. cit.*
29. Citado por Charles R. Cross, *op. cit.*
30. *Melody Maker*, 1968. Citado por Charles Shaar Murray, *op. cit.*
31. Régis Canselier, *op. cit.*
32. *Melody Maker*, 1968. Citado por Charles Shaar Murray, *op. cit.*
33. *Guitarist Magazine*, 1982.
34. *Melody Maker*, 1968. Citado por Charles Shaar Murray, *op. cit.*
35. *Ibid.*
36. Chris Welch, *Melody Maker*, 1967.
37. Keith Altham, *New Musical Express*, 1967.
38. *Melody Maker*, 1968.
39. *Ibid.*
40. *Ibid.*
41. *A Film About Jimi Hendrix*, de Joe Boyd, *op. cit.*
42. Citado por Francis Dordor, *op. cit.*
43. Citado por Charles Shaar Murray, *op. cit.*
44. Alfred G. Aronowitz, *Life*, 15 de março de 1968. Tradução do autor.
45. Tom Wilson, *Look*, 18 de março de 1968. Tradução do autor.
46. Citado no filme *Jimi Hendrix: Voodoo Child*, *op. cit.*
47. *Ibid.*
48. Citado por Charles R. Cross, *op. cit.*
49. Kathy Etchingham, *Through Gypsy Eyes*, Orion, 1998. Tradução do autor.
50. Citado por Charles R. Cross, *op. cit.*

51. *Guitarist Magazine*, 1983.
52. *Melody Maker*, 1968. Citado por Charles Shaar Murray, *op. cit.*
53. Lydie Salvayre, *Hymne*, Éditions du Seuil, 2011.
54. *Melody Maker*, 1969. Citado por Charles Shaar Murray, *op. cit.*
55. *Libération*, 1987.
56. Eric Clapton, entrevista na revista *Rolling Stone*, 1968.
57. *Melody Maker*, 1968. Citado por Charles Shaar Murray, *op. cit.*
58. *Ibid.*
59. *Guitarist Magazine*, 1989.
60. Citado por David Stubbs em *Jimi Hendrix mots pour mots*, *op. cit.*
61. *Melody Maker*, 1968. Citado por Charles Shaar Murray, *op. cit.*
62. *A Film About Jimi Hendrix*, de Joe Boyd, *op. cit.*
63. Kathy Etchingham, *Through Gypsy Eyes*, *op. cit.*
64. *Ibid.*
65. *Ibid.*
66. *Ibid.*
67. *Ibid.*
68. *Ibid.*
69. *Ibid.*
70. Citado em Curtis Knight, *An Intimate Biography of Jimi Hendrix*, *op. cit.*
71. Citado por Sharon Lawrence, *Jimi Hendrix, l'homme, la magie, la vérité*, Flammarion, 2005.
72. Kathy Etchingham, *Through Gypsy Eyes*, *op. cit.*
73. *Ibid.*
74. Gered Mankowitz, *The Experience: Jimi Hendrix à Mason's Yard*, Fetjaine, 2010.
75. Keith Altham, *New Musical Express*, 8 de abril de 1967. Citado por Charles Shaar Murray, *op. cit.*
76. John King, *New Musical Express*, 28 de janeiro de 1967. Tradução do autor.
77. Derek Johnson, *New Musical Express*, 25 de março de 1967. Tradução do autor.
78. *The Jimi Hendrix Experience*, *op. cit.*
79. *Melody Maker*, 1968.
80. *New Musical Express*, 5 de junho de 1967. Citado por Charles Shaar Murray, *op. cit.*
81. *Melody Maker*, 1968. Em *ibid.*

82. *New York Times*, 1967. Tradução do autor.

83. Mitch Mitchell, *The Experience Hendrix*, 1990.

84. Citado por Régis Canselier, *op. cit.*

85. *Rock & Folk*, março de 2010, entrevista de Bertrand Bouard.

86. Citado por Régis Canselier, *op. cit.*

87. *Ibid.*

88. *Ibid.*

89. *Hendrix, l'enfant vaudou*, *op. cit.*

90. *Ibid.*

91. Harry Shapiro, *Waiting for the man. Histoire des drogues & de la pop music*, Camion noir, 2008.

92. Noel Redding, Carol Appleby, *Are You Experienced? Inside Story of Jimi Hendrix Experience*, *op. cit.*

93. *Guitarist Magazine*, novembro de 1989.

94. Noel Redding, Carol Appleby, *op. cit.*

95. *Ibid.*

96. *Guitarist Magazine*, novembro de 1989.

SAN FRANCISCO

1. The Beatles, *The Beatles Anthology*, Seuil, 2000.

2. *Jazz Magazine*, abril de 1976.

3. Citado no filme *Jimi Hendrix: Voodoo Child*, em *West Coast Seattle Boy – The Jimi Hendrix Anthology*, *op. cit.*

4. *Le Monde de la musique*, maio de 1978.

5. Bernard Plossu, *Rock & Folk*, julho de 1970.

6. Jean-Marc Bel, *En route vers Woodstock*, Le mot et le reste, 2009.

7. Yves Delmas e Charles Gancel, *Protest Song*, Textuel, 2005.

8. Nancy McPhee, *The Second Book of Insults*, St. Martin's Press, 1991.

9. Citado por Jean-Yves Rezeau, *Janis Joplin*, Folio Biographies, Gallimard, 2007.

10. Arthur Rimbaud, *Oeuvres complètes*, Gallimard, col. "Bibliothèque de la Pléiade", 1972.

11. Citado por Bernard Plossu, *op. cit.*

12. Jerry Rubin, *Do it*, Éditions du Seuil, 1971.

13. William Blake, *Le Mariage du Ciel et de l'Enfer*, *Oeuvre III*, Aubier/Flammarion, tradução para o francês de Pierre Leyris.

14. *Ibid.*

15. *Melody Maker*, 1968. Citado por Charles Shaar Murray, *op. cit.*

16. Harry Shapiro, *Waiting for the man. Histoire des drogues & de la pop music*, *op. cit.*

17. *Ibid.*

18. Citado por Bernard Plossu, *op. cit.*

19. Harry Shapiro, *op. cit.*

20. Albert Hofmann, *LSD, my problem child*, McGraw-Hill Book Company, 1980.

21. Citado por Jean-Yves Rezeau, *op. cit.*

22. Citado por Bernard Plossu, *op. cit.*

23. *Ibid.*

24. Humphry Osmond, *Predicting the Past; Memos on the Enticing Universe of Possibility*, MacMillan Publishing Co, 1981.

25. Citado por Bernard Plossu, *op. cit.*

26. Franck Médioni, *John Coltrane, 80 musiciens de jazz témoignent*, Actes Sud, 2007.

27. Citado por Bernard Plossu, *op. cit.*

28. Citado por Francis Dordor, suplemento "Jimi Hendrix, étoile filante du rock et guitare maniaque", *op. cit.*

29. Citado por Bernard Plossu, *op. cit.*

30. Harry Shapiro, *op. cit.*

31. *A Film About Jimi Hendrix*, de Joe Boyd, *op. cit.*

32. Mitch Mitchell, *op. cit.*

33. René Rémond, *Histoire des États-Unis*, *op. cit.*

34. *Melody Maker*, 1967. Citado por Charles Shaar Murray, *op. cit.*

35. *Libération*, 13 de janeiro de 2011.

Monterey

1. Jim Morrison, *Wilderness*, Christian Bourgois, 1991. Traduzido do inglês (EUA) por Patricia Devaux.

2. *Sunday Mirror*, 1967.

3. Citado por Charles Shaar Murray, *op. cit.*

4. *Ibid.*

5. *A Film About Jimi Hendrix*, de Joe Boyd, *op. cit.*

6. Citado por Charles Shaar Murray, *op. cit.*

7. *Guitarist Magazine*, novembro de 1989.

8. Citado por Charles Shaar Murray, *op. cit.*

9. *Ibid.*

10. Citado por Stéphane Koechlin em *Blues pour Jimi Hendrix*, *op. cit.*

11. Citado por Charles Shaar Murray, *op. cit.*

12. *Ibid.*

13. *Ibid.*

14. *Behind the lens*, Linda McCartney, Taschen, 1994.

15. *Guitarist Magazine*, novembro de 1989.

16. Zéno Bianu, *Jimi Hendrix (aimantation)*, Le Castor astral, 2010.

17. Título de um álbum de Albert Ayler, Impulse, 1969.

18. Citado em *Contes des sages peaux-rouges*, de Pascal Fauliot e Patrick Fischmann, Éditions du Seuil, 2009.

19. *Ibid.*

20. *Melody Maker*, 1969. Citado por Charles Shaar Murray, *op. cit.*

21. *Ibid.*

22. Friedrich Nietzsche, *Le Gai Savoir*, Flammarion, coll. "Garnier Flammarion", traduzido do alemão por Patrick Wotling, 1997.

23. Arthur Rimbaud, *Oeuvres complètes*, *op. cit.*

24. *Ibid.*

25. *Ibid.*

26. Citado por Charles Shaar Murray, *op. cit.*

27. Entrevista extraída do DVD do Dick Cavett Show. Tradução do autor.

28. Pete Johnson, *Los Angeles Times*.

29. Citado por Charles R. Cross, *op. cit.*

30. Nick Jones, *New Musical Express*, 9 de setembro de 1967. Citado por Charles Shaar Murray, *op. cit.*

31. Citado por Charles Shaar Murray, *op. cit.*

32. Citado por Charles R. Cross, *op. cit.*

33. Citado por Jean-Yves Reuzeau, *Janis Joplin*, *op. cit.*

34. *Ibid.*

35. Citado por Stéphane Koechlin, *Blues pour Jimi Hendrix, op. cit.*

36. Citado por Charles Shaar Murray, *op. cit.*

37. *Ibid.*

38. Citado por Charles R. Cross, *op. cit.*

39. Citado por Charles Shaar Murray, *op. cit.*

40. Citado por Charles R. Cross, *op. cit.*
41. Citado por Charles Shaar Murray, *op. cit.*
42. Citado por Charles R. Cross, *op. cit.*
43. *New York Times.*
44. Citado por Charles R. Cross, *op. cit.*
45. Citado por Charles Shaar Murray, *op. cit.*
46. Citado por Charles R. Cross, *op. cit.*
47. Fracis Dordor, *Jimi Hendrix, étoile filante du rock et guitare maniaque, op. cit.*
48. Citado por Charles Shaar Murray, *op. cit.*
49. *Ibid.*
50. *Ibid.*
51. Citado por Charles R. Cross, *op. cit.*
52. *Rock & Folk*, março de 2010, entrevista de Bertrand Bouard.
53. *New Musical Express*, 9 de setembro de 1967. Tradução do autor.
54. *Ibid.*
55. *Ibid.*
56. *Ibid.*
57. Citado por Charles R. Cross, *op. cit.*
58. *New Musical Express*, 9 de setembro de 1967. Tradução do autor.
59. *Ibid.*
60. Citado por Charles R. Cross, *op. cit.*
61. Entrevista em *Melody Maker*, dezembro de 1969. Tradução do autor.
62. Citado por Charles R. Cross, *op. cit.*
63. Entrevista em *Melody Maker*, dezembro de 1969. Tradução do autor.
64. Citado por Charles R. Cross, *op. cit.*
65. *Variety*, março de 1968. Tradução do autor.
66. Citado por Charles R. Cross, *op. cit.*
67. *Ibid.*
68. *Ibid.*
69. *Ibid.*
70. *Ibid.*
71. *Ibid.*
72. *Ibid.*
73. *Ibid.*
74. *Ibid.*

75. *Ibid.*
76. *Ibid.*
77. *Ibid.*
78. *Ibid.*
79. *Ibid.*
80. *Ibid.*
81. *Ibid.*
82. Entrevista para o *New York Times*, 1968. Citado por Charles Shaar Murray, *op. cit.*
83. Citado por Régis Canselier, *op. cit.*
84. *Ibid.*
85. *Ibid.*
86. *Ibid.*
87. *Ibid.*
88. *Ibid.*
89. *Ibid.*
90. *Ibid.*
91. Citado por Charles R. Cross, *op. cit.*
92. Citado por Régis Canselier, *op. cit.*
93. Citado por Charles R. Cross, *op. cit.*
94. Citado por Régis Canselier, *op. cit.*
95. *Ibid.*
96. *Ibid.*
97. *Ibid.*
98. *Jimi Hendrix, étoile filante du rock et guitare maniaque, op. cit.*
99. Citado por Régis Canselier, *op. cit.*
100. *Ibid.*
101. *Ibid.*
102. *Ibid.*
103. *Ibid.*
104. *Ibid.*
105. *Ibid.*
106. *Ibid.*
107. *Ibid.*
108. *Ibid.*
109. *Ibid.*

110. *Ibid.*
111. *Ibid.*
112. *Ibid.*
113. *Ibid.*
114. *Ibid.*
115. *Ibid.*
116. *Ibid.*
117. Citado no filme *Jimi Hendrix: Voodoo Child*, em *West Coast Seattle Boy – The Jimi Hendrix Anthology, op. cit.*
118. Citado por Régis Canselier, *op. cit.*
119. *Ibid.*
120. *Guitarist Magazine*, novembro de 1989.
121. Citado por Régis Canselier, *op. cit.*
122. *Ibid.*
123. Citado por Charles R. Cross, *op. cit.*
124. *Ibid.*
125. Robert Shelton, *New York Times*, 29 de novembro de 1967. Tradução do autor.
126. Citado por Charles R. Cross, *op. cit.*
127. *Ibid.*
128. *Ibid.*
129. *Ibid.*
130. *Ibid.*
131. *Ibid.*
132. Citado por Régis Canselier, *op. cit.*
133. *Ibid.*
134. Citado por Charles R. Cross, *op. cit.*
135. *Ibid.*
136. *Ibid.*
137. Citado por Régis Canselier, *op. cit.*
138. Richard Green, *New Musical Express*, 22 de fevereiro de 1969. Tradução do autor.
139. Citado por Charles R. Cross, *op. cit.*
140. Citado por Régis Canselier, *op. cit.*
141. *Ibid.*
142. Citado por Charles R. Cross, *op. cit.*

143. *Ibid.*

144. *Ibid.*

145. *Ibid.*

146. *Ibid.*

147. *Ibid.*

148. *Ibid.*

149. *Ibid.*

150. *Ibid.*

151. Franck Médioni, *Miles Davis, 80 musiciens de jazz témoignent*, Actes Sud, 2009.

152. Kathy Etchingham, *op. cit.*

153. *Ibid.*

154. *Look*, março de 1969. Tradução do autor.

155. Kathy Etchingham, *op. cit.*

156. Citado por Charles R. Cross, *op. cit.*

TORONTO

1. Citado por Charles Shaar Murray, *op. cit.*

2. *Ibid.*

3. *Ibid.*

4. Citado por Sharon Lawrence, *op. cit.*

5. Citado por Charles Shaar Murray, *op. cit.*

6. Citado por Sharon Lawrence, *op. cit.*

7. *Ibid.*

8. Citado no filme *Jimi Hendrix: Voodoo Child*, em *West Coast Seattle Boy – The Jimi Hendrix Anthology*, *op. cit.*

9. Citado por Charles Shaar Murray, *op. cit.*

10. *Ibid.*

11. *Ibid.*

12. *Ibid.*

13. Citado em *Miles Davis, 80 musiciens de jazz témoignent*, *op. cit.*

14. Citado por Charles Shaar Murray, *op. cit.*

15. *Ibid.*

16. Citado por Charles R. Cross, *op. cit.*

17. *Ibid.*

18. *Ibid.*

19. *Ibid.*

20. *Ibid.*

21. *Ibid.*

22. *Ibid.*

23. Citado por Stéphane Koechlin, *op. cit.*

24. Citado por Charles R. Cross, *op. cit.*

25. Citado por Sharon Lawrence, *op. cit.*

26. *Ibid.*

27. *Ibid.*

28. *Ibid.*

29. *Ibid.*

30. *Ibid.*

31. Citado por Charles R. Cross, *op. cit.*

32. Citado por Sharon Lawrence, *op. cit.*

WOODSTOCK

1. Anúncio do festival

2. Peter Fornatale, *Retour à Woodstock*, traduzido do inglês por Mickey Gaboriaud, Naïve, 2009.

3. *Ibid.*

4. *Ibid.*

5. *Ibid.*

6. Margaret Mead, *Moeurs et sexualité en Oceánie*, traduzido do inglês por Georges Chevassus, Plon, 1963.

7. Margaret Mead, *Redbook*, janeiro de 1970. Citado por Charles Shaar Murray, *op. cit.*

8. *Rolling Stone*. Citado por Charles Shaar Murray, *op. cit.*

9. Bob Dylan, *Chroniques*, Fayard, 2005 vol. 1. Traduzido do inglês por Jean-Luc Piningre.

10. *Ibid.*

11. Peter Fornatale, *op. cit.*

12. Citado por Charles R. Cross, *op. cit.*

13. *Ibid.*

14. *Ibid.*

15. *Ibid.*

16. *Ibid.*
17. *Ibid.*
18. *Ibid.*
19. *Guitarist Magazine*, novembro de 1989.
20. *Ibid.*
21. Citado por Charles R. Cross, *op. cit.*
22. *Guitarist Magazine*, novembro de 1989.
23. *Ibid.*
24. Entrevista com o autor.
25. Al Aranowitz, *New York Post*, 1969. Citado por Charles Shaar Murray, *op. cit.*
26. Entrevista com o autor, *Improjazz*, n. 178, setembro de 2011.
27. *Hendrix, l'enfant vaudou*, Éditions Consart, 2010.
28. *Ibid.*
29. *Ibid.*
30. Citado por Charles R. Cross, *op. cit.*
31. *Ibid.*
32. Robert Hilburne, *Los Angeles Times*, 1970. Citado por Charles Shaar Murray, *op. cit.*
33. Citado por Charles R. Cross, *op. cit.*
34. *Ibid.*
35. *Ibid.*
36. *Ibid.*
37. *Ibid.*
38. *Ibid.*
39. *Ibid.*
40. *Ibid.*
41. *Ibid.*
42. *Ibid.*
43. *Ibid.*
44. *Ibid.*
45. *Ibid.*
46. *Ibid.*
47. *Ibid.*
48. *Ibid.*
49. *Ibid.*

50. *Ibid.*

51. *Ibid.*

ILHA DE WIGHT

1. Citado por Charles R. Cross, *op. cit.*

2. Franck Médioni, *Miles Davis, 80 musiciens de jazz témoignent*, *op. cit.*

3. Citado por Charles R. Cross, *op. cit.*

4. *Ibid.*

5. *Ibid.*

6. *Ibid.*

7. *Jimi Hendrix, étoile filante du rock et guitare maniaque*, Les Inrocks 2, *op. cit.*

8. Entrevista com Shella Weller, *Rolling Stone*, setembro de 1969. Tradução do autor.

9. Citado por Charles R. Cross, *op. cit.*

10. *Ibid.*

11. *Ibid.*

12. *Ibid.*

13. *Ibid.*

14. *Ibid.*

15. *Ibid.*

16. Citado por Stéphane Koechlin, *op. cit.*

17. Mitch Mitchell e John Platt, *Jimi Hendrix. Inside the Experience*, Hamlyn, 1990. Tradução do autor.

18. *Guitarist Magazine*, novembro de 1989.

19. Monika Dannemann, *The Inner World of Jimi Hendrix*, Bloomsbury Publishing, 1995. Tradução do autor.

20. *Ibid.*

21. Citado por Charles R. Cross, *op. cit.*

22. Joe Boyd, *A Film About Jimi Hendrix*, *op. cit.*

23. Citado por Charles R. Cross, *op. cit.*

24. Kathy Etchingham, *op. cit.*

25. Citado por Charles R. Cross, *op. cit.*

26. *Ibid.*

27. *Ibid.*

28. *Ibid.*

29. *Ibid.*

30. *Ibid.*

31. *Ibid.*

32. Eric Burdon, *Don't let me be misunderstood*, Thunder's Mooth Press, 2001. Citado por Charles R. Cross, *op. cit.*

33. Citado por Charles R. Cross, *op. cit.*

34. *Jimi Hendrix, étoile filante du rock et guitare maniaque*, Les Inrocks 2, *op. cit.*, entrevista com Francis Dordor.

35. *Ibid.*

36. *Ibid.*

37. Alex Constantine, *The Covert War Against Rock*, Israel House, 2000. Tradução do autor.

38. Stéphane Koechlin, *op. cit.*

39. Artigo de Flore Galaud publicado no *lefigaro.fr* de 4 de junho de 2006.

40. Joe Boyd, *White Bicycles*, Allia, 2008.

41. *Ibid.*

42. Citado por Stéphane Koechlin, *op. cit.*

43. Mitch Mitchell e John Platt, *op. cit.*

SEATTLE

1. *Guitarist Magazine*, novembro de 1989.

2. Citado por Mitch Mitchell e John Platt, *op. cit.*

3. Citado por Stéphane Koechlin, *op. cit.*

4. Jerry Rubin, *Do it*, Éditions du Seuil, 1971.

5. *Ibid.*

6. Ray Manzarek, *Les Doors. La véritable histoire*, Hors Collection, 1999.

7. Jerry Rubin, *op. cit.*

8. *Guitarist Magazine*, novembro de 1989.

9. Jean-Yves Reuzeau, *op. cit.*

10. *Guitarist Magazine*, novembro de 1989.

11. *Ibid.*

12. *Ibid.*

13. *Ibid.*

14. *Ibid.*

15. Citado por Charles Shaar Murray, *op. cit.*

16. Citado por Charles R. Cross, *op. cit.*

17. *Hendrix, l'enfant vaudou*, Éditions Consart, 2010.

18. Citado por Charles R. Cross, *op. cit.*

19. *Guitarist Magazine*, novembro de 1989.

20. Miles Davis, com Quincy Troupe, *L'Autobiographie*, Infolio, 2007. Tradução do inglês por Christian Gauffre.

21. *Guitarist Magazine*, novembro de 1989.

22. Miles Davis, com Quincy Troupe, *op. cit.*

23. *Ibid.*

24. *Ibid.*

25. *Hendrix, l'enfant vaudou, op. cit.*

26. Citado por Charles Shaar Murray, *op. cit.*

27. *Hendrix, l'enfant vaudou, op. cit.*

28. Citado por Stéphane Koechlin, *op. cit.*

29. Régis Canselier, *op. cit.*

30. *Rock & Folk*, março de 2010, entrevista de Bertrand Bouard.

31. Citado por Charles Shaar Murray, *op. cit.*

32. *Libération*, 24 de janeiro de 2011.

33. Entrevista para *Melody Maker*, 25 de fevereiro de 1969. Tradução do autor.

34. Benjamin Haley, *Michel Petrucciani*, Éditions Didier Carpentier, 2011.

35. Citado por Charles Shaar Murray, *op. cit.*

36. Entrevista de Pierre-Jean Crittin em *So Jazz*, n. 17, julho de 2011.

37. *Guitarist Magazine*, novembro de 1987.

38. *Ibid.*

39. *Hendrix, l'enfant vaudou, op. cit.*

40. Forum Jimi Hendrix.

41. Nguyên Lê, notas no encarte de *Purple – Celebrating Jimi Hendrix*, Act, 2003.

42. *Ibid.*

43. Olivier Nuc, *Jimi Hendrix*, Librio, 2000.

44. Entrevista com o autor.

45. *Ibid.*

46. Paul Verlaine, *Oeuvres complètes*, Gallimard, coll. "Bibliothèque de la Pléiade", 1962.

47. Jack Kerouac, *Sur la route: le rouleau original*, Gallimard, coll. "Du monde entier", 2010. Traduzido do inglês (Estados Unidos) por Josée Kamoun.

48. Citado por Charles R. Cross, *op. cit.*

Agradecimentos

O autor gostaria de agradecer a Yves Buin, Zéno Bianu, Noël Akchoté, Christian Charles, Yazid Manou, François-Xavier Szymczak, Tristan Cormier, Nicolas Plommée e sobretudo a Régis Canselier.

Sobre o autor

Franck Médioni nasceu em 1970, em Sens, na França. Estudou Direito, Jornalismo e fez mestrado em Etnologia. Jornalista, escritor, produtor do programa de rádio "Jazzistiques" na France Musique desde 1995, colabora regularmente com a estação France Culture. A ele devemos o álbum *Ascension, tombeau de John Coltrane*, lançado em 2009 pelo selo Rogue-Art, com Denis Lavant (voz), Sylvain Kassap (clarinetes), Claude Tchamitchian (contrabaixo) e Ramon Lopez (bateria), baseado num *jazz poem* de sua autoria. É autor de *Saveurs de cigare* (Garde-Temps, 1998), *Plaisirs de cigare* (Éden, 2000), *Jazz en suite* (Garde-Temps, 2000), *Albert Cohen* (Gallimard, "Folio Biographies", 2007), *John Coltrane, 80 musiciens de jazz témoignent* (Actes Sud, 2007), *Martial Solal. Ma vie sur un tabouret* (Actes Sud, 2008), *Joëlle Léandre. À voix basse* (MF, 2008), *Miles Davis, 80 musiciens de jazz témoignent* (Actes Sud, 2009), *Le Goût du jazz* (Mercure de France, 2009), *Albert Ayler, témoignages sur un* holy ghost (Le mot et le reste, 2010), *Le Goût de la poésie amoureuse* (Mercure de France, 2010), *La Voie des rythmes*, em colaboração com o pintor Daniel Humair (Virgile, 2010).

Coleção L&PM POCKET (ÚLTIMOS LANÇAMENTOS)

1084(17).**Desembarcando o Alzheimer** – Dr. Fernando Lucchese e Dra. Ana Hartmann
1085.**A maldição do espelho** – Agatha Christie
1086.**Uma breve história da filosofia** – Nigel Warburton
1088.**Heróis da História** – Will Durant
1089.**Concerto campestre** – L. A. de Assis Brasil
1090.**Morte nas nuvens** – Agatha Christie
1092.**Aventura em Bagdá** – Agatha Christie
1093.**O cavalo amarelo** – Agatha Christie
1094.**O método de interpretação dos sonhos** – Freud
1095.**Sonetos de amor e desamor** – Vários
1096.**120 tirinhas do Dilbert** – Scott Adams
1097.**200 fábulas de Esopo**
1098.**O curioso caso de Benjamin Button** – F. Scott Fitzgerald
1099.**Piadas para sempre: uma antologia para morrer de rir** – Visconde da Casa Verde
1100.**Hamlet (Mangá)** – Shakespeare
1101.**A arte da guerra (Mangá)** – Sun Tzu
1104.**As melhores histórias da Bíblia (vol.1)** – A. S. Franchini e Carmen Seganfredo
1105.**As melhores histórias da Bíblia (vol.2)** – A. S. Franchini e Carmen Seganfredo
1106.**Psicologia das massas e análise do eu** – Freud
1107.**Guerra Civil Espanhola** – Helen Graham
1108.**A autoestrada do sul e outras histórias** – Julio Cortázar
1109.**O mistério dos sete relógios** – Agatha Christie
1110.**Peanuts: Ninguém gosta de mim... (amor)** – Charles Schulz
1111.**Cadê o bolo?** – Mauricio de Sousa
1112.**O filósofo ignorante** – Voltaire
1113.**Totem e tabu** – Freud
1114.**Filosofia pré-socrática** – Catherine Osborne
1115.**Desejo de status** – Alain de Botton
1118.**Passageiro para Frankfurt** – Agatha Christie
1120.**Kill All Enemies** – Melvin Burgess
1121.**A morte da sra. McGinty** – Agatha Christie
1122.**Revolução Russa** – S. A. Smith
1123.**Até você, Capitu?** – Dalton Trevisan
1124.**O grande Gatsby (Mangá)** – F. S. Fitzgerald
1125.**Assim falou Zaratustra (Mangá)** – Nietzsche
1126. **Peanuts: É para isso que servem os amigos (amizade)** – Charles Schulz
1127(27).**Nietzsche** – Dorian Astor
1128.**Bidu: Hora do banho** – Mauricio de Sousa
1129.**O melhor do Macanudo Taurino** – Santiago
1130.**Radicci 30 anos** – Iotti
1131.**Show de sabores** – J.A. Pinheiro Machado
1132.**O prazer das palavras** – vol. 3 – Cláudio Moreno
1133.**Morte na praia** – Agatha Christie
1134.**O fardo** – Agatha Christie
1135.**Manifesto do Partido Comunista (Mangá)** – Marx & Engels
1136.**A metamorfose (Mangá)** – Franz Kafka
1137.**Por que você não se casou... ainda** – Tracy McMillan
1138.**Textos autobiográficos** – Bukowski
1139.**A importância de ser prudente** – Oscar Wilde
1140.**Sobre a vontade na natureza** – Arthur Schopenhauer
1141.**Dilbert (8)** – Scott Adams
1142.**Entre dois amores** – Agatha Christie
1143.**Cipreste triste** – Agatha Christie
1144.**Alguém viu uma assombração?** – Mauricio de Sousa
1145.**Mandela** – Elleke Boehmer
1146.**Retrato do artista quando jovem** – James Joyce
1147.**Zadig ou o destino** – Voltaire
1148.**O contrato social (Mangá)** – J.-J. Rousseau
1149.**Garfield fenomenal** – Jim Davis
1150.**A queda da América** – Allen Ginsberg
1151.**Música na noite & outros ensaios** – Aldous Huxley
1152.**Poesias inéditas & Poemas dramáticos** – Fernando Pessoa
1153.**Peanuts: Felicidade é...** – Charles M. Schulz
1154.**Mate-me por favor** – Legs McNeil e Gillian McCain
1155.**Assassinato no Expresso Oriente** – Agatha Christie
1156.**Um punhado de centeio** – Agatha Christie
1157.**A interpretação dos sonhos (Mangá)** – Freud
1158.**Peanuts: Você não entende o sentido da vida** – Charles M. Schulz
1159.**A dinastia Rothschild** – Herbert R. Lottman
1160.**A Mansão Hollow** – Agatha Christie
1161.**Nas montanhas da loucura** – H.P. Lovecraft
1162(28).**Napoleão Bonaparte** – Pascale Fautrier
1163.**Um corpo na biblioteca** – Agatha Christie
1164.**Inovação** – Mark Dodgson e David Gann
1165.**O que toda mulher deve saber sobre os homens: a afetividade masculina** – Walter Riso
1166.**O amor está no ar** – Mauricio de Sousa
1167.**Testemunha de acusação & outras histórias** – Agatha Christie
1168.**Etiqueta de bolso** – Celia Ribeiro
1169.**Poesia reunida (volume 3)** – Affonso Romano de Sant'Anna
1170.**Emma** – Jane Austen
1171.**Que seja em segredo** – Ana Miranda
1172.**Garfield sem apetite** – Jim Davis
1173.**Garfield: Foi mal...** – Jim Davis
1174.**Os irmãos Karamázov (Mangá)** – Dostoiévski
1175.**O Pequeno Príncipe** – Antoine de Saint-Exupéry
1176.**Peanuts: Ninguém mais tem o espírito aventureiro** – Charles M. Schulz
1177.**Assim falou Zaratustra** – Nietzsche

1178. **Morte no Nilo** – Agatha Christie
1179. **Ê, soneca boa** – Mauricio de Sousa
1180. **Garfield a todo o vapor** – Jim Davis
1181. **Em busca do tempo perdido (Mangá)** – Proust
1182. **Cai o pano: o último caso de Poirot** – Agatha Christie
1183. **Livro para colorir e relaxar** – Livro 1
1184. **Para colorir sem parar**
1185. **Os elefantes não esquecem** – Agatha Christie
1186. **Teoria da relatividade** – Albert Einstein
1187. **Compêndio de psicanálise** – Freud
1188. **Visões de Gerard** – Jack Kerouac
1189. **Fim de verão** – Mohiro Kitoh
1190. **Procurando diversão** – Mauricio de Sousa
1191. **E não sobrou nenhum e outras peças** – Agatha Christie
1192. **Ansiedade** – Daniel Freeman & Jason Freeman
1193. **Garfield: pausa para o almoço** – Jim Davis
1194. **Contos do dia e da noite** – Guy de Maupassant
1195. **O melhor de Hagar 7** – Dik Browne
1196. (29). **Lou Andreas-Salomé** – Dorian Astor
1197. (30). **Pasolini** – René de Ceccatty
1198. **O caso do Hotel Bertram** – Agatha Christie
1199. **Crônicas de motel** – Sam Shepard
1200. **Pequena filosofia da paz interior** – Catherine Rambert
1201. **Os sertões** – Euclides da Cunha
1202. **Treze à mesa** – Agatha Christie
1203. **Bíblia** – John Riches
1204. **Anjos** – David Albert Jones
1205. **As tirinhas do Guri de Uruguaiana 1** – Jair Kobe
1206. **Entre aspas (vol.1)** – Fernando Eichenberg
1207. **Escrita** – Andrew Robinson
1208. **O spleen de Paris: pequenos poemas em prosa** – Charles Baudelaire
1209. **Satíricon** – Petrônio
1210. **O avarento** – Molière
1211. **Queimando na água, afogando-se na chama** – Bukowski
1212. **Miscelânea septuagenária: contos e poemas** – Bukowski
1213. **Que filosofar é aprender a morrer e outros ensaios** – Montaigne
1214. **Da amizade e outros ensaios** – Montaigne
1215. **O medo à espreita e outras histórias** – H.P. Lovecraft
1216. **A obra de arte na era de sua reprodutibilidade técnica** – Walter Benjamin
1217. **Sobre a liberdade** – John Stuart Mill
1218. **O segredo de Chimneys** – Agatha Christie
1219. **Morte na rua Hickory** – Agatha Christie
1220. **Ulisses (Mangá)** – James Joyce
1221. **Ateísmo** – Julian Baggini
1222. **Os melhores contos de Katherine Mansfield** – Katherine Mansfied
1223. (31). **Martin Luther King** – Alain Foix
1224. **Millôr Definitivo: uma antologia de *A Bíblia do Caos*** – Millôr Fernandes
1225. **O Clube das Terças-Feiras e outras histórias** – Agatha Christie
1226. **Por que sou tão sábio** – Nietzsche
1227. **Sobre a mentira** – Platão
1228. **Sobre a leitura *seguido do* Depoimento de Céleste Albaret** – Proust
1229. **O homem do terno marrom** – Agatha Christie
1230. (32). **Jimi Hendrix** – Franck Médioni
1231. **Amor e amizade e outras histórias** – Jane Austen
1232. **Lady Susan, Os Watson e Sanditon** – Jane Austen
1233. **Uma breve história da ciência** – William Bynum
1234. **Macunaíma: o herói sem nenhum caráter** – Mário de Andrade
1235. **A máquina do tempo** – H.G. Wells
1236. **O homem invisível** – H.G. Wells
1237. **Os 36 estratagemas: manual secreto da arte da guerra** – Anônimo
1238. **A mina de ouro e outras histórias** – Agatha Christie
1239. **Pic** – Jack Kerouac
1240. **O habitante da escuridão e outros contos** – H.P. Lovecraft
1241. **O chamado de Cthulhu e outros contos** – H.P. Lovecraft
1242. **O melhor de Meu reino por um cavalo!** – Edição de Ivan Pinheiro Machado
1243. **A guerra dos mundos** – H.G. Wells
1244. **O caso da criada perfeita e outras histórias** – Agatha Christie
1245. **Morte por afogamento e outras histórias** – Agatha Christie
1246. **Assassinato no Comitê Central** – Manuel Vázquez Montalbán
1247. **O papai é pop** – Marcos Piangers
1248. **O papai é pop 2** – Marcos Piangers
1249. **A mamãe é rock** – Ana Cardoso
1250. **Paris boêmia** – Dan Franck
1251. **Paris libertária** – Dan Franck
1252. **Paris ocupada** – Dan Franck
1253. **Uma anedota infame** – Dostoiévski
1254. **O último dia de um condenado** – Victor Hugo
1255. **Nem só de caviar vive o homem** – J.M. Simmel
1256. **Amanhã é outro dia** – J.M. Simmel
1257. **Mulherzinhas** – Louisa May Alcott
1258. **Reforma Protestante** – Peter Marshall
1259. **História econômica global** – Robert C. Allen
1260. (33). **Che Guevara** – Alain Foix
1261. **Câncer** – Nicholas James